REFERENCE TO CRIMINAL TRIAL

2013年第6集·总第95集

刑事审判参考

中华人民共和国最高人民法院
刑事审判第一、二、三、四、五庭／主办

法律出版社
LAW PRESS·CHINA

2013年第6集·总第95集

刑事审判参考

编辑说明

《刑事审判参考》系最高人民法院刑事审判庭主办的业务指导和研究性刊物，自1999年4月创办以来，秉承立足实践、突出实用、重在指导、体现权威的编辑宗旨，在编辑委员会成员、作者和读者的共同努力下，密切联系刑事司法实践，为刑事司法人员提供了有针对性和权威性的业务指导和参考，受到刑事司法工作人员和刑事法律教学、研究人员的广泛肯定和欢迎。

《刑事审判参考》作为最高人民法院用以指导全国各级人民法院刑事审判工作的唯一刊物，由最高人民法院刑事审判第一、二、三、四、五庭共同主办，最高人民法院沈德咏副院长担任编辑委员会主任，李少平、南英、黄尔梅副院长和刘学文专委担任副主任。南英副院长担任主编，各刑事审判庭庭长担任副主编。

根据《刑事审判参考》主编会的决定，自2012年始，《刑事审判参考》由原32开改版为特16开。改版后的《刑事审判参考》仍为双月刊，全年共出版六集，设有以下栏目：

【指导案例】选择在认定事实、采信证据、适用法律和裁量刑罚等方面具有研究价值的典型案例，详细阐明裁判理由，为刑事司法工作人员处理类似案件提供具体的指导和参考。

【立法、司法规范】刊登与刑事司法工作密切相关的法律、行政法规、部门规章、司法解释及其他规范性文件。

【刑事政策】最新的刑事司法政策，如最高人民法院院领导在刑事审判工作会议上的讲话、刑事审判工作会议讨论的问题等。

【审判实务释疑】最高人民法院刑事审判庭解答在刑事审判工作中具有普遍指导价值的法律适用问题。

【司法理论前沿】摘要刊登近期刑事理论界、实务界最新研究成果，及时跟踪研究刑事审判中出现的新问题，为刑事司法人员提供最新理论参考。

【经验交流】地方司法机关制定的刑事司法规范性文件及其背景说明；地方各级人民法院在刑事审判工作中对于某些问题的处理政策和意见等。

【实务探讨】针对刑事司法工作中必须解决的疑难、复杂问题，刊登相关学者与司法人员的研究文章，为刑事司法工作人员提供解决相关问题的思路。

【大案传真】刊登在社会上影响较大的案件的有关裁判文书，及时传递大要案、热点案件的审判信息。

【疑案争鸣】针对实践中发生的疑难案例，对其中争议问题进行分析，给读者提供参与交流探讨的平台，推动相关问题的深入研究。

【裁判文书评析】选择典型裁判文书进行评析，展现法官智慧，指出不足，促进裁判文书制作水平的不断提高。

最高人民法院刑事审判第一、二、三、四、五庭

目　录

【指导案例】

【经验交流】

【疑案争鸣】

【优秀裁判文书点评】

指导案例

[第 920 号]

王文芳泄露内幕信息、徐双全内幕交易案

——对利好型内幕信息公开后继续持股未卖的，内幕交易的违法所得如何认定

一、基本案情

被告人王文芳，男，1969 年 9 月 28 日出生，原系上海申银万国证券研究所有限公司企业客户中心负责人。2012 年 10 月 23 日因涉嫌犯泄露内幕信息罪被逮捕。

被告人徐双全，男，1971 年 4 月 12 日出生，系杭州胜辉纺织品有限公司法定代表人、董事长。2012 年 10 月 23 日因涉嫌犯内幕交易罪被逮捕。

上海市人民检察院第一分院以被告人王文芳犯泄露内幕信息罪、被告人徐双全犯内幕交易罪，向上海市第一中级人民法院提起公诉。

被告人王文芳及其辩护人基于以下理由请求法庭对王文芳减轻处罚并适用缓刑：王文芳泄露的内幕信息事实上对股价没有产生实质影响，且没有实际获取利益；王文芳主观恶性较小，且具有自首情节。

被告人徐双全及其辩护人基于以下理由请求法庭对徐双全减轻处罚并适用缓刑：徐双全决定买入“德赛电池”股票主要是基于其独立判断，并非完全受内幕信息影响；徐双全的获利数额宜以复牌日最低价计算，账面违法所得应当认定为人民币（以下币种同）90 万余元，检察机关指控徐双全违法所得 150 万余元明显偏多；徐双全具有自首、退赔违法所得等情节。

上海市第一中级人民法院经公开审理查明：

2011 年，上海申银万国证券研究所有限公司（以下简称申万证券公司）

配合深圳市德赛电池科技股份有限公司(深圳证券交易所上市公司,以下简称德赛电池公司)筹划德赛电池公司重大资产重组及融资项目。2012年1月15日,申万证券公司亦为此成立“龙腾项目”工作组,时任申万证券公司企业客户中心负责人的王文芳任负责人。

2012年2月3日下午,被告人王文芳在与被告人徐双全的电话联系过程中向徐透露了“德赛电池”股票即将因重大资产重组而停牌的信息。徐双全获悉该信息后,于同月6日至8日,亏损抛售其控制的陈洁、唐菊花、徐双全、徐双喜证券账户内股票,筹资并在上述证券账户内连续买入“德赛电池”股票62万余股,成交金额1 328万余元。

同年2月10日,“德赛电池”股票临时停牌。2月18日,德赛电池公司发布《关于重大资产重组停牌公告》。2月20日,“德赛电池”股票正式停牌。3月26日,德赛电池公司发布《关于终止筹划重大资产重组事项暨公司证券复牌公告》,并于同日复牌。截止当日收盘,徐双全所购“德赛电池”股票以收盘价计算账面盈利150万余元。

同年5月,王文芳、徐双全在接受证券监管机构调查时均供认曾在交易敏感期内通过电话联系。同时,徐双全还供认使用上述证券账户交易的事实。同年9月17日到案后,王文芳、徐双全陆续供述了全部犯罪事实。案发后,徐双全已退缴全部违法所得。

上海市第一中级人民法院认为,被告人王文芳系相关内幕信息的知情人员,在该信息尚未公开前,向被告人徐双全泄露该信息。徐双全在非法获取该内幕信息后买入相关证券,交易金额高达1 328万余元,非法获利150万余元。王文芳和徐双全的行为分别构成泄露内幕信息罪和内幕交易罪,且均属于情节特别严重,应当判处五年以上十年以下有期徒刑,并处违法所得一倍以上五倍以下罚金。鉴于王文芳、徐双全具有自首情节,综合本案事实,依法可以对二被告人减轻处罚,相关辩护意见予以采纳,但所提适用缓刑的意见不予采纳。据此,依照刑法第一百八十条第一款、第六十七条第一款、第五十三条、第六十四条之规定,上海市第一中级人民法院以泄露内幕信息罪判处被告人王文芳有期徒刑三年,并处罚金人民币十万元;以内幕交易罪判处被告人徐双全有期徒刑四年,并处罚金人民币三百万元;违法所得予以追缴。

一审宣判后，被告人王文芳以其主观恶性较小，没有造成实际危害后果，且具有自首情节为由向上海市高级人民法院提出上诉，请求二审改判适用缓刑。被告人徐双全以其买入“德赛电池”股票具有独立判断，违法所得应当认定为90万余元，且具有自首、退赔全部违法所得等情节为由提出上诉，请求二审改判适用缓刑。徐双全的辩护人还提出，徐双全不是积极主动获取涉案内幕信息，认定徐双全属于非法获取内幕信息的人员于法无据。

上海市高级人民法院经公开审理认为，一审法院认定的事实清楚，证据确实、充分，定罪准确，量刑适当，审判程序合法，遂裁定驳回上诉，维持原判。

二、主要问题

1. 内幕信息知情人员的大学同学是否属于内幕信息知情人员关系密切的人员？

2. 如何认定交易行为明显异常？

3. 对利好型内幕信息公开后继续持股未卖的，内幕交易的违法所得如何认定？

三、裁判理由

（一）与内幕信息知情人员具有某种经济利益合作的大学同学属于与内幕信息知情人员关系密切的人，其即使是从内幕信息知情人员处被动获悉内幕信息，也应当认定为“非法获取内幕信息的人员”

根据刑法第一百八十条第一款的规定，内幕交易、泄露内幕信息罪的犯罪主体包括证券、期货交易内幕信息的知情人员和非法获取证券、期货交易内幕信息的人员。2012年最高人民法院、最高人民检察院联合制发的《关于办理内幕交易、泄露内幕信息刑事案件具体应用法律若干问题的解释》（以下简称《内幕交易解释》）第二条进一步明确规定，非法获取证券、期货交易内幕信息的人员包括三类人员，即非法手段型获取内幕信息的人员、特定身份型获取内幕信息的人员和积极联系型获取内幕信息的人员。

非法手段型获取内幕信息的人员和积极联系型获取内幕信息的人员，都是主动获取内幕信息。而特定身份型获取内幕信息的人员，既可以是主动获取也可以是被动获取内幕信息。对于内幕信息知情人员的近亲属或者其他与内幕信息知情人员关系密切的人员之外的人，如果被动获取内幕信息，并在敏感期内从事与该内幕信息有关证券、期货交易的，一般不得认定为非法获取内幕信息的人员。① 本案被告人徐双全明显不属于非法手段型获取内幕信息的人员，也不属于积极联系型获取内幕信息的人员，因此，其能否认定为非法获取内幕信息的人员，取决于其是否属于特定身份型获取内幕信息的人员。

特定身份型获取内幕信息的人员，是指内幕信息知情人员的近亲属或者其他与内幕信息知情人员关系密切的人员，在内幕信息敏感期内，从事或者明示、暗示他人从事，或者泄露内幕信息导致他人从事与该内幕信息有关的证券、期货交易，相关交易行为明显异常，且无正当理由或者正当信息来源的人员。即获取信息的手段行为未必是非法的，但其作为特定身份的人员不应获取内幕信息。内幕信息知情人员的近亲属或者其他与内幕信息知情人员关系密切的人员，其获取内幕信息具有天然的便利条件。因此，为加大对内幕信息的保护力度，对这类人员也应当明确内幕信息的保密义务。

在具体案件中，由于“近亲属”的范围究竟是按照刑事诉讼法的规定还是按照行政诉讼法、民事诉讼法的规定进行认定存在争议，故行为人是否属于内幕信息知情人员的近亲属问题也相应存在争议。但对于部分人员而言，即使不能认定为内幕信息知情人员的近亲属，但认定为关系密切的人一般争议不大。为减少不必要的争议，可以将此问题延伸到行为人是否属于内幕信息知情人员关系密切的人员。基于上述分析，我们将在下文重点讨论被告人徐双全是否属于被告人王文芳关系密切的人这一法律问题。

与内幕信息知情人员“关系密切的人员”的范围不同于2007年7月《最高人民法院、最高人民检察院关于办理受贿刑事案件适用法律若干问题的意见》（以下简称《受贿意见》）中“特定关系人”的范围，但可以与利用影响

---

① 苗有水、刘晓虎：“《关于办理内幕交易、泄露内幕信息刑事案件具体应用法律若干问题的解释》的理解与适用”，载《人民司法》2012年第15期。

力受贿罪中“关系密切的人”的范围作同一解释。《受贿意见》规定:“特定关系人”是指与国家工作人员有近亲属、情妇(夫)以及其他共同利益关系的人。从字面含义分析,“特定关系人”是从关系性质的角度进行界定,其包含的身份关系与利益关系指称的对象均是关系的性质。而“关系密切的人”是从关系程度的角度进行界定,关系的性质可能是身份关系也可能是利益关系抑或其他关系,即只要该种关系紧密到一定的程度就可归入“关系密切的人”的范畴。因此,“关系密切的人”不等同于“特定关系人”,两者存在交叉,交集部分如情妇(夫)以及其他共同利益关系的人。“关系密切的人”还包括除了存在共同利益关系的人之外的其他关系密切的人,而“特定关系人”还包括近亲属。实践中,“关系密切的人员”主要存在于以下几种常见的关系:一是基于血缘产生的关系,如除了近亲属之外的其他亲属;二是基于学习、工作产生的关系,如同学、师生、校友、同事关系;三是基于地缘产生的关系,如同乡;四是基于感情产生的关系,如朋友、恋人、情人关系;五是基于利益产生的关系,如客户、合同、共同投资人、债权债务关系;六是在任何情况下相识并产生互相信任、相互借助的其他关系。①

此外,为加大内幕信息知情人员的近亲属以及其他与其关系密切的人员的保密义务,根据《内幕交易解释》第二条第二项之规定,内幕信息知情人员的近亲属以及其他与其关系密切的人员,无论是主动获取还是被动获取内幕信息,均属于非法获取内幕信息的人员。

本案中,徐双全与王文芳系大学同学,关系较好,且二人在投资方面联系甚多,徐双全常向王文芳咨询投资项目。在王的推荐下,徐投资广东惠州市亿能电子有限公司(系德赛电池公司控股75%的下属公司蓝微电子公司的子公司,亦称为孙公司)等项目,二人还有部分共同投资项目。可见,徐双全属于与王文芳关系密切的人员。王文芳属于德赛电池公司重大资产重组事项的内幕信息知情人员,在内幕信息敏感期内,王文芳向徐双全泄露了“德赛电池”股票即将因重大资产重组而停牌的消息。当时徐双全给王文芳打电话的目的,是想和王文芳讨论是否继续投资德赛电池公司的孙公司亿

① 袁剑波:“如何界定‘利用影响力受贿罪’中‘关系密切的人’”,载《中国检察官》2010年第22期。

能电子公司的问题，在谈及德赛电池公司时王文芳主动将德赛电池即将进行资产重组这一内幕信息告知徐双全。而且，徐双全在2010年的时候就得知德赛电池有重组、整体上市的说法，在此次获知德赛电池因资产重组而停牌的内幕信息后，既认为这是利好消息，也认识到王文芳作为证券从业人员向其泄露德赛电池内幕信息属于违法行为。虽然徐双全系被动获取内幕信息，但作为与王文芳关系密切的人员，在获取了不应当获取的内幕信息后，理应严格遵守保密义务，然而，其却从事了与该内幕信息有关的股票交易。因此，徐双全毫无疑问属于特定身份型非法获取内幕信息的人员。

（二）交易行为是否异常，应当综合时间吻合程度、交易背离程度和利益关联程度等方面进行认定

根据《内幕交易解释》第三条的规定，相关交易行为是否明显异常，需要从时间吻合程度、交易背离程度和利益关联程度等方面进行综合认定。一是时间吻合程度，即从行为时间与内幕信息形成、变化、公开的时间吻合程度把握。所要比对的时间主要有三类：行为人开户、销户、激活资金账户或者指定交易（托管）、撤销指定交易（转托管）时间；资金变化时间；相关证券、期货合约买入或者卖出时间。二是交易背离程度，即从交易行为与正常交易的背离程度把握。正常交易主要体现在两点：基于平时交易习惯而采取的交易行为；基于证券、期货公开信息而理应采取的交易行为。三是利益关联程度，即从账户交易资金进出与该内幕信息知情人员或者非法获取人员有无关联或者利害关系把握。为保障被告人的抗辩权，防止内幕交易、泄露内幕信息罪的适用对象被不当扩大，《内幕交易解释》第四条规定了四项内幕交易、泄漏内幕信息犯罪的阻却事由：一是持有或者通过协议、其他安排与他人共同持有上市公司百分之五以上股份的自然人、法人或者其他组织收购该上市公司股份的。《证券法》第七十六条第二款已明确将该类行为作为禁止从事内幕交易的除外情形。二是按照事先订立的书面合同、指令、计划从事相关证券、期货交易的。三是依据已被他人披露的信息而交易的。四是交易具有其他正当理由或者正当信息来源的。

本案中，徐双全自2012年2月3日（周五）下午从王文芳处获悉“德赛电池”股票即将因资产重组而停牌的内幕信息后，即于同年2月6日（周一）

至8日，利用控制其妻子陈洁、母亲唐菊花、弟弟徐双喜以及其本人证券账户，以 -36.72% 的综合亏损率抛售所控制的证券账户内“南方航空”、“开滦股份”、“华胜天成”、“神火股份”、“联合化工”等股票得款1 118万余元（实际亏损648万余元），及账户内原有资金余额211万余元，集中买入“德赛电池”股票100笔62万余股，不含税费的成交金额为1 328万余元，买入“德赛电池”股票后，各账户总余额仅5 000余元。徐双全所控制的4个证券账户买入的股票与涉案内幕信息股票完全相同；抛售其他股票及集中买入“德赛电池”股票的时间与获取内幕信息时间高度吻合；以 -36.72% 的综合亏损率抛售其他股票而基本全仓买入涉内幕信息股票的这一不计成本交易行为，与其平时交易习惯明显背离；涉内幕信息交易的4个证券账户系其实际掌控，购买股票资金除徐双喜账户资金系徐双喜所有外均为徐双全所有，出售股票的款项除徐双喜账户资金继续留在账户内外，其他资金均由徐双全实际使用和控制，且徐双喜为徐双全的同胞弟弟。可见，涉内幕交易的4个证券账户的资金进出与徐双全有直接利益关联。徐双全的行为，看似孤注一掷的博弈行为，实质上促使其作出决定的真正因素是其对“德赛电池”股票即将因资产重组而停牌这一内幕信息的确信，无论是从时间吻合程度还是从交易背离程度、利益关联程度等方面，足以认定其交易行为明显异常。

实践中，行为人往往以其属于独立判断来辩解其交易行为是正常的。如本案中，徐双全辩解其在投资德赛电池孙公司亿能电子公司期间，就对德赛电池公司前景存在较好预判，认为“德赛电池”股票价格有较大上升空间，曾经就此和相关专业人士及他的操盘手曹某探讨过，并称此次以 -36.72% 的综合亏损率抛售其他股票而大量买入“德赛电池”股票，系“早就想买了”的结果，完全是基于他本人的独立判断。对此，我们认为，既要实事求是，肯定存在利用相关专业知识以及信息优势作出判断的可能性，更要综合时间吻合程度、交易背离程度和利益关联程度等方面判断相关交易行为是否明显异常，即是否利用了获取的内幕信息从事相关的证券、期货交易行为。鉴于近年来证券、期货市场犯罪的专业化、隐蔽化等特点，为从严打击证券、期货犯罪，“对内幕信息的影响力不应作程度限制，不要求内幕信息对行为人交易决定的影响是唯一的，只要行为人获取的内幕信息对促其交易决定有一定影响，即帮助其在一定程度上确信从事相关交易必定获得丰厚回报，就应当认定行为人是利用内幕信息从事内幕交易”①。

本案中，徐双全对德赛电池孙公司亿能电子公司有投资，一定程度上知悉德赛电池公司情况，曾经就是否买入“德赛电池”股票确实也有过想法，但一直没有买入，因此不可否定其大量集中买入“德赛电池”股票存在专业判断的可能。但是，从徐双全大量集中买入“德赛电池”股票的时间吻合程度、交易背离程度及利益关联程度等方面来看，促使其作出决定的真正因素是其对“德赛电池”股票即将因资产重组而停牌这一内幕信息的确信。因此，徐双全以其买入“德赛电池”股票系独立判断结果的辩解，明显与客观事实不符。

（三）在未获取股票预期价格信息的前提下，对利好型内幕信息公开后继续持股未卖，且公开当日股票价格未出现涨停的，内幕交易的违法所得应当以复牌日收盘价计算违法所得

证券、期货交易是一种高风险的投资行业，行为人获取内幕信息后买入证券、期货可能获取暴利，卖出证券、期货可能避免损失。鉴于此，《内幕交易解释》第十条规定：“内幕交易的违法所得，是指通过内幕交易行为所获利益或者避免的损失”。考虑到实际情况纷繁多变，《内幕交易解释》未对违法所得的认定确立一个总的原则。我们认为，根据内幕信息对内幕交易的影响，可以将内幕信息分为利好型内幕信息和利空型内幕信息。以股票买卖为例，内幕信息知情人员进行内幕交易，其必然是在掌握利好信息时买入股票以谋取股票上涨的利益，也必然是在掌握利空信息时卖出股票以避免股票下跌的损失。

实践中，获取利好型内幕信息的人员一般是在内幕信息公告后停止涨停时卖出相关股票，除非其从内幕信息知情人员处获取了预期价位。因此，在未获取股票预期价格信息的前提下，对利好型内幕信息公开后继续持股未卖，且公开当日股票价格未出现涨停的，如何认定违法所得值得研究。我们认为，对行为人的违法所得应当区分以下情形进行区别认定：

① 刘晓虎：“肖时庆受贿、内幕交易案”，载《刑事审判参考》第85集，法律出版社2012年版，第4页。

第一,对于利好型内幕信息公开后相关股票被全部抛售的,因相关股票交易均与利用内幕交易存在因果关系,故一般应当以行为人抛售股票后的实际获利认定为违法所得。

第二,对于利好型内幕信息公开后,仅卖出部分股票的,对于已卖出的股票按照实际所得计算违法所得;对于未卖出的股票,应当按照内幕信息公开当日的账面所得计算违法所得。

对于公开后相关股票未出现涨停,被告人也未获知相关目标价信息的情况下,被告人没有卖出的部分股票,如何计算违法所得,存在两种不同意见。一种意见认为,应当以公开当日的账面所得计算。另一种意见则认为,应当以案发当日的账面所得计算。我们倾向于第一种意见。理由是:如利好型内幕信息公开当日未出现涨停,则一定程度表明内幕信息对股价的影响不够重大,其后股价变化与内幕信息是否公开没有因果关系。[1] 因此,对于上述情形下继续持股的,一般将内幕信息公开当日的账目获利认定为违法所得。

本案中,徐双全2012年2月3日从王文芳处获悉"德赛电池"股票即将因资产重组而停牌的内幕信息,于2月20日德赛电池公司发布《关于重大资产重组停牌公告》并正式停牌前连续买入"德赛电池"股票62万余股,3月26日德赛电池公司发布《关于终止筹划重大资产重组事项暨公司证券复牌公告》并于同日复牌。显然,徐双全从王文芳处获悉的德赛电池公司资产重组信息属于利好型内幕信息,但在复牌日宣告重组失败,"德赛电池"股票未出现涨停,现有证据无法证实徐双全获知了相关目标价信息。在此情况下,徐双全在复牌后没有马上抛售"德赛电池"股票,而是选择继续持股,并于3个月后陆续抛售所有涉案股票,共获利730万余元。根据"德赛电池"股票价格变化情况,徐双全涉及利用内幕交易的股票在复牌日仍然有获利,且之后该股票价格呈上涨趋势,应当将徐双全继续持股归于其对市场的判断而

---

① 在查处的内幕交易案件中,内幕信息主要为重大资产重组信息,故以资产重组的内幕信息为例。对于广大股民来说,停牌之前获知的信息是公司资产不重组,停牌时获知公司资产要重组,而后资产重组失败,复牌后广大股民得到的信息又是公司资产不重组。故一般认为,未兑现的利好内幕信息往往不会对复牌后的股价产生直接影响。

作出的选择,而复牌日的获利因与利用内幕交易存在因果关系,故徐双全的违法所得应当将复牌之日2012年3月26日的账面获利认定为违法所得,而不能将实际获利的730万余元全部认定为违法所得。

第三,对于利用利好型内幕信息,如果按照账面获利数额认定违法所得,那么是以收盘价、最低价或者最高价,抑或以最低价和最高价的平均价计算?目前,由于没有相关明确规定,存在不同意见。实践中主要存在四种观点。第一种观点认为,应当从有利于被告人角度以最低价计算账面获利。第二种观点认为,收盘价是市场参与者们所共同认可的价格,应当以收盘价计算账面获利。第三种观点认为,可借鉴其他类似案件存在不同价格时取平均值的方法,以最低价和最高价的平均价计算账面获利。第四种观点认为,应当以最高价计算账面获利,否则轻纵犯罪。

我们倾向于第二种观点,原则应当以收盘价计算账面获利。理由是:在证券市场中,收盘价是最重要的一个数据,是赚钱或者赔钱的基准,是市场参与者们共同认可的价格。最高价是大多数人认为最佳卖出的时机,最低价是大多数人认为最佳买进的时机。最高价和最低价是价格的两个极端,以最高价计算偏高,以最低价计算偏低,故以收盘价计算较为合理。实践中,一般只有存疑时才作有利于被告人的选择,而此时不存在存疑,且最低价是大多数人认为最佳的买进时机,从理性人角度,一般不可能在最低价时将股票抛售,除非是为了逃避处罚,故第一种观点难以成立。而最高价可能促发涨停的预期判断,出于对连续涨停的期待,一般也不会在最高价时将股票卖出,故第四种观点亦不可取。对于平均价计算法,一般是在"遇到销售金额或者其他数额高、低不等难以具体查明时,取其平均数额予以认定"①。而最高价和最低价是两种性质不同的价格,前者是大多数人认为最佳卖出时机价格,后者是大多数人认为最佳买进时机价格,显然不宜简单取两者的平均数。加之收盘价是市场参与者们所共同认可的价格,以收盘价计算具有内在的合理性,故以收盘价计算对被告人较为公平。

本案中,徐双全利用内幕交易买入"德赛电池"股票62万余股,平均每

---

① 贺平凡:"论刑事诉讼中的数量认定规则",载《法学》2003年第2期。

股约21.35元。2012年3月26日，德赛电池公司复牌当日最低价每股22.80元，最高价每股23.94元，收盘价每股23.77元。徐双全在利好型内幕信息公开后未卖出相关股票，选择在复牌后继续持股，主要是基于其对市场和该股票发展走向的判断，故对其应当以复牌日收盘价计算账面获利即150万余元，而不能以复牌当日最低价计算账面获利（即90万余元）。

（撰稿：上海市高级人民法院　罗开卷
审编：最高人民法院刑二庭　苗有水）

［第921号］

房毅信用卡诈骗案

——有效催收如何认定、透支行为发生在缓刑考验期之前但银行催收的截止期在缓刑考验期内的应当认定为漏罪还是新罪以及前罪判处的拘役与后罪判处的有期徒刑如何并罚

一、基本案情

被告人房毅，男，1974年2月12日出生，无业。2011年7月因犯信用卡诈骗罪被判处拘役六个月，缓刑六个月，并处罚金人民币二万元，缓刑考验期自2011年7月16日起至2012年1月15日止；2012年5月30日因涉嫌犯信用卡诈骗罪被逮捕。

上海市普陀区人民检察院以被告人房毅犯信用卡诈骗罪，向普陀区人民法院提起公诉。

被告人房毅对起诉书指控的犯罪事实没有异议。

上海市普陀区人民法院经审理查明：2007年11月至2009年2月，被告人房毅先后向深圳发展银行、交通银行、上海银行、中国银行、光大银行五家银行申请办理了信用卡用于持卡消费及取现。至2011年5月房毅透支本金共计人民币53 967.02元、美元299.57元。房毅因恶意透支平安银行信用卡于2011年7月被上海市普陀区人民法院判处拘役六个月，缓刑六个月，并处罚金人民币二万元，缓刑考验期自2011年7月16日起至2012年1月15日止。在该判决前，光大银行、中国银行针对尾号为4384、0014信用卡的所涉透支本金人民币9 714.49元、美元299.57元的欠款两次催收，房毅超过3个月仍未归还欠款。在缓刑考验期间，上海银行、深圳发展银行、中国银行

针对尾号为5758、3468、5887信用卡的所涉透支本金共计人民币27 305.66元的欠款两次催收，房毅超过3个月仍未归还欠款。在缓刑考验期满后，交通银行针对尾号为0429信用卡的所涉透支本金人民币16 946.87元的欠款两次催收，房毅超过3个月仍未归还欠款。2012年3月21日，房毅自动投案，并如实供述罪行。

上海市普陀区人民法院认为，被告人房毅以非法占有为目的，违反信用卡管理规定，超过规定期限透支，经发卡银行催收仍不归还，数额较大，其行为构成信用卡诈骗罪。房毅的恶意透支行为发生在前次判刑之前，属于漏罪，且发现本次犯罪时前次判决的缓刑考验期已届满，依法不应撤销缓刑。房毅主动投案并如实供述犯罪事实，有自首情节，依法可以从轻处罚。案发后，房毅退赔了部分赃款，可以酌情从轻处罚。据此，依照《中华人民共和国刑法》第一百九十六条第一款第四项、第二款，第六十七条第一款，第六十四条以及《最高人民法院、最高人民检察院关于办理妨害信用卡管理刑事案件具体应用法律若干问题的解释》第六条、《最高人民法院关于处理自首和立功具体应用法律若干问题的解释》第一条之规定，上海市普陀区人民法院以信用卡诈骗罪判处被告人房毅有期徒刑一年六个月，并处罚金人民币二万元；赃款依法予以追缴，发还各被害单位。

一审判决后，上海市普陀区人民检察院提出抗诉。具体理由如下：1. 法律已经将“经发卡银行催收拒不归还”作为恶意透支型的信用卡诈骗犯罪构成的必要要件。2. 根据在案证据，房毅的上海银行、中国银行、深圳发展银行三张信用卡透支行为虽然发生在前次判决前，但两次催收、3个月归还期限届满之日均发生在缓刑考验期限内。3. 房毅系在缓刑考验期内犯新罪，应当撤销缓刑，将前罪和后罪并罚。一审判决认定漏罪不当，未撤销缓刑予以并罚，导致量刑偏轻。

上海市人民检察院第二分院支持抗诉机关提出的抗诉意见，并认为原审法院以房毅透支行为发生在前次判决之前为由，将信用卡透支行为发生时间认定为犯罪时间，以漏罪的处罚方式判处，系认定事实错误，致适用法律量刑不当。据此，提请二审法院依法纠正。

房毅上诉提出，在前判案件侦查过程中已对本案所涉的全部信用卡犯罪作出交代,原判量刑过重。指定辩护人提出,银行催收方式不应以书面催收为限,上海银行、中国银行、深圳发展银行分别于2010年9月、2010年11月、2011年1月开始电话催收,经两次催收超过3个月不归还的期限均发生于缓刑考验期之前,故原审法院认定房毅犯漏罪是正确的,检察机关的抗诉意见不能成立。综上,请求二审法院考虑房毅系自首、认罪态度好、积极悔罪、主观恶性不深等情节,对其从轻处罚。

上海市第二中级人民法院认为,上诉人房毅以非法占有为目的,违反信用卡管理规定,对持有的信用卡恶意透支,经发卡银行多次催收超过规定期限仍不归还,数额较大,其行为构成信用卡诈骗罪,依法应予惩处。房毅自动投案并如实供述犯罪事实,有自首情节,依法可以从轻处罚。案发后,房毅退赔了部分赃款,可酌情从轻处罚。房毅在缓刑考验期内犯新罪,依法应当撤销缓刑,将前罪和后罪所判处的刑罚予以并罚。原判认定房毅的恶意透支行为发生在前次判刑之前,属于漏罪,且在前次判决的缓刑考验期届满后方被发现,依法不撤销缓刑,属于法律适用错误,应予纠正。抗诉机关及上海市人民检察院第二分院的意见正确。据此,依照《中华人民共和国刑事诉讼法》第二百二十五第一款第二项和《中华人民共和国刑法》第一百九十六条第一款第四项、第二款,第六十七条第一款,第七十七条第一款,第六十九条,第六十四条之规定,判决如下:

1. 维持上海市普陀区人民法院(2012)普刑初字第520号刑事判决的第二项,即赃款依法予以追缴,发还各被害单位。

2. 撤销上海市普陀区人民法院(2012)普刑初字第520号刑事判决的第一项,即被告人房毅犯信用卡诈骗罪,判处有期徒刑一年六个月,并处罚金人民币二万元。

3. 上诉人房毅犯信用卡诈骗罪,判处有期徒刑一年六个月,并处罚金人民币二万元;撤销上海市普陀区人民法院(2011)普刑初字第436号刑事判决对房毅宣告缓刑六个月的执行部分,连同该判决判处的拘役六个月,并处罚金人民币二万元;决定执行有期徒刑一年六个月,拘役六个月,并处罚金人民币四万元。

二、主要问题

1. 在信用卡诈骗犯罪案件中如何认定有效催收?

2. 透支行为发生在缓刑考验期之前,但银行催收的截止期发生在缓刑考验期内的,应当认定为漏罪还是新罪?

3. 有期徒刑和拘役如何并罚执行?

三、裁判理由

(一)认定有效催收,应当对银行是否实施催收、持卡人本人是否获悉催收信息进行审查

在恶意透支型信用卡诈骗罪中,银行催收方式多样,一般采用短信、电话催收、向户籍地或者持卡人预留的其他地址发催收信函以及上门催收等。持卡人恶意透支后往往采取各种方式逃避银行催收,拒接银行电话、更换手机号码或者拒收催收信函。司法实践中,对于有效催收的事实如何认定争议较大。主要涉及两个问题:

一是银行催收的形式。催收信函记载了透支信用卡的卡号、欠款金额、催收日期等详细信息,可直接证实催收的内容。但银行电话催收记录具有其单方面性,往往无录音或者其他证据佐证,难以反映催收内容。

二是持卡人收悉有关银行催收的信息。银行提供催收信函,证明根据持卡人所留的地址,实施过催收行为。实践中存在持卡人长期在外地工作,同住人签收信件后未转交给持卡人等情况。因此,仅凭银行提供的催收信函存根及挂号信记录仍无法证实持卡人确已收悉的,不能确认该催收的法律效力。银行必须提供证明持卡人收悉银行催收信函的信息,否则不能认定催收的有效性。

我们认为,银行信函催收还是电话催收,都是催收方式之一,无论哪种方式,均需要其他证据的印证,即查证属实的,方能认定为有效催收。原则上银行应当证明其催收内容、持卡人本人已收悉银行催收信息,否则不能认定催收的效力。这种证明最有效的方式就是由持卡人在催收函回执上签字认可,或者有电话录音的印证。信函催收的,如果持卡人外出,则其同住成

年家属签收也可以视为持卡人签收,但在这种情况下应当允许持卡人反证。如果持卡人能够举出证据证明其确实没有收到催收函,如其因为工作或者其他原因长期在外未归,确没有收到家属签收的催收函,则催收不发生效力。实践中,被告人对当庭质证的催收记录不提出异议的,法院可以对催收的有效性予以认可。若被告人庭审中提出异议,则需要具体分析。如果持卡人透支以后故意更换住址、电话号码逃避银行催收的,则只要银行有证据证明按照信用卡协议约定的持卡人地址寄送了催收函或者拨打过电话,即可认定催收的效力。否则,银行单方面提供的催收记录,无法独立证实有效催收。

就本案而言,五家银行均有电话催收情况,其中光大银行和上海银行的电话催收记录明确记载房毅本人已收悉催收信息,且经房毅辨认确认,可作为认定有效催收的证据采信。而其他银行提供的电话催收记录,没有房毅本人的确认等证据印证,故依法不能认定其实施了电话催收行为,但根据其提供的催收函件,可以认定其书面催收的事实。据此,法院认定上海银行、中国银行、深圳发展银行三张信用卡两次催收满3个月的截止期均发生在缓刑考验期内是正确的。

(二)恶意透支行为发生在缓刑考验期前,但银行催收的截止期发生在缓刑考验期内的,其所犯罪行系新罪,应当撤销缓刑,予以并罚

一种观点认为,房毅的恶意透支行为均发生在前次判刑之前,属于漏罪,不应撤销缓刑,数罪并罚。具体理由如下:1.“经两次催收超过三个月不还”的规定可以理解为对被告人非法占有主观故意的推定要件,在确定被告人有非法占有故意的情况下,被告人实际犯罪的时间仍是其恶意透支的时间,此时犯罪已经处于既遂状态。如果将“经银行两次催收超过三个月不还”机械理解为确认犯罪时间节点的要件,则会使犯罪时间因银行的催收行为处于不确定状态,不利于对犯罪的认定和追究。2. 房毅实际持卡透支消费及取现的时间均在2011年3月之前,此时,房毅实施恶意透支的行为已经完成,非法占有银行资产的行为处于既遂状态,因此,房毅实施犯罪的时间节点应当确定在2011年3月前,即前次判刑之前,不属于缓刑考验期内犯新罪的情形,应当认定为漏罪予以处罚。3.“经银行两次催收超过三个月不

还”的法律规定，实际上是为了避免实际生活中对恶意透支信用卡的打击面过大而增加的限制要件，不能因为存在该限制要件，而在银行怠于催收的情况下造成犯罪时间延后，最终形成对被告人不利的后果。特别在涉及撤销缓刑等情节时，若因银行方面的原因将犯罪时间延至缓刑考验期内，造成被告人犯新罪并撤销缓刑、数罪并罚的后果，有失公允。

另一种观点认为，房毅在前罪判决宣告前有漏罪，在缓刑考验期内犯新罪，同时缓刑考验期后又再犯罪。根据刑法第七十七条规定，应当撤销缓刑，将本案所犯之罪作出判罚，再与前判刑罚予以并罚。我们赞同后一种观点。具体理由如下：

1. 从构成特征分析，“非法占有目的”和“经催收不还”是认定“恶意透支”必须同时具备的两个要件

刑法第一百九十六条第二款规定：“前款所称恶意透支，是指持卡人以非法占有为目的，超过规定限额或者规定期限透支，并且经发卡银行催收后仍不归还的行为。”《关于办理妨碍信用卡管理刑事案件具体应用法律若干问题的解释》第六条规定：“持卡人以非法占有为目的，超过规定限额或者规定期限透支，并且经发卡银行两次催收后超过 3 个月仍不归还的，应当认定为刑法第一百九十六条规定的‘恶意透支’。有以下情形之一的，应当认定为刑法第一百九十六条第二款规定的‘以非法占有为目的’：(一)明知没有还款能力而大量透支，无法归还的；(二)肆意挥霍透支的资金，无法归还的；(三)透支后逃匿、改变联系方式，逃避银行催收的；(四)抽逃、转移资金，隐匿财产，逃避还款的；(五)使用透支的资金进行违法犯罪活动的；(六)其他非法占有资金，拒不归还的行为。”

从上述法律规定的字面含义看，“非法占有为目的”和“经催收不还”之间用了一个连接词“并且”，表明法律规定要求二者同时具备，持卡人才可构成“恶意透支”，其中“经催收不还”是“恶意透支”的法定构成要件之一，不能缺少。

2. 从行为特征分析，仅有透支行为尚不符合信用卡诈骗的行为特征

透支行为发生时，行为人是否归还欠款尚属于不确定状态，只有同时具备“经催收不还”这一不作为行为，才符合恶意透支型信用卡的行为特征。

如果按照原审法院认定的透支行为完成即成罪的观点来理解，那两次催收后3个月内归还欠款就属于退赃行为，这无疑与刑法及相关司法解释的规定相矛盾。至于房毅辩称，前判案件的侦查过程中其已交代了本案所涉犯罪事实。经查，当时相关信用卡的透支、催缴情况尚未达到信用卡诈骗罪的犯罪条件，是否构成犯罪处于不确定状态，故公安机关未予立案一并处理是正确的。但此后房毅仍然“经催收不还”，以致在缓刑考验期内符合信用卡诈骗罪的要件特征而再次构成同种犯罪。

3. 因银行催收因素导致银行催收的截止期在缓刑考验期内的所引起的后果，亦是被告人“经催收不还”所应承担的法律责任。

本案中，房毅的透支行为均发生于前罪判决前，但因银行催收方面的因素，使得还款期满之日发生在缓刑考验期内，即认定“恶意透支行为”的时间要素是在缓刑考验期内，其属于犯新罪，应当撤销缓刑、数罪并罚的情形。

（三）有期徒刑和拘役进行并罚，采用分别执行的做法

原审被告人房毅因前罪被判处拘役六个月，缓刑六个月。撤销缓刑后，涉及有期徒刑和拘役如何并罚的问题。

1988年3月24日，《最高人民法院研究室关于被判处拘役缓刑的罪犯在考验期内又犯新罪应如何执行的电话答复》提出，应当对新罪所判处的有期徒刑执行完毕后，再执行前罪判处的拘役。

2006年8月，最高人民法院研究室曾就上海市第二中级人民法院审理的被告人徐卫东盗窃抗诉一案答复：“刑法第六十九条对不同刑种如何数罪并罚没有明确规定，因此，对于被告人在拘役缓刑考验期内又犯新罪被判处有期徒刑应如何并罚问题，你院可根据案件的不同情况，个案处理。就本案而言，同意你院的倾向性意见，即可以只执行有期徒刑，拘役不再执行。”

2011年5月，人民法院出版社出版的由最高人民法院原副院长张军主编的《〈刑法修正案（八）〉条文的理解与适用》提出的并罚原则是：“最高人民法院对被告人同时被判处有期徒刑、拘役或者管制的情形，采取分别执行的做法。由于尚无新的司法解释对此类情形的并罚作出新的不同规定，今后遇到对被告人所犯数罪分别被判处有期徒刑、拘役或者管制的案件，还是应参照指导文件确定的原则，先执行有期徒刑，再执行拘役和管制，三者之

间不宜进行折抵。”

由于没有司法解释对有期徒刑和拘役如何并罚这一问题作出明确规定,个案处理仍需具体情况具体分析。房毅前次信用卡诈骗犯罪数额是2万余元人民币,后次同种罪行犯罪数额是5.3万余元人民币,合计7万余元人民币,如果同案处理的话,考虑自首、部分退赃等情节,判处的刑罚大致是有期徒刑二年。故本案采用分别执行的做法,在实体判罚方面更为妥当。

(撰稿:上海市第二中级人民法院　陈姣莹
审编:最高人民法院刑二庭　苗有水)

[第922号]

王译辉销售假冒注册商标的商品案

——如何计算假冒注册商标的商品的货值金额

一、基本案情

被告人王译辉,男,1966年12月4日出生,北京天虹普众网络科技中心法定代表人。2012年2月16日因涉嫌犯销售假冒注册商标的商品罪被逮捕。

北京市海淀区人民检察院以被告人王译辉犯销售假冒注册商标的商品罪,向海淀区人民法院提起公诉。

被告人王译辉对指控的事实和罪名无异议。其辩护人提出,公诉机关以被害单位出具的价格证明来认定假冒H3C牌模块的价值,数额过高。

北京市海淀区人民法院经审理查明:2009年4月9日,被告人王译辉伙同他人销售假冒思科牌模块时被抓获。公安人员在王译辉位于北京市海淀区知春东里9号楼1809室、2010室的经营地、暂住地,以及海淀区知春里14号楼地下室A05-2室库房内,查获大量H3C牌模块、思科牌模块。经鉴定,上述产品均系假冒H3C牌和思科牌注册商标的产品,其中假冒思科牌注册商标的产品价值人民币(以下币种同)173 124元。

北京市海淀区人民法院认为,对于查获的假冒H3C牌模块的价值,公诉机关仅以被侵权单位杭州华三通信技术有限公司出具的价格证明作为价值认定依据,未提供价格认证中心的财产价格鉴定意见,缺乏客观性,故对指控的假冒H3C牌产品价值不予认可,并在犯罪数额中予以扣除。鉴于王译辉具有未遂情节,且到案后如实供述犯罪事实,依法可以对其从轻处罚。据此,依照《中华人民共和国刑法》第二百一十四条、第二十三条、第六十七条第三款、第五十三条之规定,北京市海淀区人民法院以被告人王译辉犯销售假冒注册商标的商品罪，判处有期徒刑一年，并处罚金人民币十万元。

一审宣判后，王译辉未上诉。北京市海淀区人民检察院提出抗诉，北京市人民检察院第一分院支持抗诉。具体理由是：(1)一审判决将查获的假冒H3C牌模块的价值从犯罪数额中予以扣除，属于认定事实错误，采信证据有误。(2)查获的假冒H3C牌模块的实际销售价格，因出入库单在时间、数量上不能一一对应，且记载产品型号不规范、不一致，认定实际销售价格的证据未达到“确实、充分”的证明标准，属于“无法查清销售价格”的情形。根据最高人民法院、最高人民检察院2004年联合出台的《关于办理侵犯知识产权刑事案件具体应用法律若干问题的解释》(以下简称《知产解释》)第十二条的规定，应当依据“被侵权产品的市场中间价格”，即抗诉机关在二审期间补充调取的被侵权产品的价格鉴定意见认定上述模块的价值。

被告人王译辉对原审判决无异议。其辩护人提出，检察机关在二审期间调取的价格鉴定意见系根据H3C牌模块真品价格作出，金额过高，与实际销售情况不符。

北京市第一中级人民法院经审理查明的事实、证据与一审法院基本相同。另查明，公安机关在王译辉处查获的假冒H3C牌模块货值金额共计51 880元。

北京市第一中级人民法院认为，被告人王译辉销售明知是假冒注册商标的商品，销售金额数额较大，其行为构成销售假冒注册商标的商品罪，依法应当惩处。本案中，购销双方对于“知假卖假、知假买假”均有明确认识，假货的销售价格与真品有很大差距。因此，按照查获的假冒产品本身的价格计算犯罪数额，更能体现罪责刑相适应原则。一审中公诉机关仅依据被侵权单位出具的真品价格证明，认定查获的假冒H3C牌模块的犯罪金额，缺乏客观性。而一审法院仅以控方证据不足为由，对该项事实的犯罪数额不予认定，亦属不当。经查，查获的假冒H3C牌注册商标的产品货值金额大约为5.1万余元。对检察机关的抗诉意见和支持抗诉意见，部分予以采纳。原判对于部分事实认定有误，应予纠正。鉴于二审查明的数额仍在一审确定的量刑幅度内，一审判决不属于量刑畸轻，故予以维持。据此，依照《中华人民共和国刑事诉讼法》第二百二十五条第一款第一项之规定，北京市第一中级人民法院裁定驳回抗诉，维持原判。

二、主要问题

1.有证据证明有实际销售情况的，如何判断实际销售价格是否无法查清？

2.认定侵权产品的价值时，如何看待被侵权单位出具的正品价格证明以及中介机构作出的价格鉴定意见的证明力？

三、裁判理由

在销售假冒注册商标的商品犯罪案件中，犯罪数额是影响定罪量刑的重要因素。由于此类犯罪活动相对隐蔽、零散，交易程序很不规范，给实践中准确查明犯罪数额带来了诸多困难。如何合理运用在案证据，准确认定犯罪数额，是审理此类案件的关键。

（一）有证据证明存在实际销售行为的，应当根据有利于被告人的原则具体把握实际销售价格的证明标准，尽可能查明实际销售价格

《知产解释》第十二条规定："本解释所称'非法经营数额'，是指行为人在实施侵犯知识产权行为过程中，制造、储存、运输、销售侵权产品的价值。已销售的侵权产品的价值，按照实际销售的价格计算。制造、储存、运输和未销售的侵权产品的价值，按照标价或者已经查清的侵权产品的实际销售平均价格计算。侵权产品没有标价或者无法查清其实际销售价格的，按照被侵权产品的市场中间价格计算。"上述三种计算方法呈递进关系，只有按照前一种方法无法认定侵权产品的价格时，才适用后一种方法计算。由于计算方法具体如何确定，加上侵犯知识产权案件中制造、销售、存储侵权产品的情形往往差异很大，在流通领域侵权产品比正品的价格往往低得多，因此使用《知产解释》第十二条规定的不同计算方法计算出的犯罪数额也会相差悬殊。要选取科学、合理的计算方法计算犯罪数额，关键是对《知产解释》第十二条规定的"无法查清实际销售价格"进行准确把握。如果控辩双方对实际销售价格能否查清有不同意见，法院对在案的证实相关交易细节的证据更应慎重对待。同时，考虑到实际销售价格这一计算标准对被告人更为

有利，在判断有关实际销售价格的事实是否清楚，证据是否确实、充分时，应当根据案件实际情况具体认定，充分挖掘相关证据的证明价值。本案中，检察机关认为，认定实际销售假冒 H3C 牌模块价格的证据无法达到“确实、充分”的证明标准，属于《知产解释》规定的“无法查清实际销售价格”的情形，应当以相应正品的鉴定价格计算犯罪数额。检察机关认为，要查清实际销售价格，要求调取的出库单、购货清单在时间、数量上须一一对应，关于型号的记载也要与扣押清单的型号完全一致。我们认为，这种意见过于绝对，不符合知识产权犯罪取证难的实际情况，对证据审查提出了过高要求，也不利于保护被告人的权益。因此，在有证据证明存在实际销售行为的情况下，应当尽可能利用现有证据查明实际销售的平均价格，以准确评价被告人的罪行轻重。

本案中，查获的假冒 H3C 牌模块没有标价，但其实际销售平均价格根据侵权产品购买人的证言、相关单据、被告人王译辉的供述等证据基本能够查清。证人王沛沛等侵权产品购买人的证言、王译辉的供述均证实，王译辉销售的假冒 H3C 牌各型号模块的价格在 100 元至 200 元之间。而公安人员在王译辉、购货人处查获的部分出库单、调取的购货清单中标注有假冒 H3C 牌模块的型号、价格。经比对，查获的 6 种型号 H3C 牌假模块中，有 5 种型号能够结合书证查明实际销售价格，只有 1 种型号的假模块无法查明销售价格，根据《知产解释》第十二条的规定，对该种假模块可以按照二审中补充调取的相应正品的鉴定价格计算犯罪数额。据此，二审法院认定查获的假冒 H3C 牌模块的货值金额共计 51 880 元。

（二）认定侵权产品价值时，应当结合在案其他证据审慎判断被侵权单位出具的正品价格证明及价格鉴定意见的证明力

本案除了是否属于“无法查清实际销售价格”情形的问题外，还涉及对控方提交的相关价格证明的采信问题。一审期间，公诉机关以被侵权单位出具的正品价格证明所载价格作为“被侵权产品的市场中间价格”。我们认为，不能将被侵权单位提供的正品价格等同于“被侵权产品的市场中间价格”。主要理由在于：首先，被侵权单位作为利害关系方，其出具的价格证明如无相关证据佐证，作为认定犯罪数额的依据缺乏客观性。其次，对于何为

市场中间价格，司法解释并未予以明确。而实际操作中，因产品销售存在多个环节，以出厂、批发或者零售环节的市场中间价格计算案值，结果必然存在一定差异，可见，应当根据行为人所处的具体销售环节来确定市场中间价格。一审检察机关仅以被侵权单位出具的价格证明来确定被侵权产品市场中间价格，既不客观，也不合理，一审法院未根据该证据认定相关犯罪数额是正确的。但是，一审法院未注意到该部分模块的实际销售价格根据相关证据基本能够查清，从而对指控的该部分犯罪数额不予认定，是不正确的，应予纠正。

与被侵权单位出具的正品价格证明相比，中介机构出具的价格鉴定意见无疑具有较高的公信力，其证明力明显高于前者。司法实践中，由于价格鉴定意见的出具比较便捷，且鉴定结果往往能够得到法庭的支持，对于查获的侵权产品，侦查机关一般都交由价格鉴定机构出具价格鉴定意见，作为指控、认定犯罪数额的依据。但是，鉴定意见并不当然具有客观性、合理性，如果鉴定机构不负责任，其出具的鉴定意见也难以体现公平。特别是当鉴定机构出具的鉴定价格与被侵权单位提供的价格完全一致时，极易引发被告人、辩护人对鉴定意见客观性、公正性的质疑。因此，鉴定意见能否作为定案的根据，需要结合案件具体情况和其他证据审查判断。具体而言，应当调取证明被侵权单位实际销售情况的证据，如销售合同、销售单据、产品市场定价等，用以证实被侵权单位提供价格的真实性。必要时，应当对鉴定的程序、依据等情况进行审查。只有这样，才能准确认定犯罪数额，作出令人信服的判决。

（撰稿：北京市第三中级人民法院　杨立军
审编：最高人民法院刑五庭　马　岩）

[第923号]

曲振武、胡英辉故意杀人案

——雇凶者没有直接实施杀人行为，并翻供否认犯罪的，如何认定雇凶杀人犯罪事实

一、基本案情

被告人曲振武，男，1953年11月20日出生，辽宁省抚顺市公安局退休干部。2011年7月29日因涉嫌犯故意杀人罪被逮捕。

被告人胡英辉，男，1972年3月24日出生，出租车司机。2007年7月5日因犯故意伤害罪被判处拘役六个月，缓刑六个月；2011年7月29日因涉嫌犯故意杀人罪被逮捕。

辽宁省抚顺市人民检察院以被告人曲振武、胡英辉犯故意杀人罪，向抚顺市中级人民法院提起公诉。

被告人曲振武辩称，其没有雇用被告人胡英辉杀人，公安人员对其刑讯逼供。其辩护人提出，曲振武缺乏杀人动机，公诉机关指控曲振武因财产问题雇用胡英辉杀人的证据不足。

被告人胡英辉辩称，其系主动到案，应当认定具有自首情节。其辩护人提出，胡英辉系受被告人曲振武的雇用、指使杀人，地位、作用次于曲振武，且胡英辉归案后始终如实供述犯罪事实，具有坦白情节。

抚顺市中级人民法院经公开审理查明：被告人曲振武与被害人高某同居生活多年，后因财产等问题产生矛盾，曲振武欲杀死高某。曲振武遂找到被告人胡英辉，商定以人民币5万元酬金雇用胡杀死高某。曲振武向胡英辉指认了高某，介绍了高某的出行规律，为胡准备了尖刀、雨衣、自家楼门洞钥匙及用于单线联系的手机、手机卡等作案工具，并预先支付给胡1万元酬金。

2010年8月15日零时许，胡英辉按照曲振武的安排事先埋伏在曲振武家楼门洞内，待高某进入后，持刀捅刺高某左背部一刀。高某受伤后跑出楼门洞，胡英辉追赶未果遂逃离现场。2011年年初，曲振武再次授意胡英辉杀死高某，承诺事成之后给胡5万元，并再次为胡准备了尖刀、雨衣、手机卡、楼门洞钥匙等作案工具。曲振武告诉胡英辉每晚都有出租车司机护送高某上楼，让胡事先埋伏在一楼小仓库内伺机动手。同年6月10日1时30分许，出租车司机孙某与高某先后进入楼门洞，当高某经过小仓库门口时，胡英辉从仓库内冲出，持刀连续捅刺高某的胸背部等处数刀，并捅刺返身阻止其行凶的孙某肩、腹部两刀，致高某死亡、孙某重伤。

抚顺市中级人民法院认为，被告人曲振武、胡英辉故意非法剥夺他人生命，其行为均构成故意杀人罪。经查，认定曲振武雇凶杀人的证据不仅有胡英辉的供述，还有相关证人证言、书证及视听资料予以佐证，且曲振武在侦查阶段前期亦对其雇凶杀人事实予以供认，故对曲振武所提其没有雇用胡英辉杀人的辩解及其辩护人所提曲振武因财产问题雇凶杀人的证据不足的辩护意见，不予采纳。胡英辉虽然在接到电话后即前往公安机关，但其在公安机关掌握其主要犯罪证据后才如实供述，故其所提其具有自首情节的辩解不能成立。胡英辉辩护人所提胡英辉系受雇实施犯罪、具有坦白情节的辩护意见属实，但其致1人死亡、1人重伤，不足以对其从轻处罚。曲振武因财产问题，两次出资雇用胡英辉实施故意杀人犯罪，并为胡提供犯罪工具、创造犯罪条件；胡英辉接受曲振武雇用后两次实施故意杀人行为，致1人死亡、1人重伤，二被告人的犯罪动机卑劣，手段残忍，后果和罪行极其严重。据此，依照《中华人民共和国刑法》第二百三十二条、第二十五条、第五十七条第一款之规定，抚顺市中级人民法院判决如下：

1. 被告人曲振武犯故意杀人罪，判处死刑，剥夺政治权利终身。

2. 被告人胡英辉犯故意杀人罪，判处死刑，剥夺政治权利终身。

一审宣判后，被告人曲振武提出上诉，称其没有雇用被告人胡英辉杀人，公安人员对其刑讯逼供。其辩护人提出，本案事实不清，证据不足。

辽宁省高级人民法院经公开审理认为，上诉人曲振武、原审被告人胡英辉故意非法剥夺他人生命，其行为均构成故意杀人罪。曲振武为达卑劣目的，两次出资雇用胡英辉实施故意杀人犯罪，并为胡提供犯罪工具、创造犯罪条件；胡英辉接受曲振武雇用后，两次实施故意杀人行为，致1人死亡、1人重伤。二人犯罪动机卑劣，作案手段残忍，后果和罪行极其严重。经查，认定曲振武雇佣胡英辉杀人的事实有相关证据证明，曲振武在侦查阶段前期亦对其雇凶杀人的犯罪事实予以供认，没有证据证实曲振武遭受刑讯逼供，故对曲振武所提其没有雇凶杀人、遭受刑讯逼供的上诉理由及其辩护人所提本案事实不清、证据不足的辩护意见，不予采纳。尽管胡英辉系受曲振武雇用、指使杀人，归案后始终如实供述，具有坦白情节，但其直接致1人死亡、1人重伤，不足以从轻处罚，对其辩护人所提对胡英辉从轻处罚的辩护意见不予采纳。一审判决认定的事实清楚，证据确实、充分，定罪准确，量刑适当，审判程序合法。据此，依照《中华人民共和国刑事诉讼法》第二百二十五条第一款第一项之规定，裁定驳回上诉，维持原判，并依法报请最高人民法院核准。

最高人民法院经复核认为，被告人曲振武、胡英辉故意非法剥夺他人生命，其行为均构成故意杀人罪，且属共同犯罪。曲振武为独占财产，两次雇凶杀人；胡英辉为谋财两次受雇实施杀人行为，并致1人死亡、1人重伤。二人犯罪动机卑劣，情节特别恶劣，后果和罪行极其严重，依法应当惩处。在共同犯罪中，曲振武提起犯意，雇用胡英辉实施犯罪，提供犯罪工具，创造犯罪条件；胡英辉接受雇用积极实施杀人行为，直接致人伤亡，二人均起主要作用，系主犯，应当按照其所参与的全部犯罪处罚。胡英辉曾因犯罪被判处刑罚，缓刑考验期满后又犯罪，主观恶性深，人身危险性大。第一审判决、第二审裁定认定的事实清楚，证据确实、充分，定罪准确，量刑适当，审判程序合法。据此，依照《中华人民共和国刑事诉讼法》第二百三十五条、第二百三十九条和《最高人民法院关于适用〈中华人民共和国刑事诉讼法〉的解释》第三百五十条第一项之规定，裁定核准辽宁省高级人民法院维持第一审对被告人曲振武以故意杀人罪判处死刑，剥夺政治权利终身；对被告人胡英辉以故意杀人罪判处死刑，剥夺政治权利终身的刑事裁定。

二、主要问题

雇凶者没有直接实施杀人行为，并翻供否认犯罪的，如何认定雇凶杀人犯罪事实?

三、裁判理由

雇凶杀人是实践中较为常见的犯罪类型,雇凶者本人是否直接参与实施杀人行为,对于案件事实认定有不同程度的影响。有些雇凶者反侦查能力较强,不但不直接参与实施杀人行为,还会尽可能切断与受雇者和犯罪事实之间的证据关联,增大事实认定的难度。对于此类案件,应当格外注重对全案证据的综合分析。通常情况下,受雇者直接实施杀人行为,一般会留下与犯罪相关的直接证据或者关联性较强的间接证据;而雇凶者雇用受雇者实施犯罪,通常是基于特定动机,且会与受雇者存在联络;出于犯罪隐秘性考虑,受雇者与被害人之间往往并不相识,需要在雇凶者的帮助下实施杀人行为。因此,应当从证实受雇者与犯罪事实之间的关联、雇凶者与受雇者之间的关联、雇凶者及受雇者与被害人之间的关联等方面的证据入手,探寻雇凶者与犯罪事实之间的关联。对于雇凶者翻供否认参与犯罪的,应当注重对雇凶者的有罪供述与其他证据在取证时间、逻辑关系、内容一致性上的审查,并认真分析雇凶者的翻供理由及翻供内容是否符合情理、能否成立。

本案系一起经过精心策划的雇凶杀人案件。雇凶者曲振武始终在幕后,没有直接实施杀人犯罪,且在侦查阶段就开始翻供,否认参与犯罪,称遭到刑讯逼供,由此给认定其雇凶杀人事实带来一定困难。具体体现在以下几点:第一,直接证据只有被告人的供述。除胡英辉的指证性供述和曲振武在侦查阶段的两次有罪供述外,没有其他直接证据能够证实曲振武雇用胡英辉杀人的事实。第二,侦查机关虽然获取了一些间接证据,但都难以在曲振武与胡英辉的杀人事实之间建立明确联系。如虽然提取了疑为曲振武作案时单线联系胡英辉所用手机号码的通话记录,并找到了使用该号码的手机,但没有有力证据证实该号码系由曲振武实际使用,也没有证据证实该手机曾由曲振武持有;虽然从现场附近提取了有关监控录像,但录像内容模糊,无法直接根据录像确认在现场踩点的人就是曲振武和胡英辉。第三,部分证实曲振武涉嫌犯罪的关联性证据没有找到。如没有找到胡英辉作案所用的曲振武家楼洞门钥匙,无法证实系曲振武向其提供;没有找到证实曲振武、胡英辉在现场附近共同活动的目击证人;没有找到证实曲振武购买、准备作案工具情况的相关证人等。但是,综合全案证据,仍可认定曲振武雇用胡英辉故意杀人的犯罪事实。具体分析如下:

(一)关于被告人胡英辉故意杀人事实的认定

本案中,被告人胡英辉是杀人行为的直接实施者,准确认定胡英辉故意杀人的犯罪事实,是认定被告人曲振武雇用胡英辉杀人的前提条件。第一,DNA 鉴定意见证实,案发现场和胡英辉作案时驾驶的出租车上均留有胡英辉的血迹,可以直接将胡英辉与本案犯罪事实关联起来,同时也印证了胡英辉供述的其作案时手指受伤,作案后驾驶该出租车逃离现场的情节。第二,公安人员根据胡英辉的指认,提取了其作案所用尖刀、其从被害人高某处拿走的挎包等物品,属于先供后证。提取的尖刀特征与被害人孙某的陈述及鉴定意见证实的作案工具特征吻合,提取的挎包特征与高某同事张某所证高某遇害前所背挎包特征一致。这些证据是证实胡英辉作案的重要客观证据。第三,被害人孙某虽然不能辨认出作案人,但其对案发过程的陈述与胡英辉供述的作案时间、埋伏及动手地点、捅刺二被害人经过、作案工具、作案衣着等情节高度吻合。第四,高某亲属王某的证言印证了胡英辉供述的其第一次动手杀害高某的时间、地点、经过等情节。现场小仓库主人王君的证言印证了胡英辉供述的其为准备第二次作案而三次撬坏小仓库门锁的情节。胡英辉的对班司机辛军、同居女友郭金凤、诊所医生陶桂香的证言印证了胡英辉供述的其作案后丢弃作案所用手机、手机卡及作案时所穿部分衣物,并到诊所包扎受伤手指的情节。第五,胡英辉作案用手机号码的通话记录印证了胡英辉、曲振武供述的作案期间曲振武通过特定手机号码与胡英辉单线联系的情节,且系先供后证。第六,胡英辉归案后稳定供认受曲振武雇用杀死高某、致孙某重伤的犯罪事实,且供述中有大量个性化的涉案细节,所供与曲振武的有罪供述能够相互印证,也与在案的其他证据吻合。

(二)关于被告人曲振武雇用被告人胡英辉杀人事实的认定

在认定胡英辉直接实施杀人行为的基础上,如何进一步认定胡英辉系受雇于曲振武实施犯罪,是本案犯罪事实认定的关键。曲振武系刑侦部门的退休法医,反侦查能力很强,且对犯罪过程进行了缜密策划,以致本案能够证实曲振武雇用胡英辉杀人的直接证据只有胡英辉的供述及曲振武在侦查阶段所作的两次有罪供述。但胡英辉的供述及本案的具体案情显示，胡英辉本人不具备杀人动机，若缺乏曲振武的帮助和配合，胡英辉无法独立完成作案；曲振武的有罪供述中，具有多处非雇凶者难以掌握的涉案细节，且都系先供后证，故显得更为真实、可信；最后，通过胡英辉、曲振武的有罪供述获取的间接证据反过来确证了二被告人的有罪供述与本案事实之间的关联，从而使得曲振武雇凶杀人的犯罪事实进一步得到证明。具体分析如下：

1. 胡英辉的供述直接证实其系受雇于曲振武而实施杀人行为

胡英辉始终供称其系受曲振武雇用而实施杀人行为，其供述是证实曲振武雇凶杀人事实的最有力的直接证据，又对其他间接证据起到了很好的固定、印证作用。胡英辉关于曲振武两次雇用其杀害高某，并为其指认高某、提供作案工具、创造作案条件，以及二人在作案过程中通过隐秘电话单线联系、共同踩点的事实的供述详细、稳定，所供内容得到了手机通话记录、监控录像及曲振武的有罪供述的印证。根据胡英辉的供述，如果没有曲振武的帮助、配合，其无法完成作案，具体体现为：一是在作案对象的确认上，胡英辉供称系曲振武多次向其秘密指认高某。相关证据也表明，胡英辉在日常工作、生活中与高某并无联络，缺乏杀害高某的动机，不通过曲振武，胡英辉无从认识高某，无法准确认定作案对象。二是在作案时间的选择上，胡英辉供称系曲振武告知其高某的行踪规律，并在案发当日凌晨打电话告诉其高某比平时晚归的情况。曲振武的手机通话记录也显示，高某在下班前曾给曲振武打过电话。如果不通过曲振武，胡英辉无从知晓案发当日高某晚归的情况。三是在作案地点的选择上，胡英辉供称系曲振武向其提供单元门钥匙，并安排其潜伏在一楼小仓库内伺机作案。因现场单元门封闭，如果没有曲振武提供钥匙，胡英辉难以进入单元门，也无从了解小仓库可以藏身的情况。四是在作案方式的选择上，胡英辉供称系曲振武向其提供了出租车司机送高某上楼的情况及司机和高某行走的先后顺序，让其在司机经过后对走在后面的高某动手。而出租车司机护送高某系胡英辉第一次作案失手后新出现的情况，尤其是司机和高某的行走顺序若非曲振武提供，胡英辉难以掌握。以上胡英辉的种种供述详细、完整地刻画了曲振武雇用其杀人的事实,表明曲振武是联系其与高某被害事实的必要纽带。

2. 综合分析曲振武的有罪供述与其他证据的印证关系,能够进一步确认胡英辉系受雇于曲振武而实施杀人行为

(1)曲振武的有罪供述与胡英辉的供述等证据在一些细节上吻合。曲振武在侦查阶段初期曾作过两次有罪供述,虽然供述内容相对简单,但在一些标志性细节上与胡英辉的供述能够相互印证,可信度较高。具体为:第一,曲振武所供其一次性购买了两把同样的刀,分别在两次作案前提供给胡英辉的情节,与胡英辉的供述吻合。第二,曲振武所供其指使胡英辉作案后拿走高某的包,伪装抢劫杀人的情节,与胡英辉的供述吻合。第三,曲振武所供其为胡英辉第二次作案提供的雨衣的特征与被害人孙某对作案人衣着的描述基本一致,且经查其所供购买雨衣的地点确实有该类雨衣出售。第四,曲振武所供案发前两天其与胡英辉在现场附近踩点的情节,与胡英辉的供述及现场周边监控录像吻合。

(2)曲振武的有罪供述中有部分非雇凶者难以掌握的作案细节,且都系先供后证,证明力较强。具体为:第一,曲振武的作案动机系其本人首先交代,后得到在案证据的印证。胡英辉并不了解曲振武雇用其杀害高某的真正原因,而公安机关也不掌握曲振武作案的具体原因。曲振武归案后主动交代,作案动机之一是其因疾病缠身、收入不高遭高某嫌弃,为将二人共同出资购买的房产据为己有而起意杀死高某;作案动机之二是其与高某共同投资的50多万元被骗,为防止高某知情后向其要钱而再次决意杀死高某。经查,曲振武与高某的关系不稳定,曲振武退休后身体和经济情况不佳,但高某收入较高有一定积蓄,买房和投资主要靠高某出资,案发后曲振武确实占有了其与高某同居期间购置的一套房屋,而曲振武交代的投资被骗情节也得到其外甥包某证言的印证。第二,作案前曲振武给胡英辉打电话通报高某回家时间的情节系曲振武首先交代。曲振武的有罪供述中提到,案发当日凌晨其曾打电话告诉胡英辉高某当天回家较晚,让胡继续等待。公安人员据此对胡英辉作案所用手机号码的通话清单进行了比对,发现了符合条件的该条通话记录,印证了曲振武的供述,并据此认定拨打电话的手机号码系曲振武使用。第三,胡英辉第二次作案前要求提高佣金的情节系曲振

武首先交代。曲振武在第一次供述中交代,胡英辉听说有出租车司机护送高某上楼的情况后,要求增加1万元佣金,该情节得到胡英辉后期供述的印证。

3. 相关间接证据对曲振武雇凶杀人犯罪事实的认定具有补强作用

本案中,曲振武与胡英辉的手机通话记录和相关监控录像对二人供述的一些细节有印证作用。第一,曲振武和胡英辉日常使用手机的通话记录显示,案发前二人曾有通话,该情节也得到胡英辉供述的印证,表明曲振武与胡英辉原本相识。案发前两天,曲振武日常使用的手机号码被一公用电话号码呼叫,经调取公用电话附近的监控录像,胡英辉辨认确认是其本人使用公用电话联系曲振武商议作案事宜。第二,现场附近的监控录像显示,在曲振武手机接到上述公用电话来电后几个小时,一辆捷达出租车来到现场,后两名男子在现场附近活动。虽然监控录像内容模糊,但胡英辉辨认后确认是其与曲振武驾车到现场踩点,曲振武亦曾供认作案前两天与胡英辉共同踩点,时间和情节均能吻合。第三,胡英辉供称其第二次作案时使用一部一机双卡手机,手机中的另一隐秘号码为其作案时与曲振武单线联系的号码。公安人员据此调取了胡英辉手机中另一隐秘号码的通话记录,查明该隐秘号码专门接听一个位于曲振武家附近的号码打来的电话,与胡英辉、曲振武所供作案期间曲通过特定手机号码主动与胡单线联系的情节吻合。而且,经比对通话手机串号发现,胡英辉手机中的隐秘号码与位于曲振武家附近的号码曾在同一部手机中使用过,印证了胡英辉所供该号码系由曲振武提供的事实,从而进一步在两者之间建立起联系。

(三)被告人曲振武的翻供不能成立

曲振武从侦查阶段后期到一、二审庭审阶段均否认犯罪,并称遭到刑讯逼供。经分析,曲振武的翻供理由不合常理,翻供内容不能成立。第一,可以排除曲振武遭到刑讯逼供的可能。曲振武系公安机关的退休法医,且患有高血压、脑血栓等疾病,鉴于其特殊身份和身体状况,公安人员在对其讯问时会更加注意方式方法,对其刑讯逼供的可能性很小。审讯录像中,曲振武表情自然、对答流畅、思路清晰,没有遭受逼供、诱供的迹象。入所体检表、健康检查表也未反映曲振武有外伤情况。第二,曲振武无法解释为何在看守所仍作出有罪供述。曲振武的第二次有罪供述系在看守所作出,曲振武也承认此次供述未受到刑讯逼供。其对此次作有罪供述的原因,先后有“不清楚有罪供述的后果”、“为了对上对下好交代”、“为了成全侦查人员立功”等不同说法。但曲振武作为刑侦部门的退休法医,其上述解释难以令人信服,更何况其始终无法解释为何能够详细供述诸多涉案细节。第三,曲振武否认作案动机的解释难以成立。曲振武翻供称买房、投资均由其个人出资,但始终无法提供证明其有购房、投资收入来源的具体证据,且与调查查明的其本人的经济状况不符。同时,曲振武也无法解释为何其主动交代的投资被骗情节能够得到其他证据的印证。第四,曲振武提出胡英辉有作案动机的理由不能成立。曲振武在有罪供述中称胡英辉与高某没有正面接触,没有矛盾,胡英辉系为钱受雇杀人。其在翻供中先后提出了胡英辉因高某不肯借钱而杀人,胡英辉因与高某做生意、卖毒品产生经济纠纷而杀人,胡英辉因争风吃醋而杀人等不同版本,其翻供内容不稳定、不合理,不但胡英辉坚决否认,而且没有其他任何证据能够证实。

综上,被告人曲振武虽然没有直接实施杀人行为,且在侦查阶段就翻供否认犯罪,但在案证据证实,曲振武与被告人胡英辉在作案过程中联系密切,没有曲振武的幕后帮助胡英辉无法完成作案,曲振武的有罪供述与胡英辉的供述等证据在涉案的关键细节上吻合,特别是曲振武所交代的一些非雇凶者难以掌握的作案细节,均得到其他证据的印证,而曲振武的翻供理由则明显不合常理,翻供内容不能成立。据此,完全可以认定曲振武雇凶杀人的犯罪事实。

(撰稿:最高人民法院刑五庭　李静然
审编:最高人民法院刑五庭　马　岩)

[第924号]

尹斌故意杀人、强制猥亵妇女案

——判处死刑的被告人在上诉期满后申请撤回上诉的,如何处理

一、基本案情

被告人尹斌,男,1967年11月20日出生。2002年12月25日因犯强奸罪被判处有期徒刑八年,2009年5月2日刑满释放;2011年11月2日因涉嫌犯故意杀人罪被逮捕。

辽宁省锦州市人民检察院以被告人尹斌犯故意杀人罪、强制猥亵妇女罪,向锦州市中级人民法院提起公诉。

锦州市中级人民法院经审理查明:被告人尹斌与被害人王某(女,殁年62岁)系同村村民。2011年9月6日下午,尹斌到王某家帮忙摘倭瓜,摘完后尹斌拉拽王某,并强行扒下王某的裤子摸其阴部。次日王某报案,尹斌闻讯潜逃。同年10月19日下午,尹斌从外地返回村里,在自家饮酒后来到王某家中,要求王某到公安机关撤回控告,被王某拒绝,二人遂发生口角。尹斌将王某打倒,并脱下王某的裤子对其进行猥亵,后又在王某家中随手操起一把菜刀连砍王某头面部、颈部、腹部等处数刀,致王某因严重颅脑损伤及颈动静脉断裂而失血性休克死亡。此后,尹斌返回自己家中,见其母亲未在家,遂携带自家菜刀到邻居尹刚(被害人,男,时年58岁)家中寻找。受到尹刚的阻止、驱赶后,尹斌便持菜刀连砍尹刚头颈部数刀,致尹刚轻伤。厮打过程中,尹刚夺下菜刀将尹斌头部砍伤。

锦州市中级人民法院认为,被告人尹斌故意非法剥夺他人生命,其行为构成故意杀人罪;尹斌以暴力方法强制猥亵妇女,其行为还构成强制猥亵妇

女罪,依法应当并罚。公诉机关指控尹斌犯罪的事实和罪名成立。经查,尹斌虽然作案前饮酒,但其在实施犯罪过程中犯意明晰,行为连贯,且行为与犯意之间相吻合;其归案后虽然自愿认罪,但其犯罪动机极其卑劣,手段极其残忍,情节极其恶劣,又系累犯,不足以对其从轻处罚,故辩护人所提其系在情绪激动并在酒后短时间内意志失控的情况下实施犯罪,且归案后自愿认罪,请求从轻处罚的辩护意见不予采纳。据此,依照《中华人民共和国刑法》第二百三十二条、第二百三十七条第一款、第六十五条第一款、第六十九条、第五十七条第一款之规定,锦州市中级人民法院以被告人尹斌犯故意杀人罪,判处死刑,剥夺政治权利终身;以犯强制猥亵妇女罪,判处有期徒刑三年;决定执行死刑,剥夺政治权利终身。

一审宣判后,被告人尹斌口头提出上诉。后又在上诉期满后申请撤回上诉。

辽宁省高级人民法院认为,上诉人尹斌在上诉期满后、本院开庭审理前要求撤回上诉,符合法律规定,应予准许。原判认定事实清楚,适用法律正确,量刑适当。据此,依照《中华人民共和国刑事诉讼法》第二百三十五条、第二百三十六条第一款和《最高人民法院关于适用〈中华人民共和国刑事诉讼法〉的解释》第三百四十四条第一款第一项和第三百零五条第一款之规定,辽宁省高级人民法院裁定准许尹斌撤回上诉,同意原判,并依法报请最高人民法院核准。

最高人民法院复核后认为,被告人尹斌的行为构成故意杀人罪、强制猥亵妇女罪,依法应当并罚。尹斌强制猥亵被害人王某后将其杀害,后又持刀砍击被害人尹刚,致 1 人死亡、1 人轻伤,犯罪情节恶劣,社会危害大,罪行极其严重。尹斌曾因犯强奸罪被判刑,在刑罚执行完毕后五年内又犯罪,系累犯,主观恶性极深,人身危险性极大,依法应当从重处罚。据此,依照《中华人民共和国刑事诉讼法》第二百三十五条、第二百三十九条和《最高人民法院关于适用〈中华人民共和国刑事诉讼法〉的解释》第三百五十条第一项之规定,裁定核准辽宁省高级人民法院同意原审对被告人尹斌以故意杀人罪判处死刑,剥夺政治权利终身;以强制猥亵妇女罪判处有期徒刑三年;决定执行死刑,剥夺政治权利终身的刑事裁定。

二、主要问题

一审判处死刑的被告人在上诉期满后又提出撤回上诉的，高级人民法院如何处理?

三、裁判理由

通常情况下，判处死刑的被告人为了保住自己的生命，在一审宣判后都会提出上诉，但实践中也有少数被告人在一审判处死刑后并不提出上诉。而在提出上诉的被告人中，一部分人又会在提出上诉后申请撤回上诉，有的是在上诉期满前申请撤回上诉，有的则是在上诉期满后申请撤回上诉。至于申请撤回上诉的原因，从被告人心理角度看，主要是这些被告人认为自己罪有应得，难逃一死，上诉没有实际意义。有的被告人甚至希望尽快被执行死刑，尽早获得解脱。由于被告人上诉后申请撤诉涉及对刑事诉讼法和司法解释有关规定的准确适用，故，有必要结合司法实践中的具体情形，对该问题作一分析。

(一)判处死刑的被告人上诉后在上诉期满前申请撤回上诉的

对于这种情形，司法解释规定得十分明确，处理上没有困难。最高人民法院1998年制定的《关于执行〈中华人民共和国刑事诉讼法〉若干问题的解释》(以下简称《98年解释》)第二百三十八条规定:“被告人、自诉人、附带民事诉讼的原告人和被告人及其法定代理人在上诉期限内要求撤回上诉的，应当准许。”最高人民法院2012年制定的《关于适用〈中华人民共和国刑事诉讼法〉的解释》(以下简称《2012年解释》)第三百零四条基本保留了原规定:“上诉人在上诉期限内要求撤回上诉的，人民法院应当准许。”据此，判处死刑的被告人上诉后在上诉期内又申请撤诉的，高级人民法院对案件的审理应当适用复核程序。

(二)判处死刑的被告人在上诉期满后二审开庭审理前申请撤回上诉的

对此情形如何处理，以往实践中争议较大，处理上也不统一。为解决此类问题，最高人民法院、最高人民检察院2010年联合作出了《关于对死刑判决提出上诉的被告人在上诉期满后宣判前提出撤回上诉人民法院是否准许的批复》(以下简称《2010年批复》)。《2010年批复》明确规定,对此类问题,应当依照"两高"2006年制定的《关于死刑第二审案件开庭审理程序若干问题的规定(试行)》(以下简称《程序规定试行》)第四条的规定处理。而根据《程序规定试行》第四条的规定,二审法院对于上诉人提出的撤诉申请应当进行审查,合议庭经过阅卷、讯问被告人、听取其他当事人、辩护人、诉讼代理人的意见后,认为原判事实清楚,适用法律正确,量刑适当的,可不再开庭审理,裁定准许被告人撤回上诉;认为原判事实不清、证据不足或者无罪判为有罪,轻罪重判的,应当不准许撤回上诉,按照第二审程序开庭审理。这种规定与《98年解释》第二百三十九条的精神是一致的。《2012年解释》第三百零五条第一款保留了该规定。由此可见,对于判处死刑的被告人在上诉期满后二审开庭前申请撤诉的,《2012年解释》没有作出特殊规定,可以参照普通刑事案件的一般做法,根据不同情形作出准许撤回上诉和不准许撤回上诉两种处理。

审判实践中,在具体处理此类问题时,有三点值得注意:

一是如果二审法院经阅卷审查后发现需要对一些证据进行调查核实的,是否裁定准许上诉人撤回上诉?结论是否定的。由于死刑案件证据要求高,而侦查取证工作水平整体上还不理想,审判阶段需要补查补正的情况仍然很多,故二审法院经阅卷审查后发现需要对一些证据进行调查核实的,特别是有些新证据需要开庭质证后予以采信的,不应当裁定准许上诉人撤诉,而应当通过二审开庭质证来解决证据问题。并且,由于现行刑事诉讼法对二审发回重审的次数作了限制,故二审法院也应当尽最大努力把证据问题解决在二审环节,避免发回重审。只在确有必要发回一审法院解决证据问题的情况下,才可以发回重审。

二是如果准许被告人撤回上诉,高级人民法院能否直接将二审准许撤诉裁定报送最高人民法院核准死刑?结论是否定的。按照目前的文书样式,准许撤回上诉裁定并不在主文部分对实体处理作出表态,最高人民法院在复核文书中对这种撤诉裁定无法表述,最高人民法院也没有核准一个准许撤诉裁定的先例。在最高人民法院收回核准权之初,曾出现个别高级人民法院直接将准许撤诉裁定报最高人民法院核准的情况，造成了工作上的麻烦，后通过法定程序予以纠正。也就是说，对于准许撤诉的，高级人民法院还应在裁判文书中明确表示同意原判，才能将该裁定报送最高人民法院核准。本案就是这样处理的。被告人尹斌一审被判处死刑，其口头提出上诉，后又在上诉期满后开庭审理前口头撤诉，辽宁省高级人民法院经阅卷审查，讯问被告人并听取指定辩护人的意见后，认为原判认定事实清楚，适用法律正确，量刑适当，遂裁定准许尹斌撤回上诉，同时在裁定书中明确表示同意原判，并将该裁定报最高人民法院核准。这种做法是正确的。如果仅裁定准许撤诉，而未表示同意原判，则最高人民法院不能直接核准该撤诉裁定。

三是对于高级人民法院裁定准许撤回上诉的，其审判程序属于二审还是复核？结论是后者。有观点认为，这种情况下高级人民法院以二审案件立案，裁判文书的案号也是刑"终"字而不是刑"复"字，故仍属于二审程序。我们认为，被告人上诉确实启动了二审程序，故在高级人民法院裁定准许撤诉前案件属于二审程序，但在被告人提出撤诉申请后，高级人民法院通过审查，认为原判认定事实和适用法律正确，量刑适当的，则不再开庭审理，直接裁定准许撤诉。由于刑事诉讼法和《2012年解释》明确规定，二审案件必须开庭审理，而准许撤诉的案件可以不再开庭审理，且裁定书中表述的也是"同意"而非"维持"原判，故该情形下适用的是复核程序而不是二审程序。至于高级人民法院裁判文书的案号用"终"字号，只是审判管理上的问题，不影响案件的复核程序性质。由此，最高人民法院在复核裁判文书的"本院认为"部分，评价高级人民法院的审理情况时，应当表述为"×××高级人民法院复核裁定认定的事实清楚……"，而不能称之为"二审裁定"。

（三）判处死刑的被告人上诉后在二审开庭后申请撤回上诉的

对于此类情形，以往争议也较大。实践中曾出现被告人在二审庭审中申请撤回上诉，高级人民法院继续开庭，在庭审结束后又裁定准许被告人撤回上诉，并按照复核程序将同意原判的裁定报送最高人民法院核准的情形。为统一法律适用，《2010年批复》规定，被告人在第二审开庭以后宣告裁判前申请撤回上诉的，二审法院应当不准许撤回上诉，继续按照上诉程序审理。

《2012 年解释》第三百零五条第二款保留了这一规定。据此,对于判处死刑的被告人提出上诉,在二审开庭过程中或者庭审结束后宣告裁判前申请撤回上诉的,高级人民法院应当不予准许,继续按照上诉案件审理。这样处理,较好地平衡了司法效率与司法公正之间的关系。因为既然二审已经开庭,再准许撤诉,对于提高二审效率实际意义不大。

此外,值得一提的是,如果死刑案件属于共同犯罪,其中没有判处死刑的被告人提出上诉,而判处死刑的被告人没有提出上诉的,应当全案适用二审程序。以往对此曾有争议,有观点认为,对没有上诉的死刑被告人可以采用复核程序。为了解决对此类问题的认识分歧,最高人民法院 2010 年作出的《关于对被判处死刑的被告人未提出上诉、共同犯罪的部分被告人或者附带民事诉讼原告人提出上诉的案件应适用何种程序审理的批复》明确规定,中级人民法院一审判处死刑的案件,被判处死刑的被告人未提出上诉,共同犯罪的其他被告人提出上诉的,高级人民法院应当适用第二审程序对全案进行审查,并对涉及死刑之罪的事实和适用法律依法开庭审理,一并处理。《2012 年解释》第三百一十七条第二款保留了该规定:“被判处死刑立即执行的被告人没有上诉,同案的其他被告人上诉的案件,第二审人民法院应当开庭审理。”也就是说,对于共同犯罪案件中判处死刑的被告人没有上诉,而没有判处死刑的被告人提出上诉的案件,高级人民法院不仅应适用二审程序进行审理,而且要开庭审理。如果不开庭审理,就属于程序违法,最高人民法院复核时遇到此类案件,应当依法裁定不予核准,发回重审。

(撰稿:最高人民法院刑五庭　方文军
审编:最高人民法院刑五庭　马　岩)

[第925号]

李中海故意杀人案

——如何认定交通肇事逃逸案件中的间接故意杀人犯罪

一、基本案情

被告人李中海,男,1980年7月16日出生。因涉嫌犯交通肇事罪于2012年5月7日被逮捕。

上海市虹口区人民检察院以被告人李中海犯故意杀人罪,向上海市虹口区人民法院提起公诉。

上海市虹口区人民法院经审理查明:2005年10月16日凌晨3时许,被告人李中海驾驶1辆牌号为豫PKC278的二轮摩托车于上海市共康路附近营运载客时搭载了被害人章诚,后当李中海沿上海市江杨南路由北向南骑行至江杨南路桥北堍处时,因操作不当造成二轮摩托车车头撞击到路边隔离带,导致章诚从摩托车后座甩出后倒地。李中海下车查看后,发现章诚躺在机动车道内因受伤而无法动弹,为逃避自身责任,李中海不顾章诚可能被后续过往车辆碾压身亡的危险,在未采取任何保护措施的情况下,自行驾车逃逸。后章诚被一辆途径该处的大货车碾压,当场致死。案发后,经现场勘查、调查取证、技术鉴定,交警部门认定李中海对本起事故负全部责任。同时,《尸体检验报告书》认定:"被害人章诚系因在交通事故中造成复合伤而死亡"。

上海市虹口区人民法院认为,被告人李中海违反交通法规,在发生交通事故后,为逃避法律追究,明知不履行其先行行为产生的法定义务可能导致被害人死亡的危害结果,仍然放任该危害结果的发生,最终导致被害人死亡,其行为构成故意杀人罪。上海市虹口区人民检察院指控被告人李中海犯故意杀人罪罪名成立。机动车车辆驾驶人应当遵守道路交通安全法律的相关规定,当车辆发生交通事故后即负有抢救受伤人员并迅速报告执勤交通警察或者交通管理部门的法定义务。李中海先前的交通肇事行为是过失行为,但当其发现并已明知被害人在凌晨时分受伤摔倒在交通干线的机动车道上而无法动弹,存在被后续车辆碾压致死的高度危险,其应当并有能力履行救助、报警的法定义务而不履行,且在未采取任何保护性措施的情况下,不顾被害人安危,自行驾车逃逸,其主观上属于放任危害结果发生的间接故意罪过形式;客观上正是其不作为致使被害人被后续车辆碾压致死,其不作为与被害人的死亡结果发生存在刑法上的因果关系。综观其客观行为表现和考察其犯罪心理状态,李中海的行为已经具备了故意杀人罪的构成要件,故关于辩护人提出的李中海的行为符合交通肇事罪中因逃逸致人死亡的加重情节而不构成故意杀人罪的辩护意见,辩护人的相关辩护意见与事实和法律不符,法院不予采纳。李中海犯罪后能自动投案并如实供述自己的罪行,系自首,依法可以从轻处罚。据此,为维护社会秩序,保护公民生命权利不受侵犯,依照《中华人民共和国刑法》第二百三十二条、第五十六条第一款、第五十五条第一款及第六十七条第一款之规定,上海市虹口区人民法院以故意杀人罪判处被告人李中海有期徒刑十二年,剥夺政治权利三年。

一审判决后,被告人未提起上诉,检察院亦未抗诉,该判决已发生法律效力。

二、主要问题

如何认定交通肇事逃逸案件中的间接故意杀人犯罪?

三、裁判理由

本案在审理过程中,关于被告人李中海的行为是应当认定为交通肇事罪中“逃逸致人死亡”还是间接故意杀人,存在不同意见。一种意见认为,李中海对危害结果持放任的意志状态,且被害人的死亡结果系其先行行为所引发,因此,其行为构成不作为的间接故意杀人罪;另一种意见认为,李中海对危害结果持反对的意志状态,属于轻信可以避免的过失犯罪,且其实施的先行行为与被害人死亡这一危害结果之间不具有刑法上的因果关系,因此,属于交通肇事罪中"逃逸致人死亡"的情形。

我们同意前一种意见,本案被告人李中海的行为构成不作为的间接故意杀人罪。李中海的行为究竟是认定交通肇事罪中"逃逸致人死亡"还是间接故意杀人,可以分解为以下三个问题:

(一)交通肇事后逃逸行为是否属于不作为犯罪中的不作为

构建现行刑法的刑法理论通说,将犯罪行为分为作为与不作为两种基本类型,不作为犯罪又分为纯正的不作为与不纯正的不作为。所谓纯正不作为犯,是指由刑法明文规定的只能由不作为构成的犯罪,它是以不履行特定义务为构成要件的犯罪。所谓不纯正不作为犯,是指行为人以不作为的形式实施通常以作为形式实施的犯罪。本案涉及的就是不纯正不作为犯的问题,至于其行为是否符合不纯正不作为犯罪的构成要件,我们认为,对本案李中海的行为是否构成不作为的间接故意杀人罪,可以从不作为犯罪的"应为能为而不为"这一行为模式着手分析。

1."应为"——不纯正不作为犯罪的行为人必须负有作为义务。《道路交通安全法》第七十条规定:"在道路上发生交通事故,车辆驾驶人应当立即停车,保护现场;造成人身伤亡的,车辆驾驶人应当立即抢救受伤人员,并迅速报告执勤的交通警察或者公安机关交通管理部门"。本案被告人李中海作为一名机动车车辆驾驶人,理应遵守《道路交通安全法》的相关规定,当车辆发生交通事故后,其负有抢救受伤人员并迅速报告执勤交通警察或者交通管理部门的法定作为义务。

2."能为"——不纯正不作为犯罪的行为人有能力履行特定的作为义务而不履行。法律要求行为人履行作为义务,是以行为人能够履行义务为前提的。只有在行为人有能力履行而不履行的前提下,才是不作为。本案中,李中海因驾车时操作不当,引发交通事故后,自身并未受伤,其完全有能力对被害人加以救助、施以援手或者采取一定的防范措施,以避免危害结果的发生。

3."不为"——不纯正不作为犯罪的行为人因不履行特定作为义务，可能或者已经造成的危害结果与作为犯罪可能或者已经造成的危害结果具有等价性。之所以要具备等价性条件，是因为不纯正不作为与作为共用一个犯罪构成要件，刑法对不纯正的不作为犯罪并未做出专门规定，在罪刑法定原则的内在约束下，只有与作为具有等价性的不纯正不作为才能纳入刑法的评价范围。本案中，李中海驾车时因操作不当致使被害人在凌晨时分受伤摔倒在交通干线的机动车道上无法动弹，存在被后续车辆碾压致死的高度危险，在这种情况下，李中海交通肇事后的逃逸行为所可能造成的危害结果与作为的杀人行为所可能造成的危害结果具有等价性。

综合上述三点，我们认为，被告人李中海的犯罪行为符合不作为的故意杀人行为特征。

(二)交通肇事后逃逸行为与被害人死亡结果之间是否具有刑法上的因果关系

刑法上的因果关系是指危害行为与危害结果之间引起与被引起关系因具有一定普遍性，而应当纳入刑法评价的因果关系。作为义务的不履行与已经造成或者可能造成的危害结果之间是否具有刑法上的因果关系，一般不存在争议，但在具有介入因素的情形中，认定比较复杂。在该情形中，有必要判断该介入因素能否中断前行为与最终结果之间的因果关系。

理论界一般认为，在有第三人行为介入情形中，对前行为与最终结果之间刑法上因果关系的判断，至少需要综合考虑三个方面因素：第一，最早出现的实行行为导致最后结果发生的可能性高低；第二，介入因素异常性的大小；第三，介入因素对结果发生的影响力大小。对照上述三个方面，具体结合本案案情分析：虽然本案交通肇事发生时间为凌晨时分，但当时该路段的车辆往来仍较为频繁，在此情况下，被告人李中海交通肇事后逃逸，将被害人留置于有车辆来往的机动车道内，发生更为严重的伤亡后果的可能性极高。据此，可以认定李中海为逃避责任而对被害人不予救助的行为导致被害人被后续车辆碾压致死这一危害结果发生的可能性极高，其他因素介入的异常性较小，从而对最终发生伤亡结果的影响力较大。因此，交通肇事后逃逸行为与被害人死亡结果之间具有刑法上的因果关系。同时，经上海市刑事科学技术研究所出具的《尸体检验报告书》认定，被害人章诚符合在交通事故中造成复合伤而死亡。从这一检验意见分析，被害人死亡结果发生系李中海交通肇事致其受伤倒地无法动弹的先行行为和后续过往车辆实施碾压共同作用所致，李中海不履行法定作为义务的行为与被害人死亡结果之间的因果关系不中断，即李中海的不作为与被害人的死亡结果之间具有刑法上的因果关系。

(三)行为人的罪过形式是过失还是间接故意

在司法实践中，如何正确区分交通肇事案件中逃逸者的罪过形式系过于自信的过失还是间接故意杀人，直接影响到逃逸者行为的定性。我们认为，对上述两者的区别认定可以从认识因素和意志因素这两个方面入手分析。首先，从认识因素上分析，间接故意是"明知"结果发生的可能性，轻信过失是"预见到"结果发生的可能性。两者的区别在于行为人对结果发生的可能性转化为现实性的认识程度不同。就前者而言，行为人已明知只要其实施既定行为，由此引起和促成结果发生的趋势十分明显，极有可能导致危害结果的发生；而后者只是一种"预见"而非"明知"，行为人即使实施了既定行为一般也不会引起和促成结果的发生，因此，结果发生的概率相对较低。其次，从意志因素分析，对间接故意和轻信过失来说，行为人对行为的性质、对象和结果均有所认识，对结果的发生也均不抱有希望的态度，两者最大的区别在于间接故意是不希望也不反对，而轻信过失是坚决否定、反对。具体结合本案案情，李中海先前的交通肇事行为虽是出于过失，但当其明知被害人在凌晨时分因自己驾车肇事导致受伤摔倒在交通干线的机动车道上无法动弹，存在被后续车辆碾压致死的高度危险时，仍未采取任何救助措施或者防范措施，而是选择了自行逃逸。在此情况下，李中海属于典型的放任危害结果发生的情形，其罪过形式属于间接故意，认定李中海对被害人死亡结果的发生持轻信过失的心理缺乏事实依据。

综上，本案被告人李中海作为一名机动车车辆驾驶人，在其发生交通肇事后，应当负有救助、报警的法定作为义务，但其有能力履行而不履行，并明知不履行可能导致被害人死亡结果发生的情况下,仍然放任该危害结果的发生,最终导致被害人死亡,应当构成故意杀人罪,上海市虹口区人民法院对其以故意杀人罪判处十二年有期徒刑,定罪准确,量刑适当。

（撰稿:上海市虹口区人民法院　叶　琦
华东政法大学　蔡恩璇
审编:最高人民法院刑二庭　王晓东）

[第 926 号]

邢某、吴某故意杀人案

——故意杀人案件中非法证据的审查判断及处理

一、基本案情

被告人邢某,男,1982 年 2 月 3 日出生,农民。

被告人吴某,男,1989 年 8 月 7 日出生,农民。

海南省 A 市人民检察院指控:2011 年 1 月的某天上午,被害人符某父亲的水牛吃了被告人邢某的玉米苗,双方达成赔偿协议,后因符某一直没有兑现赔偿,被告人邢某曾告诉被告人吴某要寻机报复符某。同年 4 月 8 日 19 时许,邢某、吴某从玉米地收工回家途中,邢某携带一支火药枪,再次伺机杀害符某。吴某驾驶摩托车载邢某经过 A 市大田镇新宁坡村"戈轮坡"往西约 120 米的小山坡时,邢某叫吴某停车,并告诉吴:"在这里等我,我去打一个人"。之后,邢某携带火药枪跑到被害人符某家坡地小土路对面的灌木丛后守候符某。当符某骑一辆摩托车从外面回家途经小土路拐弯处时,邢某朝符某背后开枪射击,后由吴某驾车载其逃离现场。经法医鉴定,符某系被枪击致左肺损伤大出血,造成失血性休克死亡。公诉机关认为,被告人邢某、吴某的行为触犯《中华人民共和国刑法》第二百三十二条之规定,应当以故意杀人罪追究其刑事责任。

附带民事诉讼原告人提起了附带民事诉讼。

被告人邢某辩称其没有作案时间、作案能力和作案动机,因为牛吃玉米引发的矛盾已经得到有效化解。其在侦查阶段所作的有罪供述是受刑讯逼供、引诱等非法手段所致,他没有杀害被害人符某。其辩护人辩称,被告人邢某所作的有罪供述应当予以排除。本案中,枪支、火药、钢珠等作案工具没有找到,作案人穿的鞋和鞋印没有提取,被害人被害的确切时间无法确定，证人证言不能直接证明系邢某打死了被害人，证明邢某到过现场、持枪打死被害人的证据不足。被告人吴某及其辩护人均辩称吴某的有罪供述是刑讯逼供所致，应当予以排除；指控吴某犯故意杀人罪的事实不清，证据没有达到确实、充分的证明程度。二辩护人均提供了证明二被告人的供述系刑讯逼供所致的具体线索。对于附带民事诉讼请求，被告人邢某、吴某均表示不愿意承担赔偿责任。

海南省 A 市中级人民法院开庭审理时首先对二被告人的供述是否系非法取得启动了非法证据排除程序。被告人邢某当庭陈述并提交了其受刑讯逼供、诱供的书面材料。其当庭辩称：2011 年 5 月 31 日上午，A 市公安局将他押解到 D 市刑警大队，侦查人员对其使用了暴力（用一双蓝色护腕套住手腕，外加一层旧毛巾卷捆后上手铐，将人挂在房顶的电风扇挂钩上，仅脚尖着地，捶打胸部、右侧腋下部分），并诱导其如何供述。2011 年 6 月 4 日、5 日、6 日制作指认现场笔录、讯问笔录并同步录像。同月 11 日，A 市检察院对其讯问并制作同步录像，其哭着喊冤称遭到公安机关刑讯逼供。同月 15 日上午，其在 D 市刑警大队对其再次进行刑讯逼供，并于当晚制作同步录像。被告人吴某称：侦查人员用手铐拷住他的手，然后用绳子吊他，大概吊了五六天，每天吊约 30 分钟，其是在刑讯逼供的情况下做了虚假的有罪供述。公诉机关当庭提交了 7 名侦查人员出具的情况说明，D 市第一看守所、C 县看守所健康检查表 3 份（其中吴登强 2 份），同步录像光盘 10 张，以此证明侦查和讯问程序及内容的合法。

海南省 A 市中级人民法院经审理查明，本案有确实、充分的证据证实，2011 年 4 月 8 日 19 时许，居住在 A 市大田镇新宁坡村“戈轮坡”的被害人符某骑摩托车回家，途经其家附近的小土路时，被人用火药枪开枪击中死亡。但公诉机关指控被告人邢某、吴某实施故意杀人的事实不清、证据不足，依法应当判决邢某、吴某无罪。公诉机关在宣判前要求撤回起诉，海南省 A 市中级人民法院裁定予以准许，同时裁定驳回附带民事诉讼原告人的起诉。

二、主要问题

1. 在侦查机关有办案合法性说明、讯问“同步”录像的情况下，如何审查被告人供述的合法性?

2. 故意杀人等重大案件中证据裁判、疑罪从无原则如何贯彻?

三、裁判理由

(一)在侦查机关有办案合法性说明、讯问"同步"录像的情况下,如何审查被告人供述的合法性

本案审理过程中,被告人邢某、吴某及其辩护人提出二被告人在侦查阶段的有罪供述系刑讯逼供所致,请求法庭启动非法证据排除调查程序。合议庭依法启动了对被告人的有罪供述是否属于非法证据的调查程序,并及时将被告人及其辩护人的非法证据排除申请和相关线索送达公诉机关,由公诉机关针对是否非法取证问题进行举证答辩。海南省A市人民检察院当庭提交的参与本案侦查的7名侦查人员出具的情况说明、羁押被告人的看守所关于被告人健康检查表3份和讯问被告人的同步录像外,没有提供其他证据证明该讯问行为是合法的。

侦查机关对取证行为是否合法出具说明是办案中经常遇到的问题。对该说明的效力应当具体分析,不能仅凭这一说明就认为取证合法。无论在什么情况下,都必须综合全案证据予以裁判。因此,即便有讯问"同步"录音、录像,也要依法进行审查。2012年修改后的刑事诉讼法规定,侦查人员在讯问犯罪嫌疑人的时候,可以对讯问过程进行录音或者录像;对于可能判处无期徒刑、死刑的案件或者其他重大犯罪案件,应当对讯问过程进行录音或者录像。对讯问的同步录音、录像要审查其形成的全部经过,特别是要审查形成的背景。

本案中,合议庭以侦查机关讯问被告人的时间、地点为切入点,结合办案说明、录像等证据材料,全面审查侦查机关获取被告人的供述是否符合法律规定。经审查,2011年4月8日,被害人符某被枪杀后,A市公安局于次日决定立案侦查,根据线人反映的情况,于同年5月8日以涉嫌寻衅滋事罪对被告人吴某刑事拘留,并于次日将其收押于A市看守所,之后换押到D市第一看守所,后又于6月9日前换押到C县看守所(因为缺乏相关的法律文书记载,两次换押的具体时间均不详)。在此期间,侦查机关先后6次提讯

吴某，其中前5次提讯都在A市公安局进行，仅第6次在D市第一看守所进行。从第5次开始，吴某作出其伙同邢诗华枪杀符某的有罪供述。

2011年5月31日被告人邢某被刑事拘留，6月2日被收押于D市第一看守所（此前的羁押处所不明）。侦查机关分别于5月31日21时13分至22时31分、6月3日17时13分至20时47分、6月5日20时05分至22时53分、6月6日、6月11日、6月15日20时02分至22时42分提讯邢某，其中，第1次、第2次在D市公安局刑侦支队进行，其余在D市第一看守所进行。第1次讯问时，邢某否认有罪；第5次讯问（宣布逮捕）时，邢某拒绝签名并表示沉默。其余几次讯问，邢某均作出其伙同吴某枪杀符某的有罪供述，直至公诉机关讯问时否认有罪。此外，侦查人员于2011年6月2日21时00分（有涂改）至6月5日19时00分、6月15日10时00分（有涂改）至6月15日19时50分将邢某提解出D市第一看守所。除了6月3日17时13分至20时47分在D市公安局刑侦支队进行讯问、6月4日14时10分至15时05分指认现场内容有记载外，其余时间均无侦查活动的书面记载。

侦查机关破案报告记载："2011年5月31日吴某同监仓的犯罪嫌疑人向D市看守所提供符某被杀案是吴某伙同其表哥邢某所为，我专案组迅速提审了该案犯罪嫌疑人吴某，之后于2011年5月31日将涉嫌故意杀人的犯罪嫌疑人邢某抓获"。经查，该报告记录的情节与实际侦查活动不符。本案有关侦查法律文书表明，与吴某同监仓的犯罪嫌疑人陈某于5月30日向D市看守所提供线索，侦查机关于5月31日下午2时许抓获邢某，当晚9时宣布并执行刑事拘留。侦查机关在抓获邢某之前的5月11日至31日间，并没有提审吴某，也没有对所谓提供情况的举报人陈某进行询问。

《最高人民法院、最高人民检察院、公安部、国家安全部、司法部关于办理刑事案件排除非法证据若干问题的规定》（以下简称《证据规定》）第十一条规定："对被告人审判前供述的合法性，公诉人不提供证据加以证明，或者已提供的证据不够确实、充分的，该供述不能作为定案的根据。"对于规定中的"不够确实、充分"的理解，我们认为，对于所要排除的证据，只要公诉机关未能提供确实、充分的证据证明其合法性，就应当对该证据予以排除，即只需怀疑其合法性，且该怀疑没有得到公诉机关的证据排除即可，而无须证明其“确系非法”。很显然，上述规定的初衷，就是要规范侦查机关的侦查活动，保护犯罪嫌疑人（被告人）的合法权利，防止公权的滥用和冤假错案的发生。侦查机关依照刑事诉讼法的相关规定所进行的每项侦查行为，均须有相应的诉讼文书记载，按照法律规定进行的侦查活动都应当在文书中体现出来。所以，证明某一证据“确系合法取得”容易，但证明其“确系非法取得”却比较困难。

如果侦查机关对被告人执行拘留后即送往看守所羁押，如果提讯均在看守所进行，如果提押时间与相关的诉讼文书记载一致，那么，本案中公诉机关当庭出示的上述证据就足以证明二被告人供述的合法性。反之，被作为非法证据予以排除就成为可能甚至必然。《公安机关办理刑事案件程序规定》第一百四十五条规定：“对被拘留、逮捕的犯罪嫌疑人、被告人应当立即送看守所羁押”。《证据规定》第十一条也规定：“提讯在押的犯罪嫌疑人，应当在羁押犯罪嫌疑人的看守所内进行”。本案中，侦查机关对被告人邢某、吴某羁押、提讯、提解行为明显违反了以上规定。邢某、吴某第一次的有罪供述均系侦查机关违反上述规定将其提押到非法定场所讯问取得。公诉机关虽然当庭出示了相关证据，以证明侦查和讯问程序及内容的合法性。但是，这些证据无法否定侦查机关上述违法羁押、讯问邢某、吴某事实的存在，不足以完全排除邢某、吴某有关非法取证辩解的真实性。尤其是A市人民检察院于6月10日提审和侦查机关于6月11日宣布逮捕邢某时，邢某均不认罪之后，侦查机关于6月15日10时将邢某提解出D市第一看守所达9个多小时而未有任何侦查活动记载。公诉机关虽然补充证据证明以上9个多小时内，A市公安局刑侦大队办案人员获批准将邢某提押出看守所指认现场，但明显与邢某指认现场笔录所记载的时间6月4日14时10分至15时05分不相符。而侦查机关在还押后仅10分钟却再次提讯邢某，邢某又作了有罪供述。这一情节实属反常。对于公诉机关提供的同步录像能否证明讯问合法的问题。由于二被告人提出被提押到看守所以外的地方，先逼供后制作笔录和录像的问题，公诉机关未能够提供相关证据予以排除。因此，该录像仅能证明讯问当时的情况，不能否定被告人提出的事先存在逼供的情况，达不到证明取证合法性的效果。

综上，公诉机关据以证明被告人邢某、吴某审判前有罪供述合法性的证据未达到确实、充分的程度，邢某、吴某审判前的有罪供述，不能作为定案的根据。

（二）被告人供述被排除后，没有其他证据证明被告人作案的，必须坚决贯彻证据裁判、疑罪从无原则

本案中，被告人邢某、吴某的供述不但未能得到其他证据的佐证，反而被告人的供述与其他证据之间以及二被告人供述之间也存在着诸多矛盾。

1. 邢某关于作案工具枪支的来源和去向的供述，没有其他证据予以佐证。

邢某供述称用于作案的枪支是其于2011年2月捡来，但没有证人证言证实邢某曾经捡到或者持有枪支。邢某供述称其开枪杀人之后，将枪支丢弃在作案现场的木瓜地与小山坡之间小水沟旁边的灌木林中。但是，据本案的现场勘验检查笔录记载，侦查机关于案发当晚便及时对现场进行了20个小时的勘验检查，却并没有发现作案用的枪支；在邢某作了有罪供述并指认现场后，侦查机关仍然没有找到枪支。对此，公诉机关未能作出合理的解释。

被告人吴某虽然供称其看到邢某持有火药枪，但同时供称看见邢某将一些小铁珠和无名指般大小的钢筋段放入火药枪内，这与邢某供述的捡到其捡到火药枪时，发现枪筒里面装有火药和弹丸，便拿到工房后面的空地用树叶盖住藏好，没有供述其作案前再有装火药的行为不一致。而对于邢某下车进入木瓜地时是否持枪，吴某则是前后供述不一，互相矛盾。

2. 现场勘验检查笔录载明，侦查机关在案发现场没有提取到被告人邢某的脚印、指纹等客观性证据，也没有其他证据证实案发当时被告人邢某、吴某在案发现场出现过。

3. 除证人陈某外，本案其余证人都没有证实被告人邢某、吴某实施了杀害被害人符某的行为。证人陈某系吴某羁押期间的同仓犯罪嫌疑人，其虽证实吴某曾告诉他和邢某开枪打死一个人，但是，侦查机关没有问及吴某是否告诉陈某有关的犯罪事实，从而导致陈某的证言这一传闻证据没有“源头”，失去证明价值，也不排除为争取立功而编造的可能。

4. 本案唯一现场目击证人、被害人妻子符某甲的证言与被告人邢某的供述，在案发时间、案发时被害人骑车的状态（摩托车是否熄火）、枪响后经过案发现场的人数等情节上，都明显不一致，供证之间，不能互相佐证。

5. 被告人邢某和吴某的供述，在邢某下车后吴某骑车等待邢某的地点、等候时间等情节上，相互矛盾；吴某对这些情节的前后供述也互相矛盾。

综上，由于公诉机关指控被告人邢某、吴某犯罪的事实不清、证据不足，指控的犯罪不能成立，海南省A市中级人民法院认为应当依法对二被告人作出无罪判决并同意公诉机关撤回起诉的意见是适当的。

（撰稿：海南省高级人民法院　李文玉

审编：最高人民法院刑四庭　陆建红）

[第 927 号]

杜成军故意杀人案

——在严重暴力犯罪案件中,对具有轻度精神障碍,认识和控制能力所受影响不大的被告人,是否可以不从轻处罚

一、基本案情

被告人杜成军,男,1973 年 9 月 16 日出生,农民。1997 年 8 月 14 日因犯故意伤害罪被判处有期徒刑五年;2007 年 9 月 28 日因涉嫌犯故意杀人罪被逮捕。

陕西省榆林市人民检察院以被告人杜成军犯故意杀人罪,向榆林市中级人民法院提起公诉。

被告人杜成军一审当庭未予辩解。辩护人提出,杜成军患有轻度精神发育迟滞伴精神障碍,具有法定从轻处罚情节,请求对杜成军予以从轻判处。

榆林市中级人民法院经审理查明:1996 年 7 月 7 日,被告人杜成军携带一根十二节铁鞭来到同村村民马尚友家中,欲与马尚友之妻施某发生性关系。遭到拒绝后,杜成军持铁鞭击打施某,施某跑出门外,杜成军抓住施某的二儿子马某东(时年 9 岁),将马某东的头部与炕栏撞击一下后,将马某东扔在院子的地上。施某听到马某东的哭声跑回家,杜成军拿起施家的扁担击打施某和马某东的头部,又踩了马某东的头部两脚后逃离现场。经鉴定,马某东的伤情构成重伤,施某的伤情构成轻伤。杜成军因犯故意伤害罪被判处有期徒刑五年,并赔偿二被害人经济损失共计人民币 6 470.2 元。杜成军刑满释放后,认为马尚友家人害其坐牢,一直怀恨在心,遂多次滋事欺负

马尚友家人,并伺机报复。2007年9月8日9时许,杜成军见马尚友的大儿媳被害人张英(殁年23岁)抱着儿子被害人马某星(殁年1岁)去同村村民杜修山家串门,便尾随至杜修山家院子,用院中一根木棍击打张英的头部一下。张英放下怀中的马某星抱住头部,在场村民刘亚梅准备抱起马某星时被杜成军用胳膊肘撞倒,张英抱起马某星跑进杜修山家窑内。杜成军追进去,先将马某星打倒在地,又将张英压倒在沙发上殴打。杜成军的母亲师仰玲、父亲杜怀、村民马守珍闻讯赶到进行劝止,张英趁机抱起马某星跑出门外,杜成军又追上用木棍将张英打倒在地。之后,杜成军持木棍和杜修山家铁錾击打张英、马某星母子头面部,致马某星头颅骨粉碎性骨折当场死亡,致张英急性失血性休克死亡。另查明,杜成军患有轻度精神发育迟滞伴精神障碍。

榆林市中级人民法院认为,被告人杜成军因故意伤害被害人张英的亲属被判刑而迁怒于被害人全家。在刑满释放后,杜成军多次向被害人一家挑衅闹事,被害人一家多次忍让。案发当日,杜成军见到二被害人后,便产生恶念,并残忍将二被害人杀害,其行为构成故意杀人罪。虽然杜成军经鉴定患有轻度精神发育迟滞伴精神障碍,但其系报复杀人,且使用特别残忍手段,杀死其中一名年仅1岁的幼儿,主观恶性极大,后果特别严重,造成非常恶劣的社会影响,依法应当严惩。据此,依照《中华人民共和国刑法》第二百三十二条、第十八条第三款、第五十七条第一款之规定,榆林市中级人民法院以被告人杜成军犯故意杀人罪,判处死刑,剥夺政治权利终身。

一审宣判后,杜成军提出上诉,认为原判对其量刑畸重,请求对其从轻处罚。辩护人提出,杜成军精神发育迟滞并伴有精神障碍,具有法定从轻情节,应当对其从轻或者减轻处罚。

陕西省高级人民法院经审理认为,上诉人杜成军多年前因对被害人张英的婆婆实施性骚扰遭到拒绝后殴打被害人婆婆及小叔子,致一人重伤,一人轻伤,被判刑后对被害人一家怀恨在心,刑满释放后不思悔改,伺机报复被害人家人,持木棍、铁錾以特别残忍的手段殴打二被害人,致二被害人死亡,其行为构成故意杀人罪。虽然杜成军有轻度精神障碍,但其作案有明确的针对性和报复性,从其平常表现看,其所患精神障碍对其辨认和控制自己行为的能力大小影响不大。且其犯罪动机十分卑劣,手段特别残忍,后果特别严重,罪行极其严重,社会危害性和人身危险性极大,依法应予严惩。据此,依照《中华人民共和国刑事诉讼法》(修改前)第一百八十九条第一项之规定,裁定驳回上诉,维持原判,并依法报送最高人民法院核准。

最高人民法院经复核认为,被告人杜成军非法剥夺他人生命,其行为构成故意杀人罪。杜成军因故意伤害他人被判刑,在刑满释放后,伺机蓄意报复被害人,持木棍击打、铁錾捅戳二被害人头面部,致二人死亡,其犯罪性质特别恶劣,手段特别残忍,后果特别严重,社会危害性极大,罪行极其严重,应当依法惩处。其轻度精神障碍在案发时对其辨认能力和行为控制能力影响甚微,不足以从轻处罚。第一审判决、第二审裁定认定的事实清楚,证据确实、充分,定罪准确,量刑适当,审判程序合法。据此,依照《中华人民共和国刑事诉讼法》(修改前)第一百九十九条和《最高人民法院关于复核死刑案件若干问题的规定》第二条第一款之规定,裁定核准陕西省高级人民法院维持第一审以故意杀人罪判处被告人杜成军死刑,剥夺政治权利终身的刑事裁定。

二、主要问题

在严重暴力犯罪案件中,对具有轻度精神障碍,认识和控制能力所受影响不大的被告人,是否可以不从轻处罚?

三、裁判理由

本案被告人杜成军患有轻度精神发育迟滞伴精神障碍,其作案时被评估为部分刑事责任能力,具有法定的可以从轻处罚的情节,但其所犯故意杀人罪行极其严重,具备刑法规定的死刑适用条件,因此,本案审理过程中,对被告人杜成军能否适用死刑并同时适用刑法第十八条第三款的规定予以从轻处罚,成为本案争议的焦点。第一种意见认为,被告人杜成军犯罪手段特别残忍,犯罪后果特别严重,社会危害性极大,在当地引起极大民愤。杜成军仅具有轻度精神发育迟缓伴精神障碍,对其作案时的辨认和控制能力影响不大,不足以对其从轻处罚。杜成军报复心极强,人身危险性极大,如果不对其判处死刑,可能继续危害被害人一家甚至延伸至其他社会人员,故应当对杜成军判处死刑立即执行。

第二种意见认为,被告人杜成军罪行确实严重,人身危险性也很大,但是根据鉴定意见及相关证人证言,杜成军确属部分刑事责任能力人,其辨认和控制自己行为的能力弱于常人,应当依照刑法第十八条第三款的规定,对杜成军从轻处罚,不判处死刑立即执行。

我们赞同第一种意见,对被告人杜成军判处死刑立即执行,不适用从轻处罚情节。主要理由是:

(一)从罪行严重程度分析,应当判处被告人杜成军死刑立即执行

我国刑法第四十八条一款规定:“死刑只适用于罪行极其严重的犯罪分子”。“罪行极其严重”是适用死刑的前提,罪行未达到极其严重的程度,不能适用死刑。对于“罪行极其严重”的认定,应当从犯罪动机、犯罪手段、犯罪对象、犯罪后果、人身危险程度等多方面综合考量。具体到本案,被告人杜成军在案发十多年前试图与被害人张英的婆婆发生不正当性行为遭拒后,遂对张英的婆婆和时年仅9岁的小叔子实施伤害行为,致一人重伤、一人轻伤,杜成军因此被判刑五年。刑满释放后,杜成军不思悔改,对被害人一家怀恨在心,扬言要对被害人一家灭门,并一直伺机行凶报复,经常滋事欺凌、拦截、殴打被害人一家人。案发当日,杜成军尾随张英至作案现场,不顾自己父母、多名群众的阻拦以及张英的求饶,先后持木棍、铁錾对着二被害人的头部多次猛击,最终导致张英和其一岁的婴儿死亡。纵观杜成军的犯罪过程,可以清楚地看出其犯罪动机十分卑劣,杀人犯意十分坚决,杀人手段特别凶残,杀人后果特别严重,其又曾因暴力犯罪被判刑,平日横行乡里,还敲诈村民钱财,主观恶性和人身危险性极大,确属罪行极其严重的犯罪分子,论罪应当判处死刑。

(二)从审判效果分析,判处被告人杜成军死刑立即执行能够获得更好的法律效果和社会效果

对于那些严重侵犯公民人身权利、严重影响人民群众安全感的暴力犯罪分子,依法应当判处死刑的,必须坚决判处死刑。只有这样,才能维护社会公平正义,促进社会和谐稳定。本案中,被告人杜成军平日为害乡里,该

案在当地引起了极大的民愤,造成恶劣的社会影响。在案件审理期间,被害人家属强烈要求判处杜成军死刑。当地百余名群众还向法院递交联名信,强烈要求对杜成军判处死刑,以免杜成军出狱后继续危害社会和乡邻。因此,人民法院准确把握和正确适用从严政策要求,对杜成军依法判处死刑立即执行,能够取得较好的法律效果和社会效果。

(三)根据刑法第十八条第三款的规定,如果所实施的犯罪受到辨认和控制能力减弱的影响,可以根据所受影响程度的大小决定是否从轻或者减轻处罚

刑法第十八条第三款规定:"尚未完全丧失辨认或者控制自己行为能力的精神病人犯罪的,应当负刑事责任,但是可以从轻或者减轻处罚"。我们认为,对于该条规定应当作如下理解:首先,精神病的种类很多,不可认为所有的精神病人都没有责任能力。虽然患有精神病,但如果尚未完全丧失辨认和控制能力,就表明行为人还具有一定的自由意志,在其行为成立犯罪的情况下,应当承担责任;其次,"尚未完全丧失辨认或者控制自己行为的能力",表明行为人对自己实施的行为具有一定的辨认和控制能力,只是由于精神病而有所减弱而已。虽然患有精神病,但如果对其实施的行为具有与正常人相同的辨认和控制能力,或者完全不具有辨认控制能力,均不能适用刑法第十八条第三款的规定;最后,对责任能力减弱的精神病人犯罪的,只是"可以"从轻或者减轻处罚,而不是"应当"从轻或者减轻处罚。如果所实施的犯罪受到辨认和控制能力减弱的影响,可以根据受到影响程度的大小决定是否从轻或者减轻处罚。

精神障碍对行为人行为能力的影响也有大小轻重之分,对于有较大影响的,对行为人应当减轻处罚或者在法定刑幅度内从轻判处刑罚;对于影响较小的,对行为人可以不从轻判处刑罚。刑法并没有规定对限制行为能力人一律从轻处罚,对罪行极其严重且辨认和控制自己行为能力轻微减弱的犯罪人不予从轻处罚,并不违背立法本意。

就本案而言,被告人杜成军的精神障碍对其辨认和控制自己行为的能力影响较小。根据卷内相关证据,杜成军有性意识,平日能独立劳作,生活能够自理,喜欢赌博、爱贪小便宜,还有敲诈勒索村民钱财的行为。在本次

作案过程中,杜成军动机清晰,目的明确;作案对象、作案过程具有明显确定性、针对性;作案后逃离现场,有自我保护意识;归案后能回忆和如实供述犯罪经过;以上种种情节,足以表明其在实施故意杀人犯罪时具有与正常人基本相当的辨认能力和控制能力,其精神障碍对其辨认和控制自己行为的影响甚微。故对杜成军这样犯罪动机卑劣,主观恶性和人身危险性极大,犯罪手段特别凶残,犯罪后果特别严重,确属罪行极其严重的重大暴力犯罪分子,依法判处死刑立即执行,充分体现了罪责刑相适应的刑法基本原则,也充分发挥了刑法惩治犯罪、保护人民、维护社会稳定的基本功能。

(撰稿:陕西省高级人民法院　广文革　王　勇
审编:最高人民法院刑一庭　李　勇)

[第 928 号]

喻春等故意杀人案

——在共同犯罪案件中如何认定“如实供述主要犯罪事实”

一、基本案情

被告人喻春,男,1966 年 3 月 21 日出生,农民。2012 年 7 月 18 日因涉嫌犯故意杀人罪被逮捕。

被告人喻威,男,1989 年 12 月 3 日出生,农民。2012 年 7 月 18 日因涉嫌犯故意杀人罪被逮捕。

被告人余自兵,男,1989 年 3 月 19 日出生,农民。2012 年 7 月 18 日因涉嫌犯故意杀人罪被逮捕。

上海市人民检察院第二分院以被告人喻春、喻威、余自兵犯故意杀人罪,向上海市第二中级人民法院提起公诉。

上海市第二中级人民法院经公开审理查明:2012 年 6 月 10 日 19 时许,被告人喻春在上海市宝山区联谊路 104 号棋牌室内赌博时,与桑山、唐德国因赌资赔付发生口角,继而发生互殴。喻春打电话纠集其子被告人喻威去现场。喻威接到电话后持铁锹赶到现场,欲用铁锹殴打被害人桑山时,铁锹头掉落。双方被围观群众劝开后,喻春、喻威离开现场。此后,喻威打电话纠集被告人余自兵去棋牌室。约十分钟后,喻春手持两把西瓜刀,喻威手持一把西瓜刀返回上述棋牌室门前。喻春双手执刀与桑山对砍。喻威见状与喻春共同追打桑山至棋牌室隔壁的江南风味小吃店的厨房内。其间,驱车赶到现场的余自兵在厨房内持刀砍击桑山。桑山身受多处创伤后被他人送往宝山区仁和医院抢救,因大失血于当日 20 时 30 分死亡。喻春、喻威亦受伤,余自兵驾车将喻春、喻威送往宝山中心医院接受治疗,又将作案刀具丢入克山路湄浦河桥下河道内。当日晚,喻春在宝山中心医院被公安人员抓获。同年6月11日,喻威向公安机关投案。次日,余自兵向公安机关投案,且如实供述了其与喻春、喻威将桑山砍死的犯罪事实。

上海市第二中级人民法院认为,被告人喻春、喻威、余自兵共同杀害被害人桑山,其行为均构成故意杀人罪。经查,被害人桑山具有多处刀伤,不可能系余自兵一人在厨房内完成,故喻威虽有自动投案情节,但其既未供述其父砍到过桑山,也未供述其自己砍到过桑山,与事实明显不符,故认定其到案后没有供述主要犯罪事实,依法不能认定其具有自首情节。余自兵自动投案后如实供述犯罪事实,系自首,对其可以从轻处罚。据此,依照《中华人民共和国刑法》第二百三十二条、第二十五条第一款、第六十五条第一款、第六十七条第一款、第四十八条、第五十条第二款、第五十七条第一款、第五十六条第一款、第五十五条第一款、第六十四条之规定,上海市第二中级人民法院判决如下:

1. 被告人喻春犯故意杀人罪,判处死刑,缓期二年执行,剥夺政治权利终身,限制减刑;

2. 被告人喻威犯故意杀人罪,判处无期徒刑,剥夺政治权利终身;

3. 被告人余自兵犯故意杀人罪,判处有期徒刑十五年,剥夺政治权利四年。

一审宣判后,被告人喻威不服,以其具有自首情节对其应当从轻处罚为由向上海市高级人民法院提出上诉;余自兵亦以量刑过重为由提出上诉。

上海市高级人民法院经公开审理认为,上诉人喻威、余自兵与原审被告人喻春共同杀死一人,其行为均构成故意杀人罪。喻威未如实供述犯罪事实,不具有自首情节。余自兵自动投案且如实供述犯罪事实,应当认定具有自首情节,但原审对其判罚已体现从轻处罚政策,故二上诉人的上诉意见不予采纳。据此,依照《中华人民共和国刑事诉讼法》第二百二十五条第一款第一项之规定,上海市高级人民法院裁定驳回喻威、余自兵的上诉,维持原审各项判决。

二、主要问题

在共同犯罪案件中如何从被告人供述的犯罪事实以及供述的时间节点认定"如实供述主要犯罪事实"?

三、裁判理由

本案在审理过程中,合议庭对被告人喻春、喻威、余自兵的行为构成故意杀人罪以及余自兵具有自首情节没有争议,但对喻威是否具有自首情节存在不同意见。

第一种观点认为,喻威具有自首情节。喻威供述了带铁锹及持刀威吓桑山,只是澄清自己没有砍到过桑山,也供述了同案犯余自兵的行为,喻威没有指证喻春的故意杀人事实是因为没有看到喻春的具体行为。从在案证据分析,目前确无证据证明喻威持刀砍到过被害人;喻威和同案犯喻春是父子关系,对喻威如实供述事实的真实程度不能要求过高。喻威如实供述自己犯罪事实的行为,可以认定为自首。

第二种观点认为,喻威不具有自首情节。虽然认定喻威直接砍到过桑山的证据不足,但是法官从自由心证角度应当认定喻威的砍击行为。喻威在整个供述过程中一直避重就轻,既没有承认自己用刀砍到过被害人,也没有供述第一被告人喻春的故意杀人的犯罪事实;喻威到案之初没有供述其纠集余自兵殴斗的事实,而是直到余自兵到案供述了喻威纠集其殴斗的犯罪事实,喻威才交代其纠集余自兵殴斗的事实,故喻威的行为不构成自首。

第三种观点认为,喻威不具有自首情节,但理由和第二种意见不同。该观点认为,虽然本案证实喻威砍到过被害人的证据不足,但是要认定喻威具有自首情节,必须认定其所供述的影响定罪量刑的关键事实是真实的。尽管本案仅有余自兵指证喻威砍到过被害人的供述,不能证实喻威砍到过被害人,但同时也难以认定喻威所作的供述是真实的。如果认定喻威如实供述了自己的犯罪事实(其没有砍到过被害人),意味着否定了余自兵如实供述了关联犯罪事实(其供称喻威砍到过被害人)。综合考虑,喻威不具有自首情节。

我们原则同意第三种意见,但具体理由又有所不同。喻威系自动投案,认定其是否具有自首情节的关键在于其是否具备"如实供述主要犯罪事实"的要件。经查,喻威自动投案后供述,其持刀赶到现场后,刀即被被害人所夺,其转身逃跑,看到父亲喻春和被害人互殴之后转身帮助父亲,后又被被害人追到饭店的厨房内;其本人没有持刀砍到过被害人,也没有看到喻春持刀砍到过被害人。而余自兵自动投案后供述,其赶到现场后看到喻春和被害人对砍;喻春递给余自兵一把刀,让其砍击被害人;在厨房内,喻威也持刀砍到过被害人,并且用双手抱住被害人的脖子让余自兵砍。本案鉴定意见证实,被害人桑山身上有多处刀伤,非一把刀所能形成,即不可能系余自兵一人砍击的后果。基于上述所供事实和相关证据,我们认为,喻威是否如实供述主要犯罪事实,可以从以下几个方面进行分析:

(一)从所交代事实对定罪量刑的影响认定被告人是否如实供述主要犯罪事实

犯罪事实既包括定罪事实,也包括量刑事实。对于犯罪事实是否属于主要犯罪事实的认定,除了要看该犯罪事实是否属于犯罪构成事实,还要看该犯罪事实是否对量刑产生重要影响。在涉自首认定的案件中,主要犯罪事实的认定事关犯罪嫌疑人、被告人是否具有自首的认定,因此有必要探讨。

《最高人民法院关于处理自首和立功若干具体问题的意见》第二条规定:"犯罪嫌疑人多次实施同种罪行的,应当综合考虑已交代的犯罪事实与未交代的犯罪事实的危害程度,决定是否认定为如实供述主要犯罪事实。虽然投案后没有交代全部犯罪事实,但如实交代的犯罪情节重于未交代的犯罪情节,或者如实交代的犯罪数额多于未交代的犯罪数额,一般应认定为如实供述自己的主要犯罪事实"。参考这一规定,我们认为,一般应当根据犯罪嫌疑人、被告人所供述的犯罪事实对定罪量刑的影响程度,区分出主要犯罪事实和次要犯罪事实。如果无法区分犯罪嫌疑人、被告人已交代的犯罪事实与未交代的犯罪事实的主次,或者未交代的犯罪事实对定罪量刑的影响明显大于已交代的犯罪事实,则不应认定犯罪嫌疑人、被告人如实供述了主要犯罪事实。本案中,在确认被害人桑山的刀伤并非被告人余自兵一人所砍的前提下，意味着被告人喻春、喻威必定有一人砍到过被害人。而砍到过被害人的犯罪事实对量刑的影响明显大于准备砍击或者实施砍击但未砍到的犯罪事实。因此，喻威仅交代其拽住被害人的脖子让余自兵砍，虽持刀准备砍击但未砍到的行为，不能认定其如实供述了主要犯罪事实。

（二）从交代同案犯关联事实的程度分析被告人是否如实供述主要犯罪事实

认定共同犯罪人的自首，关键在于准确地把握共同犯罪人“自己的罪行”范围。《最高人民法院关于处理自首和立功具体应用法律若干问题的解释》第一条第二项规定：“共同犯罪案件中的犯罪嫌疑人，除如实供述自己的罪行，还应当供述所知的同案犯，主犯则应当供述所知其他同案的共同犯罪事实，才能认定为自首。”即共同犯罪人自首时，除了交代自己所犯的罪行外，还需交代其所知的同案犯实施的共同犯罪事实。各种共同犯罪人自首时所供述的罪行范围，与其在共同犯罪中所起的作用和具体分工是相适应的，这是由共同犯罪的特性与自首的性质决定的。理论界有观点认为上述认定原则有悖于刑法的罪责自负原则，我们认为，共同犯罪案件中同案犯对共同犯罪行为所承担的罪责，系罪责自负的题中之义。故认定共同犯罪案件中的犯罪人构成自首除了要求其如实供述自己的犯罪事实，还必须如实供述其所知的同案犯实施的共同犯罪事实。这一认定原则与共同犯罪原理并不相冲突。

具体联系本案，本案没有认定喻春在厨房内实施过砍击行为是因为证据不足，而不是有充分证据证实喻春在厨房内没有砍击被害人桑山。经鉴定，桑山身上存在多处刀伤，系多人在厨房内持刀砍击所形成，绝不可能是余自兵在较短时间内一人行为所致。本案能够排除三被告人以外其他人作案，且喻威自始参加行凶全过程，是积极组织、参与本次殴斗的成员，应当能够证明喻春是否行凶，即要么承认自己行凶，要么证明喻春亦行凶。而喻威其既不供述自己对桑山实施过砍击行为，也不供述其父对桑山实施过砍击行为，而只是一口咬定其没有看到，并把相关罪责都推到余自兵身上。这种行为实质上是为了侧面反驳起诉书对其父亲的指控。虽然中国历来具有“亲亲相隐”的传统，2012 年修改后的刑事诉讼法也明确规定父母、配偶、子女具有强制到庭的豁免权,但这些传统和法律规定,仅表明不能因为犯罪嫌疑人、被告人不交代其亲属犯罪事实或者不到庭指证其亲属犯罪事实,就对其从重处罚,而不意味着不交代其亲属犯罪事实或者不到庭指证其亲属犯罪事实还能具备法定从宽处罚的条件。据此,我们认为,喻威没有供述同案犯的主要犯罪事实。

（三）从如实供述的时间节点分析被告人是否如实供述主要犯罪事实

根据刑法第六十七条及相关规范性指导文件的规定,“自动投案”是具有一定时间限制的,即犯罪嫌疑人必须在尚未受到讯问、未被采取强制措施时,主动、直接向司法机关投案。然而,上述相关规定并未明确“如实供述自己罪行”有无时间限制。司法实践中,经常遇到犯罪嫌疑人自动投案后,先不供述或者作虚假供述,但最终又作了如实供述主要犯罪事实的情况,对此能否认定为自首,存在认识分歧:一种观点认为,如实供述就是到案后立即交代犯罪事实,如果不是立即交代犯罪事实,则如实供述就失去了其本来的意义;另一种观点认为,由于法律对供述的时间节点没有明确规定,考虑到刑法第六十七条第三款对供述主体采用了“犯罪嫌疑人”这一表述,所以只要犯罪嫌疑人的身份还未变成被告人,其只要在侦查阶段供述了自己的罪行,都应当认定为如实供述了主要犯罪事实,而不论犯罪嫌疑人是否在第一时间供述。

我们认为,刑法设立自首的初衷,在于鼓励犯罪嫌疑人或者被告人（限于准自首情形）认罪、悔罪,真正将自己主动交付于司法机关监管。从“如实供述自己罪行”的相关规定看,的确没有对如实供述的时间节点进行明确规定,然而,如实供述的时间节点能够体现出供述者是否具有将其主动交付于司法机关监管的意愿。换言之,如果犯罪嫌疑人如实供述的时间节点是在其他同案犯已作相关供述之后,其是被迫而作出如实供述的,那么其在实质上就不具有主动交付于司法机关监管的意愿,不符合自首制度设立的初衷,故不能认定构成自首。本案中,喻威一到案即供述了其和其父参与了与被害人桑山殴斗的犯罪事实,但是没有供述其纠集余自兵参与殴斗的犯罪事实。直到余自兵到案后交代了其受喻威纠集才参与殴斗的犯罪事实,喻威才供述了自己纠集余自兵的行为。可见,喻威在纠集余自兵的问题上避重就轻,且将造成被害人桑山死亡的砍击行为推卸给余自兵,反映出其具有逃避法律追究的主观心态,不符合自首的设立精神,故对此情形下的如实供述,一般不能认定为如实供述了主要犯罪事实。

综上,上海市第二中级人民法院认定被告人喻威不具有自首情节是正确的,对其判罚体现了罪责刑相适应原则。

(撰稿:上海市第二中级人民法院　姜琳炜

审编:最高人民法院刑二庭　苗有水)

[第929号]

胡某故意杀人、强奸案

——除供述外没有指向明确的证据,且供述不稳定、与其他证据相矛盾的案件,能否作出有罪判决

一、基本案情

被告人胡某,男,1943年8月12日出生,农民。2009年4月30日因涉嫌犯故意杀人罪、强奸罪被逮捕。

湖北省襄阳市人民检察院以被告人胡某犯故意杀人罪、强奸罪,向襄阳市中级人民法院提起公诉。

襄阳市人民检察院指控:被告人胡某和被害人苏某(女,殁年64岁)系同村村民。2009年4月12日上午,胡某在其房子后的公路上遇见苏某,遂产生强奸之念。胡某将苏某拽至公路下方的一平地,强行与苏某发生了性关系。苏某扬言要告发胡某,胡即持随身携带的镰刀朝苏某的颈部猛割一刀,并用镰刀背部砸击苏的阴部数下,致苏颈部甲状腺上动脉破裂,失血性休克死亡。胡某从苏某身上搜出现金人民币50余元后逃离现场。

针对上述指控,公诉机关提供了以下证据:从被告人胡某家提取的作案工具镰刀的照片;多名证人证实发现被害人苏某尸体情况、苏某系在给女儿送莲藕期间失踪的证言;证人钱某证实胡某平时喜欢调戏妇女的证言;尸体鉴定意见;现场勘验;检查笔录及胡某的供述。

被告人胡某辩称,其没有强奸杀害苏某,之前的有罪供述是因侦查人员不让其睡觉,其被迫编造的。辩护人提出,胡某的供述与现场勘查、尸体鉴定情况有诸多不符之处,认定胡某杀人、强奸的事实不清、证据不足。

襄阳市中级人民法院经审理认为,公诉机关指控被告人胡某强奸杀害

苏某的事实不清、证据不足，指控的犯罪不能成立，遂建议公诉机关撤回起诉。2010 年 1 月公诉机关提出撤回起诉申请，同年 2 月，襄阳市中级人民法院裁定准予撤诉。

2010 年 2 月，襄阳市中级人民法院准予公诉机关撤回起诉后，获悉侦查机关在现场勘查时从被害人苏某阴道内检出了精斑，并已将该精斑和苏某、胡某的血样送往湖北省公安厅进行 DNA 鉴定。襄阳市中级人民法院遂多次向侦查机关催要鉴定意见，侦查机关答复称无鉴定意见。在襄阳市中级人民法院的强烈督促下，侦查机关将从苏某阴道内提取的精斑再次送检。同年 10 月，全国 DNA 数据库弹出比中通报：从苏某阴道内提取的精斑 DNA 分型与因犯强奸罪被判刑的赵志林（男，1986 年出生）的 DNA 分型一致。经讯问，赵志林供认了抢劫、强奸及杀害苏某的事实。同年 12 月，侦查机关将赵志林和苏某丈夫的血样送检，经 DNA 鉴定，苏某体内的精液系赵志林所留。同年 12 月，赵志林因被发现漏罪而被提起诉讼。2011 年 11 月，襄阳市中级人民法院以故意杀人罪、抢劫罪、强奸罪并罚，判处赵志林死刑，剥夺政治权利终身，并处罚金人民币二千元，与原犯强奸罪判处的刑罚（有期徒刑十二年）并罚；决定执行死刑，剥夺政治权利终身，并处罚金人民币二千元。宣判后，赵志林提出上诉。2012 年 5 月，湖北省高级人民法院裁定驳回上诉，维持原判，并依法报请最高人民法院核准。同年 10 月，最高人民法院裁定核准赵志林死刑。

二、主要问题

1. 除供述外没有指向明确的证据，且供述不稳定、与其他证据相矛盾的案件，能否作出有罪判决？

2. 本案的处理对今后防范冤假错案有何借鉴意义？

三、裁判理由

这是一起法院建议检察机关撤诉后发现真凶的案件，实践中较为少见。在具体审理过程中，主要有两个方面的问题值得探讨：

（一）除供述外没有指向明确的证据，且供述不稳定、与其他证据相矛盾的案件，不能作出有罪判决

本案审理过程中，关于刑事诉讼法规定的"事实清楚，证据确实、充分"的定案标准尚无具体的判断方法，实践中把握的尺度不一，容易给冤假错案的发生留下空间。襄阳市中级人民法院能够顶住压力，坚持证据裁判规则，严格把握"证据确实、充分"的证明标准，成功防范一起冤假错案，难能可贵。2010年6月，为明确证据裁判标准，切实减少冤假错案风险隐患，最高人民法院会同最高人民检察院、公安部、国家安全部、司法部联合出台了《关于办理死刑案件审查判断证据若干问题的规定》（以下简称《证据规定》）。《证据规定》对死刑案件的取证、质证、认证和排除非法证据等重要问题作出了系统详尽规定。《证据规定》第五条规定："办理死刑案件，对被告人犯罪事实的认定，必须达到证据确实、充分。证据确实、充分是指：（一）定罪量刑的事实都有证据证明；（二）每一个定案的证据均已经法定程序查证属实；（三）证据与证据之间、证据与案件事实之间不存在矛盾或者矛盾得以合理排除；（四）共同犯罪案件中，被告人的地位、作用均已查清；（五）根据证据认定案件事实的过程符合逻辑和经验规则，由证据得出的结论为唯一结论。"2012年修改后的刑事诉讼法也规定了判断"证据确实、充分"的三项标准：（1）定罪量刑的事实都有证据证明；（2）据以定案的证据均经法定程序查证属实；（3）综合全案证据，对所认定事实已排除合理怀疑。对照上述规定，具体联系本案，我们认为，公诉机关提供的证据没有达到"证据确实、充分"的定案标准：

1. 本案除被告人胡某曾作的有罪供述外，没有指向性明确的实物证据、言词证据

根据胡某所作的有罪供述，现场或者被害人体内应当留有胡某的精斑；胡某割被害人颈部所用的镰刀及其所穿的衣服上可能有被害人的血迹。但根据侦查材料，从现场及被害人体内没有提取到胡某的精斑，也未从胡某的镰刀及其所穿的衣服上检出被害人的血迹。鉴于胡某在有罪供述中始终称自己强奸时射精了，襄阳市中级人民法院认为在现场或者被害人体内应当留有胡某的精斑等痕迹，遂多次询问侦查机关是否提取了精斑等痕迹物证。

侦查机关一直答复称，胡某强奸时系体外射精，因案发后下过雨，所以没有提取到相关痕迹物证。同时，本案虽有多名证人，但这些证人的证言只能证实案发前被害人的行踪及发现被害人尸体的情况，无法将胡某与案件联系起来。

2. 被告人胡某的有罪供述虽然与现场方位、现场遗留的部分物品、被害人的衣着以及尸体状态等情况吻合，但却存在很多疑点

具体疑点如下：(1)胡某始终未供述侦查机关掌握之外的隐蔽性情节，且有些细节的供述前后不一。(2)胡某的有罪供述与现场勘查笔录、尸体鉴定意见存在诸多矛盾。①胡某称作案时见被害人未穿内裤，但现场勘查情况是被害人穿有内裤；②胡某称其强奸时射精了，但卷内没有反映从苏某阴道内检出精斑的材料；③胡某称其持镰刀割了被害人颈部1刀，但被害人颈部有一大一小2处创口；④胡某称其持镰刀砸击过被害人阴部，但被害人阴部没有挫伤，且在胡的镰刀上未检出DNA成分；⑤胡某称用1条细绳勒过被害人颈部，并将细绳扔在现场，但现场并未发现任何细绳；⑥现场树枝上有触摸血迹、现场地上有莲藕，但胡某对这些情节并未作任何供述。上述矛盾，有些可以用记忆误差或者以侦查人员讯问遗漏来解释，而有些则难以用记忆误差来解释。如对被害人是否穿有内裤、是否持镰刀砸击过被害人阴部等重要细节。若胡某确系凶手，不可能对此记忆不清。

3. 被告人胡某的有罪供述不排除系侦查人员通过非法手段获取

胡某当庭翻供称，其没有强奸杀害被害人，之前的有罪供述系因侦查人员不让其睡觉，其被迫编造的。根据卷内材料，侦查人员共讯问过胡某7次。讯问时间分别为：2009年4月16日3:15～4:25(胡某否认犯罪)、同月17日20:10～21:20(胡某供认了自己强奸、杀人的事实，此后供述稳定)、同月18日4:10～6:50(以上3次讯问地点均在派出所)、同月18日15:40～18:30(讯问地点为刑警大队)、同月20日15:00～15:30(在刑警大队宣布对胡某刑事拘留)、同月30日15:30～16:00和同年6月17日15:30～16:30(讯问地点均为看守所)。从上述讯问时间和地点看，侦查人员对胡某的前5次审讯是在看守所以外的场所进行的，其中有2次审讯是在凌晨。尽管没有直接证据证实侦查人员采取殴打、体罚等暴力方式对胡某刑讯逼供，但从审讯时

间上分析，胡某辩称侦查人员不让其睡觉、对其变相刑讯逼供的可能性较大，故其所作有罪供述的证明力较低。

综上分析可见，公诉机关指控被告人胡某强奸杀害苏某，除胡某本人在侦查阶段所作有罪供述外，没有其他证据可以将胡某与本案联系起来，而胡某在庭审中翻供，所提受到非法逼供的辩解不能完全排除，故本案证据属于不能排除合理怀疑情形，未达到事实不清、证据不足的定案标准，襄阳市中级人民法院据此建议公诉机关撤回起诉，较好地体现了证据裁判原则的要求。

（二）本案的处理对今后防范冤假错案的借鉴意义

近年来，司法实践中陆续出现一些刑事冤假错案，特别是2013年浙江张氏叔侄案的出现，一度让刑事司法工作处于风口浪尖。在这种形势下，公安、检察、法院等部门及时对造成冤假错案的原因进行了总结分析，并分别制定了防范冤假错案的工作机制。其中，最高人民法院于2013年11月22日发布了《关于建立健全防范刑事冤假错案工作机制的意见》（以下简称《防错意见》），对审判工作中防范冤假错案作出了很多具体规定，对于今后防范冤假错案具有重要意义。刑事诉讼证明是根据案件发生后获取的证据重构案件事实，本质上属于回溯性的认识活动。由于证明过程受证据材料有限性、认识局限性、制度疏漏性等多种主、客观因素的影响，故冤假错案的发生有其现实可能性。然而，只要在审判工作中树立科学的刑事司法理念，坚持证据裁判规则，严格进行证据审查判断，准确把握"证据确实、充分"的证明标准，就能够把冤假错案的发生率降到最低。从襄阳市中级人民法院对胡某故意杀人、强奸案的处理看，今后刑事审判工作要特别重视以下几点：

一是要自觉以科学的刑事司法理念指导审判实践。我国刑法、刑事诉讼法早已确立惩罚犯罪与保障人权并重、无罪推定、程序公正、中立裁判等刑事司法理念，但受传统思维模式和落后观念的影响，这些科学的司法理念在实践中并未真正建立。在本案审判中，襄阳市中级人民法院将上述刑事司法理念用以指导具体的司法实践，切实做到疑罪从无，从而有效避免了一起冤假错案的发生。

二是坚持证据裁判规则不打任何折扣。证据裁判原则是现代刑事诉讼的普遍原则，是刑事审判的生命线。襄阳市中级人民法院在审理胡某案过程中，经对证据严格审查判断，发现该案如除了被告人的有罪供述，没有任何有实质价值的证据，而被告人的有罪供述又存在疑点、矛盾，且不排除侦查机关存在非法逼供的可能，故认为该案未达到“证据确实、充分”的证明标准，并据此建议检察机关撤回起诉，为案件纠错留下了宝贵空间。《防错意见》针对实践问题，强调了坚持证据裁判规则和法定证明标准的重要性，要求审理刑事案件必须“重证据，重调查研究，切实改变‘口供至上’的观念和做法，注重实物证据的审查和运用。只有被告人供述，没有其他证据的，不能认定被告人有罪。”

三是重视和强化合议庭、审判委员会的把关作用。刑事审判事关生杀予夺，一旦事实认定错误，罪及无辜甚至冤杀错杀，将造成难以弥补的严重后果。因此，从承办人到合议庭、审委会，都要各司其职，充分发挥各自环节的严格把关作用，确保每一起刑事案件经得起事实、法律和时间的检验。本案中，在胡某的处理上，审委会比合议庭更好发挥了把关作用。合议庭认为本案的事实可以认定，而审委会对本案进行讨论时，没有受合议庭意见的影响，经细致比对，发现被告人的供述与其他证据之间存在难以合理解释的矛盾，故认为根据在案证据不能得出唯一性、排他性结论，不足以定案。但在已经曝光的一些冤假错案中，也有合议庭认为应当宣告无罪，而审委会讨论后认为可以定罪的情况。鉴于此两种情况都有可能发生，《防错意见》强调，死刑案件要由经验丰富的法官办理；合议庭成员共同对案件事实负责，承办法官为案件质量第一责任人，合议庭成员通过庭审或者阅卷等方式审查事实和证据，独立发表评议意见并说明理由；审判委员会讨论案件，委员依次独立发表意见并说明理由；主持人最后发表意见。这样规定的目的就是要使审判的每一个环节都发挥应有的把关作用。

四是勇于坚持法律原则，敢于面对各方面压力。实践中，由于种种原因，法院一旦做出无罪判决，就会不同程度面对来自案件当事人和有关方面的压力。胡某案的处理也是如此。侦查机关对于襄阳市中级人民法院协调公诉机关撤回起诉的做法表示不理解，提请有关部门召开协调会。襄阳市中级人民法院依据刑事诉讼法、司法解释的相关规定，坚持认为该案证据不足,难以定案。在襄阳市中级人民法院的坚持下,协调会决定由侦查机关将从被害人体内提取的精斑再次送检,从而发现了真凶。真凶落网后,人民法院赢得了当事人的尊重,得到了当地党委和其他政法机关的充分肯定。事实表明,敢于坚持原则,守住法律底线,对于防范冤假错案具有重要现实意义。

（撰稿:最高人民法院刑五庭　闫宏波
湖北省襄阳市中级人民法院　关　健　靳谢兵
审编:最高人民法院刑五庭　马　岩）

［第930号］

付代林故意伤害案

——如何审查人身伤害鉴定意见

一、基本案情

被告人付代林，男，1976年2月28日生，无业。2011年8月1日因涉嫌犯故意伤害罪被取保候审。

湖州市吴兴区人民检察院以被告人付代林犯故意伤害罪，向湖州市吴兴区人民法院提起公诉。

湖州市吴兴区人民法院经审理认为，被害人李隆的损伤程度未达到轻伤，公诉机关指控被告人付代林犯故意伤害罪的罪名不能成立，宣告付代林无罪；同时判决付代林赔偿附带民事诉讼原告人李隆经济损失人民币3 221元，驳回李隆其他诉讼请求。

一审宣判后，湖州市吴兴区人民检察院提出抗诉，认为公诉机关提交的证据足以证实被告人付代林殴打李隆并致其轻伤的事实。其中，公安机关出具的人体损伤程度鉴定意见书以及被害人李隆的病历均可证实李隆的肋骨骨折的伤势已构成轻伤，浙江省人民医院出具的法医学文证审查意见书证实李隆肋骨骨折系付代林殴打行为所致；公诉机关提交的三份鉴定意见均是依据本案事实所作且鉴定人具有法定资质，原判采信浙江省人身伤害鉴定委员会的鉴定意见认定李隆的伤势不构成轻伤，缺乏依据；不同鉴定结论之间，证明效力没有高低之分，应当结合全案事实予以评判。原判未能客观、全面、公正地采信证据，并宣判被告人付代林无罪，属于认定事实错误，适用法律不当。

附带民事诉讼原告人李隆亦提出上诉，部分上诉理由与抗诉理由基本一致，另提出原审法院委托鉴定机构未经其同意，浙江省人身伤害委员会做鉴定时未通知其到场,鉴定程序违法,该鉴定不具备法律效力,并申请对其伤势进行重新鉴定。

原审被告人付代林辩称其并未殴打李隆,当天其因阻止李隆破坏电箱而被李隆打了。

浙江省湖州市中级人民法院经审理查明:2010年12月15日上午9点许,被告人付代林在湖州市承天寺巷2号与李隆因租房问题发生争执并互相扭扯,付代林在李隆倒地后将其按在地上并用膝盖顶其胸口。李隆受伤后先后至湖州市第一人民医院(以下简称第一医院)、中国人民解放军第九八医院(以下简称九八医院)诊断治疗。其中,2010年12月15日第一医院对李隆胸部DR诊断:右第11肋局部皮质欠连续,所见诸肋未见明显骨折。2010年12月17日第一医院对李隆胸部CT诊断:两侧肋骨未见明显错位骨折征象。2011年1月4日第一医院对李隆胸部DR诊断:所见肋骨未见明显错位性骨折。2011年1月5日九八医院对李隆胸部CT诊断:右侧第7-9及左侧第4肋骨骨折,2011年3月7日九八医院对李隆胸部CT诊断:右侧第7-9及左侧第4前肋陈旧性骨折。李隆先后花费医疗费共计人民币3 998.81元。2011年12月18日,李隆赴最高人民法院上访,一周后返回湖州市。

另查明,2011年1月18日至2012年2月16日,在有关部门的组织下李隆的伤势情况被先后进行了四次鉴定:

1.2011年1月18日,湖州市公安局吴兴区分局出具的法医学人体损伤程度鉴定意见认定:被害人李隆右侧第7-9肋骨骨折,左侧第4肋骨骨折,其伤情根据《人体轻伤鉴定标准(试行)》第三十三条之规定,已达到轻伤程度。

2.2011年4月6日,浙江省人民医院出具的医学司法鉴定意见认定:根据病史、九八医院胸部CT平扫,右侧第7、8、9肋骨骨折,左侧第4肋骨骨折,肋骨骨折系该次外伤所致。

3.2011年4月18日,湖州市公安局物证鉴定所出具的法医学人体损伤程度鉴定意见认定:根据病历记载被鉴定人李隆伤后当日检查全身多处软组织挫伤,右胸压痛,胸廓挤压征阳性,伤后21天胸部CT提示右第7-9肋骨骨折,左第4肋骨骨折,经浙江省人民医院医学鉴定,上述肋骨骨折,系该次外伤所致,根据《人体轻伤鉴定标准(试行)》第三十三条的规定,上述损伤达到轻伤程度。

4.2012 年 2 月 16 日，湖州市吴兴区人民法院根据被告人付代林的申请，委托浙江省人身伤害鉴定委员会对李隆的骨折与 2010 年 12 月 15 日该次外伤是否具有因果关系重新鉴定。该鉴定委员会出具的法医学文证审查意见基于以下理由认定李隆的损伤程度未达轻伤：目前读片见左侧第 4 前肋为陈旧性骨折，与本次外伤无关；右侧第 7－9 前肋与肋软骨交界面仅显示毛糙，无局部隆起，且与左侧 7－9 前肋表现相似，应系肋骨与肋软骨结构所致，而非骨折征象。综上所述，上述损伤尚未达《人体轻伤鉴定标准（试行）》所规定的轻伤程度。

湖州市中级人民法院认为，原审被告人付代林虽有故意伤害上诉人李隆身体的行为，但鉴于李隆的损伤程度未达轻伤，故原公诉机关指控付代林犯故意伤害罪的罪名不能成立。同时，基于以下理由认定抗诉、上诉意见不能成立：(1)原公诉机关依据前三份鉴定意见指控原审被告人付代林故意伤害李隆身体并致李隆轻伤，而付代林在一审法院审理过程中以李隆伤后曾有到北京外出的行为，存在其他致伤可能等为由申请重新鉴定。原审委托浙江省人身伤害鉴定委员会进行医学鉴定，符合《浙江省人身伤害和精神病医学鉴定暂行规定》之规定，程序合法。(2)与在案的前三份鉴定意见相比，浙江省人身伤害鉴定委员会所作鉴定意见的检材基础（包括病历资料、影像资料等）更为全面、完整。浙江省人身伤害鉴定委员会鉴定采用直接读片并对影像资料作出分析判断的方法，其审查读片对象不仅包括 2011 年 1 月 5 日、2011 年 3 月 7 日的影像资料，也包括 2010 年 12 月 15 日、2010 年 12 月 17 日、2011 年 1 月 4 日等拍摄的影像资料，反映了李隆被打后诊断检查损伤的全过程。浙江省人身伤害鉴定委员会出具的李隆损伤程度未达轻伤的鉴定意见，合法有效，亦对作出李隆的伤势鉴定意见的理由进行了合理解释，该鉴定意见可以作为认定李隆损害程度的依据。故上诉人李隆提出要求重新鉴定的申请，理由不足，不予支持。(3)证人宋银根、张缙等人的证言与上诉人李隆的陈述、公安机关出具的到案经过可以相互印证，证实原审被告人付代林殴打李隆的过程，证人宋银根、张缙的证言、付代林供述中均提到当天李隆嘴角有血。李隆当天至湖州第一医院就诊的病历也显示其口唇及右胸皮肤多处挫伤。在案证据足以认定付代林殴打李隆的事实。故湖州市中级人民法院依照《中华人民共和国刑事诉讼法》(1996年)第一百八十九条第一项之规定,裁定驳回抗诉、上诉,维持原判。

二、主要问题

如何审查人身伤害鉴定意见?

三、裁判理由

在涉及人身伤害的案件中,法医鉴定意见关系到正确认定案件的性质、责任的区分,甚至是罪与非罪。鉴定意见通常具有较强的科学性、技术性,但就其本质属性而言仍只是证据的一种形式。鉴定意见作为鉴定人的判断性意见,必然带有一定的主观性,并不具有必然的科学性、准确性,因此只有经人民法院依法审查认定的,才能作为定案的依据。对于一般轻伤、重伤人身伤害鉴定的审查,主要包括以下几个方面:一是鉴定机构和鉴定人是否合法;二是送交的鉴定材料是否齐全正确;三是鉴定方法是否科学准确;四是鉴定结论与在案证据是否一致;五是鉴定意见是否符合法定标准。

《最高人民法院、最高人民检察院、公安部、国家安全部、司法部关于办理死刑案件审查判断证据若干问题的规定》(以下简称《证据规定》)关于鉴定意见审查内容方面的规定,可以作为人身伤害鉴定意见审查的参考。[①]

---

① 《证据规定》第二十三条规定:"1.鉴定人是否存在应当回避而未回避的情形。2.鉴定机构和鉴定人是否具有合法的资质。3.鉴定程序是否符合法律及有关规定。4.检材的来源、取得、保管、送检是否符合法律及有关规定,与相关提取笔录、扣押物品清单等记载的内容是否相符,检材是否充足、可靠。5.鉴定的程序、方法、分析过程是否符合本专业的检验鉴定规程和技术方法要求。6.鉴定意见的形式要件是否完备,是否注明提起鉴定的事由、鉴定委托人、鉴定机构、鉴定要求、鉴定过程、检验方法、鉴定文书的日期等相关内容,是否由鉴定机构加盖鉴定专用章并由鉴定人签名盖章。7.鉴定意见是否明确。8.鉴定意见与案件待证事实有无关联。9.鉴定意见与其他证据之间是否有矛盾,鉴定意见与检验笔录及相关照片是否有矛盾。10.鉴定意见是否依法及时告知相关人员,当事人对鉴定意见是否有异议"。第二十四条进一步规定:"鉴定意见具有下列情形之一的,不能作为定案的根据:1.鉴定机构不具备法定的资格和条件,或者鉴定事项超出本鉴定机构项目范围或者鉴定能力的;2.鉴定人不具备法定的资格和条件、鉴定人不具有相关专业技术或者职称、鉴定人违反回避规定的;3.鉴定程序、方法有错误的;4.鉴定意见与证明对象没有关联的;5.鉴定对象与送检材料、样本不一致的;6.送检材料、样本来源不明或者确实被污染且不具备鉴定条件的;7.违反有关鉴定特定标准的;8.鉴定文书缺少签名、盖章的;9.其他违反有关规定的情形"。

本案在一审审理过程中，虽经公安机关鉴定，且经浙江省人民医院鉴定，但湖州市吴兴区人民法院在审理中发现上述鉴定意见仍然存在以下疑问：(1)被害人李隆曾多次到医院拍片，其中案发后的前三次拍片均未出现骨折征象，直到案发后的第 21 天拍片才发现有骨折，被害人是否骨折存在疑问；(2)被害人李隆在案发后三天到北京一周，返回后才拍片有骨折，骨折与外伤之间是否有因果关系存在疑问；(3)浙江省人民医院的医学司法鉴定系由一名医学专家单独作出，当时送鉴的材料，并没有包括被害人在案发后拍摄的所有影像资料，且事隔三个多月，凭部分影像资料就作出因果鉴定存在疑问。基于上述疑问，被告人付代林在一审审理期间向人民法院提出重新鉴定的申请，一审法院同意申请，并委托浙江省人身伤害鉴定委员会重新鉴定是正确的。

一审法院最后采信浙江省人身伤害鉴定委员会的鉴定意见，主要是考虑到以下因素：

（一）浙江省人身伤害鉴定委员会的鉴定意见符合法律规定

1. 鉴定主体符合法律规定的资质要求。1996 年《刑事诉讼法》第一百二十条（本案审理时 2012 年修改后的刑事诉讼法尚未实施）规定，对人身伤害的医学鉴定有争议需要重新鉴定或者对精神病的医学鉴定，由省级人民政府指定的医院进行。鉴定人进行鉴定后，应当写出鉴定结论，并且由鉴定人签名，医院加盖公章。2005 年《全国人民代表大会常务委员会关于司法鉴定管理问题的决定》第二、三、九条规定，对法医类鉴定发生争议需要重新鉴定的，应当委托省级人民政府司法行政部门登记的鉴定人名册的鉴定人进行鉴定。2000 年《浙江省人身伤害和精神病医学鉴定暂行规定》第六条规定，法院、检察、公安在各自办案过程中，对指定医院作出的人身伤害医学鉴定，认为仍有异议，不能作为定案依据，经省高级人民法院、省人民检察院、省公安厅的法医部门审核同意，报省法医鉴定工作委员会办公室，委托浙江省人身伤害鉴定委员会进行医学鉴定。浙江省人身伤害鉴定委员会挂靠在浙江大学医学院附属第一医院（该医院属于省级人民政府指定的医院），鉴定结论是由该医院与浙江省人身伤害鉴定委员会联合共同出具，并加盖两家单位的公章。从上述规定分析，本案原审法院委托浙江省人身伤害鉴定委员会进行医学鉴定，符合相关规定要求，鉴定主体合法。

附带提及的是，2012年修改后的刑事诉讼法第一百四十四条删除了1996年刑事诉讼法第一百二十条关于“人身伤害的重新鉴定或者精神病医学鉴定由省级人民政府指定医院进行”的规定，而仅规定“为了查明案情，需要解决案件中某些专门性问题的时候，应当指派、聘请有专门知识的人进行鉴定”。可见，修改后的刑事诉讼法对鉴定主体未严格限制在省级人民政府指定的医院，而仅要求鉴定人具有专门的知识。虽然本案不能直接适用该规定，但从这一规定精神出发，亦可认定本案原审法院委托浙江省人身伤害鉴定委员会进行医学鉴定，符合相关政策法律精神。

2. 鉴定人具有鉴定资格。经了解，本案浙江省人身伤害鉴定委员会出具鉴定意见中的7名鉴定人，均具有相应鉴定资格，包括省高院鉴定处，省检察院技术处，省公安厅法医科、浙江大学医学院附属第一医院放射科的法医、专家等鉴定人。

（二）与本案其他鉴定意见相比，浙江省人身伤害鉴定委员会鉴定结论的证明力更强

1. 提交鉴定的材料更为全面。一审法院提交给浙江省人身伤害鉴定委员会的检材包括：20张片子、4本病历、2卷公安卷宗等材料，与提交给其他鉴定机构的检材相比，医疗资料、事发信息更为全面、完整。

2. 鉴定人的专业知识与技能较强，且中立性更为明显。浙江省人身伤害鉴定委员会的鉴定人均由公、检、法及医疗各部门系统中的资深法医、专家组成，其专业知识与技能较强。而且，本案一审法院委托浙江省人身伤害鉴定委员会进行鉴定是为了确定李隆的肋骨骨折的伤势与本案付代林12月15日的行为是否有因果关系，委托时未对相关李隆的伤势并非骨折作任何提示，因此该鉴定意见是在鉴定人客观、中立的情况下独立作出的。

3. 鉴定意见能与在案的其他证据相互印证。关于浙江省人身伤害鉴定委员会作出李隆伤势并非骨折征象意见的依据，主要有：一是右侧第7-9前肋与左侧7-9前肋表现相似；二是右侧第7-9前肋出现毛糙也符合该部位生理结构的生长特征；三是按照正常的骨痂生长原理，结合拍片时间与事发时间的间隔，如是因2010年12月15日打斗造成的创伤，不可能在如此短的时间内形成明显的骨痂。该鉴定意见与被害人在案发后拍摄的前三份拍片

结果能够相互印证。

4. 其他三份刑事鉴定存在问题。一是结论的合理性存疑。浙江省人民医院的鉴定结论为"根据病史、九八医院胸部 CT 平扫,右侧第 7、8、9 肋骨骨折、左侧第四根肋骨骨折。肋骨骨折系该次外伤所致"。由于骨折诊断与殴打行为存在时间差,期间李隆又曾赴京上访,因此该鉴定仅凭病历材料即认定骨折是该次外伤所致,否定有其他致伤可能,其合理性存在疑问。二是鉴定材料与事发信息的局限性。据鉴定书中送检资料及案件信息反映,其鉴定的鉴定基础材料均少于浙江省人身伤害鉴定委员会的鉴定意见,也未提及李隆上京及其他致伤的可能。

5. 对浙江省人身伤害鉴定委员会作出的鉴定意见的采信符合疑罪从无的原则。不同鉴定人对于同样的片子认识、结论不同,主要是由于鉴定人实践经验的不同导致。考虑到本案中李隆的伤势毕竟未进行开腔手术,在仅凭影像检测的情况下,存在认识误差和差异也是可能的。更何况,在无法区分该伤势是否骨折的情况下,也应当按照有利被告人的原则认定行为与伤害结果之间是否存在因果关系。本案中,公诉机关和被害人均提出鉴定不存在高低之分,被害人还提出应当采信多数鉴定的意见。但综观全案,一审法院从证据本身的证明力出发,结合在案其他证据,采信浙江省人身伤害鉴定委员会出具的鉴定意见是正确的。

(三)被害人未到场是否影响鉴定意见的采信

一般而言,鉴定时被害人到场,有助于鉴定人员更好进行审查判断。但本案伤势鉴定是否构成轻伤是根据看片来判断,被鉴定人是否到场对鉴定结果并无实质意义,所以采用文证审查的方式并无不当。鉴于文证审查是实践中司法鉴定的方式之一,本案鉴定采用文证审查的方式具有充足理由,故可以认定本案采用文证审查意见方式鉴定被害人的伤情是合法有效的鉴定形式。

综上,一审法院最后采信浙江省人身伤害鉴定委员会的鉴定意见,宣告被告人付代林故意伤害罪的罪名不成立,是正确的。

(撰稿:浙江省湖州市中级人民法院　陈克娥　蒋　敏

审编:最高人民法院刑四庭　陆建红)

[第931号]

王海涛等组织出卖人体器官案

——组织出卖人体器官罪既、未遂以及情节严重如何认定

一、基本案情

被告人王海涛,男,1984年12月26日出生,无业。2012年3月14日因涉嫌犯组织出卖人体器官罪被逮捕。

被告人刘超、孙友玉、李明伟等基本情况略。

江苏省泰兴市人民检察院以被告人王海涛、刘超、孙友玉、李明伟犯组织出卖人体器官罪,向泰兴市人民法院提起公诉。

被告人王海涛辩称,朱其瑞是被告人刘超招揽的出卖肾脏的人,后自行离开,其没有安排朱其瑞去河北省石家庄市的医院实施肾脏移植手术,仅是向朱其瑞提供了介绍去医院做肾脏移植手术人员的联系电话,后由朱其瑞自己联系对方,其未从中得款。被告人刘超、孙友玉、李明伟对起诉书指控的事实和罪名没有提出异议。

泰兴市人民法院经审理查明:2011年9月至2012年2月期间,被告人王海涛纠集被告人刘超、孙友玉、李明伟至泰兴市黄桥镇等地,组织他人出卖活体肾脏。刘超、孙友玉主要利用互联网发布收购肾源广告以招揽"供体"(指自愿出卖自己器官的人);李明伟主要负责收取供体的手机和身份证、管理供体、为供体提供食宿、安排供体体检及抽取配型血样等;王海涛主要负责联系将肾脏卖出。四名被告人先后组织朱其瑞、徐欣、钟明志、杨维东等多名供体出卖活体肾脏,其中朱其瑞由刘超招揽至泰兴市黄桥镇,后朱其瑞离开,王海涛又向朱其瑞提供了介绍去医院做肾脏移植手术人员

的联系电话，朱其瑞于2011年12月在河北省石家庄市一家医院实施了肾脏移植手术，得款人民币（以下币种同）3.5万元，经鉴定其左侧肾脏缺失，构成重伤；徐欣在孙友玉招揽及王海涛安排下，于2011年12月在印度尼西亚雅加达市一家医院实施了肾脏移植手术，得款3.8万元，后因无法联系其损伤程度未能鉴定；王海涛从中得款3.8万元，并将此款用于钟明志、杨维东等供体的食宿支出。案发时，钟明志、杨维东尚未实施肾脏移植手术。

泰兴市人民法院经审理认为，被告人王海涛、刘超、孙友玉、李明伟组织多人出卖人体器官，情节严重，其行为均构成组织出卖人体器官罪，且系共同犯罪，依法应当予以惩处。王海涛在共同犯罪中起主要作用，系主犯，依法应当按照其所参与的全部犯罪处罚；刘超、孙友玉、李明伟在共同犯罪中起次要作用，系从犯，依法应当减轻处罚；四被告人归案后均能如实供述自己的罪行，依法均可以从轻处罚；其中李明伟主动缴纳财产刑保证金，依法可以酌情从轻处罚。据此，依照《中华人民共和国刑法》第二百三十四条之一第一款，第二十五条第一款，第二十六条第一款、第四款，第二十七条，第六十七条第三款，第六十四条之规定，泰兴市人民法院判决如下：

1. 被告人王海涛犯组织出卖人体器官罪，判处有期徒刑五年，并处罚金人民币四万元。

……（其他判罚情况略）

宣判后，被告人王海涛、刘超、孙友玉、李明伟未提出上诉，检察机关未抗诉，该判决已发生法律效力。

二、主要问题

1. 组织出卖人体器官罪是否以人体器官的实际摘取作为既、未遂的认定标准？

2. 本案是否属于组织出卖人体器官情节严重的情形？

三、裁判理由

(一)组织出卖人体器官罪不以人体器官的实际摘取作为认定既、未遂的标准

本案审理过程中,对四被告人构成组织出卖人体器官罪形成一致意见,但对具体犯罪停止形态存在不同认识。一种观点认为,本罪应当以损害结果的发生,即以实际摘除出卖者的身体器官作为认定既遂的标准。具体理由是:组织出卖人体器官罪侵害的主要客体是公民的人身权和健康权。只有当器官出卖者的身体器官被实际摘除,其人身健康权利受到具体侵害时,才能成立犯罪既遂。本案四名被告人先后组织多名供体出卖活体肾脏,其中部分供体被实际摘除肾脏,并进行了器官移植手术,应当认定为犯罪既遂,另有部分供体尚在血型配对中,或者因配对不成而离开,对此部分犯罪应当认定为犯罪未遂,并在具体量刑中予以体现。另一种观点认为,组织出卖人体器官罪是行为犯,行为人只要实施了组织他人出卖人体器官的行为,即可构成本罪,不应以损害结果的发生作为认定既遂的标准。本案四被告人组织出卖人体器官罪均应认定为既遂。

我们同意后一种观点,主要理由如下:

近年来,随着器官移植技术在临床医学中的广泛应用和发展,器官移植的供需矛盾突出,人体器官移植类违法犯罪行为时有发生。依法打击组织买卖或者变相买卖人体器官的违法犯罪行为,越来越受到理论界和实务界的关注。2011年2月25日颁布的刑法修正案(八)第三十七条(作为刑法第二百三十四条之一)规定:“组织他人出卖人体器官的,处五年以下有期徒刑,并处罚金;情节严重的,处五年以上有期徒刑,并处罚金或者没收财产。”然而,由于上述对组织出卖人体器官罪的规定采用了简单罪状的表述方式,导致审判实践中对该罪的理解和适用存在种种争议。我们认为,对该罪的既、未遂形态的认定可以从以下几个方面进行分析:

1. 组织出卖人体器官罪属于典型的行为犯,行为犯不以犯罪结果发生作为既遂认定的要件。我国刑法分则规定了不少“组织型”犯罪,如第二百二十四条之一规定的组织领导传销活动罪、第三百三十三条规定的非法组

织卖血罪,第三百五十八条规定的组织卖淫罪,等等。根据刑法理论通说的观点,组织型犯罪是行为犯,而行为犯一般不要求危害结果必然实现,只要危害行为实施完毕即构成犯罪既遂。“组织型”犯罪作为行为犯中的一种独特类型,其既、未遂的认定是以行为人的组织、策划或指挥行为是否实施完成来作为界定标准。具体到本罪,只要行为人基于出卖人体器官的目的,实施了指挥、策划、招揽、控制自愿出卖自身器官的人的行为,即构成本罪的既遂,而不需要出现器官被实际摘取等特定的后果。

2. 组织出卖人体器官罪所侵犯的客体是复杂客体,只要侵犯其一即可认定既遂。本罪既侵犯了公民的人身权利,也侵犯了国家医疗秩序。组织出卖人体器官行为,一方面容易诱使、鼓励处于经济困境的人为摆脱困境而出卖器官,严重损害出卖人的身体健康和生命安全;另一方面这种非法人体器官交易因缺乏监管,无法保证所出卖器官的安全性,这也可能危及器官受移植者的身体健康和生命安全。《人体器官移植条例》第三条明确了“任何组织或者个人不得以任何形式买卖人体器官”的刚性原则,并对人体器官的捐献、移植、法律责任,以及医疗机构从事器官移植应当具备的条件和承担的义务等都进行了具体的规定,目的就是为了规范人体器官移植活动,保证器官移植医疗行为能够有序开展。组织出卖人体器官行为使原本分散的、零星的出卖人体器官行为,由于组织行为的存在变得更具群体性、规模化,导致器官移植活动脱离国家监管,严重破坏国家器官移植医疗管理秩序。因此,即使出卖者未被实际摘取器官,但只要组织者的组织出卖人体器官行为实施完毕,国家器官移植医疗管理秩序受到严重侵害,即组织行为即构成既遂。

3. 以实际摘取器官与否作为本罪的既、未遂认定标准,与预防和惩治犯罪的立法意图相悖。组织出卖人体器官的行为客观上为人体器官的非法买卖推波助澜,只有斩断组织出卖行为这个非法买卖人体器官犯罪利益链条的关键节点,才能切断人体器官的非法来源,维护规范有序的器官移植医疗秩序。司法实践中,由于非法买卖人体器官犯罪一般具有被害人自愿有偿出卖器官(非自愿的情况下,应当以故意杀人罪、故意伤害罪等其他犯罪论处)、犯罪分子组织分工细化和作案隐蔽等特点,案件侦破、证据收集和认定往往会面临较大的困难。如果坚持以器官是否被摘取作为既、未遂的认定标准,显然不利于有效打击此类犯罪,与组织出卖人体器官罪的社会危害性以及当前打击此类犯罪的严峻形势不相适应。

本案中,王海涛等四被告人实际供述的组织出卖器官人数远多于检察机关的指控,但由于部分出卖器官者下落不明,实际认定的摘取器官的数量并不多。但不管实际认定摘取的数量有多少,也不管被组织者是否实际被摘取器官,都不影响组织出卖人体器官罪既遂的认定。

(二)本案是否属于组织出卖人体器官情节严重的情形

刑法第二百三十四条之一仅规定:"情节严重的,处五年以上有期徒刑,并处罚金或者没收财产"。由于相关司法解释未对"情节严重"的具体认定进行解释或者明确标准,故本案审理过程中,对王海涛等四被告人的行为是否属于情节严重,存在不同认识。

我们认为,判断本案四被告人的行为是否属于"情节严重",不仅要综合犯罪动机、目的、行为、手段、客观损害等进行判断,而且要根据本罪侵害复杂客体的实际,结合针对侵犯公民人身权利罪、危害公共卫生罪等犯罪的法律以及相关司法解释的规定和精神进行判断。如危害公共卫生罪中的非法行医罪,《最高人民法院关于审理非法行医刑事案件具体应用法律若干问题的解释》第二条规定情节严重的认定标准为:①造成就诊人轻度残疾、器官组织损伤导致一般功能障碍的;②造成甲类传染病传播、流行或者有传播、流行危险的;③使用假药、劣药或不符合国家规定标准的卫生材料、医疗器械,足以严重危害人体健康的;④非法行医被卫生行政部门行政处罚两次以后,再次非法行医的;⑤其他情节严重的情形。参照上述类似罪名的规定,我们认为,具有以下情形之一的,可以认定为组织出卖人体器官罪的情节严重:在医疗机构中执业的医务人员组织出卖的;组织多人(指三人以上,含三人)或者多次(指三次以上,含三次)出卖人体器官的;通过网络发布信息招揽、组织出卖的;组织未成年人出卖人体器官的;造成出卖人或者受移植人重伤、死亡等严重后果的;组织他人出卖人体器官非法获利数额巨大的;组织他人出卖人体器官造成恶劣的社会影响的,等等。

具体到本案,王海涛等四被告人在长达半年多的时间内,通过网络先后招揽、组织多人出卖人体器官，形成了分工明确的犯罪团伙；其中有两名出卖者实际实施了器官移植手术，一人经鉴定为重伤；该犯罪组织甚至组织向境外出卖人体器官，造成了恶劣的影响。综合这些情节，认定四被告人的行为构成组织出卖人体器官罪的情节严重，是适当的。

（三）被害人朱其瑞出卖器官是否应当认定为被告人王海涛组织控制下的出卖行为

本案被害人朱其瑞（器官出卖人之一）在等候王海涛安排器官移植期间因故离开，后王海涛向朱其瑞提供了介绍去异地医院做肾脏移植手术人员的联系电话，朱其瑞自行联系对方并接受了器官移植手术，王海涛等人未从该次移植手术中获取中介款。由此，王海涛辩称该起犯罪事实不应认定为其组织的犯罪。我们认为，朱其瑞器官被摘除的后果是否应当纳入王海涛等人组织行为的范围，可以从以下两个方面进行分析：其一，朱其瑞为出卖自身器官而接受王海涛等人招揽来到江苏省泰兴市，王海涛等人为朱其瑞提供食宿、安排验血配型并发布供体信息，此时王海涛等人对朱其瑞出卖人体器官的组织行为即已实施完成，即便朱其瑞最终未能移植器官，也不影响对王海涛等人组织其出卖人体器官行为的认定。其二，朱其瑞虽然在等候安排移植器官期间因故离开，但在离开时刘超曾明确要求朱其瑞随时等候指令接受配型移植，后朱其瑞也是按照王海涛等人的指令及提供的联系渠道，在异地成功实施了器官移植手术，其出卖器官的全过程均系通过王海涛等人的指示、安排最终得以完成。因此，朱其瑞器官被摘除的后果应当纳入王海涛等人组织行为的范围。当然在具体量刑时，又有必要与其他组织摘除器官以及收取中介费的行为予以区别。

（撰稿：江苏省高级人民法院　陈亚鸣
江苏省泰州市中级人民法院　周军生
最高人民法院刑一庭　周　军
审编：最高人民法院刑一庭　李　勇）

[第932号]

孙如珍、卢康涛拐卖儿童案

——如何把握出卖亲生子女行为罪与非罪的界限以及如何区分居间介绍收养儿童和以非法获利为目的拐卖儿童

一、基本案情

被告人孙如珍,女,1980年8月2日出生,原系河南省桐柏县安棚乡卫生院医生。2012年5月15日因涉嫌犯拐卖儿童罪被逮捕。

被告人卢康涛,男,1977年4月23日出生,原系河南省桐柏县安棚乡卫生院医生。2012年5月19日因涉嫌犯拐卖儿童罪被逮捕。

河南省郑州市中原区人民检察院以被告人卢康涛、孙如珍犯拐卖儿童罪,向郑州市中原区人民法院提起公诉。

被告人孙如珍、卢康涛对指控的事实及罪名均无异议。二被告人的辩护人均以孙如珍、卢康涛的行为属于为送养子女居间介绍,二被告人系从犯,且认罪态度好等为由,提请法庭对其从轻处罚。

郑州市中原区人民法院经审理查明:张永才、赵兰香夫妇欲抱养一女孩,并托亲友帮助联系。2011年年初,被告人孙如珍从郑德晓处得知此事。同年12月,朱广纪的妻子孟祥玲来到孙如珍所在的河南省桐柏县安棚乡卫生院妇产科做产前检查。朱广纪夫妇因已生育3个女儿,得知胎儿系女孩后,欲放弃胎儿。孙如珍当即表示孩子出生后其可帮助联系收养人。2012年3月29日,孟祥玲生下一女婴,朱广纪遂与孙如珍联系,约定朱广纪夫妇委托孙如珍送养女婴,并收取送养费人民币(以下币种同)2万元。孙如珍通过郑德晓等人与张永才夫妇取得联系,双方约定由张永才夫妇抱养女婴,并支付抱养费3万元。同月31日,孙如珍与丈夫被告人卢康涛经商议后来到朱广纪家,交给朱广纪夫妇2万元,将女婴抱走。后二被告人与张永才夫妇一起到舞阳县人民医院为婴儿检查身体。婴儿被检查后,张永才夫妇表示满意,便交给自称系婴儿舅舅的卢康涛3万元,另给了孙如珍700元介绍费,将女婴抱走。

郑州市中原区人民法院认为,被告人孙如珍、卢康涛以共同出卖为目的,拐卖一名女婴,其行为均构成拐卖儿童罪,依法应当惩处。经查,二被告人先给付朱广纪2万元,后收取张永才夫妇30 700元,明显具有通过倒卖儿童非法获利的目的,不属于居间介绍,故辩护人所提孙如珍、卢康涛的行为属于为送养子女居间介绍的意见,不予采纳。在共同犯罪中,孙如珍单独与张永才夫妇、朱广纪分别联系并商谈"抱养费",卢康涛未参与上述关键犯罪环节,故孙如珍系主犯,卢康涛系从犯。综合考虑二被告人到案后如实供述所犯罪行以及积极退赃等情节,对孙如珍可以从轻处罚,对卢康涛可以减轻处罚并适用缓刑。据此,依照《中华人民共和国刑法》第二百四十条,第二十五条第一款,第二十六条第一款、第四款,第二十七条,第六十七条第三款,第七十二条第一款、第三款,第七十三条第二款、第三款,第五十二条,第五十三条,第六十一条之规定,郑州市中原区人民法院判决如下:

1. 被告人孙如珍犯拐卖儿童罪,判处有期徒刑五年,并处罚金人民币五千元。

2. 被告人卢康涛犯拐卖儿童罪,判处有期徒刑三年,缓刑四年,并处罚金人民币三千元。

宣判后,被告人孙如珍、卢康涛未提出上诉,公诉机关亦未提出抗诉,一审判决已发生法律效力。

二、主要问题

1. 如何把握出卖亲生子女行为罪与非罪的界限?

2. 如何区分居间介绍收养儿童和以非法获利为目的拐卖儿童?

三、裁判理由

（一）因生活困难、重男轻女等原因，私自送养亲生子女并收取一定数额钱财的，一般不以拐卖儿童罪论处

父母私自送养亲生子女并收取一定数额钱财的，何种情况下构成拐卖儿童罪，在具体把握上有一定难度。2010年最高人民法院、最高人民检察院、公安部、司法部联合制定的《关于依法惩治拐卖妇女儿童犯罪的意见》（以下简称《意见》）明确规定："要严格区分借送养之名出卖亲生子女与民间送养行为的界限。区分的关键在于行为人是否具有非法获利的目的。应当通过审查将子女'送'人的背景和原因、有无收取钱财及收取钱财的多少、对方是否具有抚养目的及有无抚养能力等事实，综合判断行为人是否具有非法获利的目的。"《意见》在列举了属于出卖亲生子女，应当以拐卖儿童罪论处的四种情形的同时，又明确强调："不是出于非法获利目的，而是迫于生活困难，或者受重男轻女思想影响，私自将没有独立生活能力的子女送给他人抚养，包括收取少量'营养费'、'感谢费'的，属于民间送养行为，不能以拐卖妇女、儿童罪论处"。根据上述规定的精神，在送养亲生子女是否构成拐卖儿童罪的问题上应当从严把握犯罪构成条件，对不具有明显非法获利目的，送养子女事出有因的，一般不宜认定为拐卖儿童罪。

本案中，朱广纪夫妇已经生育了3个女孩，生活十分困难，其生育第四个孩子的目的是想得到一个男孩，在得知仍是女孩后欲中止妊娠，可见其生育孩子的初衷系自己抚养，并未将生育作为非法获利的手段。经被告人孙如珍的劝说，朱广纪夫妇才决定将女婴生出，并在女孩出生后由孙如珍联系送养，收取的2万元钱也并未明显高于抚育成本。综合全案看，朱广纪夫妇家庭生活困难，重男轻女思想严重，其私自送养亲生子女时虽然收取了一定数额的钱财，但不具有明显非法获利目的，根据《意见》的相关规定，不以拐卖儿童罪论处。此外，处理此类案件亦应考虑刑法适用的社会效果。朱广纪夫妇已养育3个孩子，生活本身就非常困难，如果再以拐卖儿童罪追究二被告人的刑事责任，势必造成其家庭生活解体，加剧社会矛盾。这一点，也是《意见》强调准确区分罪与非罪，严格控制对此类行为打击范围的重要原因。

（二）出卖亲生子女不构成犯罪的，居间介绍并转手倒卖的行为人可单独构成拐卖儿童罪

本案的送养方、收养方均不构成拐卖儿童罪，但作为与双方多次联系并促成“收养”的人，其行为是否构成拐卖儿童罪，应当单独评价，不受送养方、收养方行为定性的影响。司法实践中，对于在私自收养儿童的过程中居间介绍并收取少量介绍费的，一般不以犯罪论处。但如果明知他人系拐卖儿童的“人贩子”，仍然利用从事诊疗、福利救助等工作的便利或者了解被拐卖方情况的条件，从事居间介绍活动的，则应当以拐卖儿童罪的共犯论处。对其中起辅助或者次要作用、没有获利或者获利较少的，可以认定为从犯。如果居间介绍者在介绍过程中直接参与交易并从中获利，其实施的拐卖儿童行为具有相对独立性，即使送养方与收养方都不构成犯罪，介绍者也可能构成拐卖儿童罪。

本案中，被告人孙如珍得知有人欲收养女婴后，劝说朱广纪夫妇生下本欲放弃的女婴，又在送养方与收养方之间积极运作，促成此事，表面上看，孙如珍起系为送养、收养行为从事居间介绍服务，属于一般民事行为。但综合全案，从行为本质分析，孙如珍的行为已超出了一般意义上的居间服务性质，属于倒卖儿童行为，可以单独构成拐卖儿童罪。具体理由如下：

1. 从隐瞒真实身份分析，被告人的行为不属于居间介绍。孙如珍利用送养方、收养方不想见面的心理从中运作，与收养方交易时刻意隐瞒真实身份，由其丈夫卢康涛冒充女婴的舅舅并收取 3 万元送养费，使对方相信孙如珍只是居间介绍者，该交易有女婴亲属参与。这一情节也说明孙如珍夫妇实际上是独立的交易主体，二人在交易中所起的作用明显不同于一般的居间介绍者。孙如珍由此成为送养方与收养方的实际交易对象，而不仅仅起到牵线搭桥的作用，不属于单纯的居间介绍者。送养方、收养方对孙如珍从中赚取巨额差价的情况也毫不知情。

2. 从交易过程分析，孙如珍的行为实为转手倒卖女婴，其非法获利目的非常明显。孙如珍在了解到收养需求后劝说朱广纪夫妇生下女婴，商定送养费用为 2 万元，却向收养方索要 4 万元，后降至 3 万元。收养方同意后其自行支付 2 万元将女婴抱走，后与丈夫卢康涛一起将女婴交给收养方，赚取

差价1万元。可见,孙如珍与双方商定交易细节,确认有利可图后,才实施交易并先行支付送养费,其目的并不仅是赚取少量介绍费,主要是通过交易女婴赚取巨额差价。

(三)办理拐卖儿童案件,应当注意对客观性证据的收集,同时在量刑时要考虑被告人的实际情况,注重实现案件的审判效果

司法实践中,出卖、倒卖儿童及居间介绍的行为人往往辩称自己没有非法获利目的,实施的是民间私自送养行为,并未获得巨额收益,且对婴幼儿仅凭辨认外貌也难以确认其身份,因此办案过程中对相关客观性证据的收集非常重要。《意见》对此作了专门规定,强调要特别重视收集、固定买卖妇女、儿童犯罪行为交易环节中钱款的存取证明、犯罪嫌疑人的通话清单、乘坐交通工具往来有关地方的票证、被拐儿童的DNA鉴定意见、有关监控录像、电子信息等客观性证据。本案中,公安机关较好地调集了相关客观性证据,从信用社调取了二被告人交给朱广纪夫妇2万元的取款记录,又从银行调取了收养方交给二被告人3万元的取款记录,印证了相关供述、证言中提及的交易金额。同时,公安机关委托鉴定机构出具了生物物证、遗传关系鉴定书,鉴定意见证实被解救的女婴与朱广纪夫妇符合生物学双亲遗传关系,避免了被告人、证人因难以辨认刚出生的女婴而造成的证据问题。

在量刑方面,对夫妻共同实施拐卖儿童犯罪案件的审理,要特别注重贯彻落实宽严相济的刑事政策,尽可能防止案件审判带来负面社会效应。本案中,孙如珍、卢康涛夫妇尚有年幼的孩子需要抚养,又有年迈的父母需要赡养,家庭生活比较困难。法院查明,与送养方、收养方分别联系并商谈"抱养费"等关键犯罪行为均系孙如珍一人实施,卢康涛并没有参与,故法院认定孙如珍在共同犯罪中起主要作用,系主犯,卢康涛起次要作用,系从犯。结合卢康涛归案后认罪、悔罪,家属积极退赃等情节,法院决定对卢康涛判处缓刑。这样的判罚既依法追究了被告人的刑事责任,又维系了被告人的家庭稳定,较好地体现了法律效果与社会效果的有机统一。

(撰稿:河南省郑州市中原区人民法院　翟红斌
审编:最高人民法院刑五庭　马　岩)

[第933号]

李丽波抢夺案

——抢夺本人因质押而被第三人保管的财物,如何定性

一、基本案情

被告人李丽波,男,1981年4月6日出生。2011年9月28日因涉嫌犯抢夺罪被取保候审,2012年2月15日被广东省广州市越秀区人民法院决定继续取保候审。

广东省广州市越秀区人民检察院以被告人李丽波犯抢夺罪,向越秀区人民法院提起公诉。

越秀区人民法院经公开审理查明:2008年1月29日23时许,被告人李丽波在广州市越秀区文园停车场乘停车场保管员不备,将其向广东邦润典当有限责任公司借款人民币(以下币种同)65 000元而提供的担保物——车牌号为粤A464B3的起亚牌小轿车(经鉴定,该车价值106 276元)从停车场强行开走。之后,李丽波携车逃匿,且未向广东邦润典当有限公司清偿上述借款。2009年2月6日,被害单位广州市越秀区文园停车场向广东邦润典当有限责任公司赔偿经济损失及支付相关诉讼费用共计90 206元。2011年9月28日,李丽波自行到公安机关投案,主动交出上述小轿车和退赔经济损失65 000元。

另查明,李丽波归案后申请将扣押于广州市公安局越秀分局的上述退赔款65 000元发还被害单位广州市越秀区文园停车场。李丽波还直接向被害单位文园停车场退赔了经济损失25 206元,被害单位对李丽波表示谅解,请求法院对其从轻处罚。

广州市越秀区人民法院经审理认为,被告人李丽波无视国家法律,以非法占有为目的,公然夺取他人财物,数额特别巨大,其行为构成抢夺罪。李丽波在案发后能主动投案并如实供述犯罪事实,属于自首,依法可以从轻或者减轻处罚。鉴于李丽波归案后能主动交出涉案车辆和退赔被害单位的经济损失,认罪、悔罪表现较好,且获取被害单位的谅解,依法可以酌情从轻处罚。综合考虑上述情节,李丽波符合缓刑适用条件,依法可以对其减轻处罚并宣告适用缓刑。据此,依照《中华人民共和国刑法》第二百六十七条第一款,第六十七条第一款,第七十二条第一、三款,第七十三条第二、三款,第五十三条,第六十四条及《最高人民法院、最高人民检察院、司法部关于适用普通程序审理"被告人认罪案件"的若干意见(试行)》第九条、《最高人民法院关于适用财产刑若干问题的规定》第二条第一款之规定,广州市越秀区人民法院判决如下:

1. 被告人李丽波犯抢夺罪,判处有期徒刑三年,缓刑五年,并处罚金人民币二万元;

2. 扣押在案的退赔款人民币65 000元发还被害单位广州市越秀区文园停车场。

一审宣判后,被告人李丽波未提起上诉,检察机关亦未抗诉,该判决已发生法律效力。

二、主要问题

抢夺本人因质押而被第三人合法占有的财物,如何定性?

三、裁判理由

在本案审理过程中,对被告人李丽波的行为如何定性,形成两种意见:

一种意见认为,被告人李丽波的行为不构成抢夺罪。理由是:涉案车辆的所有人为李丽波,李丽波虽然实施了乘人不备,公然开走停放于第三人保管状态下的小汽车的行为,但毕竟其开走的是其名下所有的财物,不是他人的财物,因此,其行为主观上不具有非法占有他人财物的目的,根据罪刑法定原则,其行为不属犯罪行为。

另一种意见认为,被告人李丽波的行为构成抢夺罪。理由是:李丽波虽然公然开走的系自己所有的财物,但该财物已经依法质押给他人,并处于他人合法监管的状态下。质言之,李丽波的小汽车被质权人交付给停车场保管时起,该车的占有权已经从所有权人李丽波经质权人转移到了保管站,李丽波乘保管站管理人员不备,强行开走该小汽车的行为,符合抢夺罪的构成特征,且数额较大,应当以抢夺罪定性。

我们同意后一种意见。抢夺罪是指以非法占有为目的,乘人不备,公然夺取数额较大的公私财物的行为。这里的"非法占有",从行为本质上理解,不限于非法占有他人财物一种情况,还包括通过非法手段,占有自己所有但处于他人合法监管状态下(即他人合法占有)的财物,从而使监管人(合法占有人)遭受财产损失。具体分析如下:

(一)强行占有已经质押给他人的财物属于非法占有

不动产被质押后,其所有权不因质押而改变,但质物的占有权却由出质人转至质权人。质权人有将其合法取得的占有权转委托第三人代为行使,如委托第三人代为保管该质物。出质人在质押关系消灭前不能侵犯质权人、第三人的占有权,即不能强行改变占有状态,否则即便其取得质物的占有,也不能以其享有对质物的所有权而否定这种占有的非法性。就本案而言,被告人李丽波虽然仍然享有对涉案质物——起亚牌小轿车的所有权,但其占有权经质押权人——广东邦润典当有限责任公司转至越秀区文园停车场,文园停车场取得对质押物小轿车的合法占有权。在此种情况下,李丽波对小轿车的所有权是不完整的所有权,能享有质物的收益权等权利,但不能事实占有质物。无论是质押权人自己占有该小汽车,还是质权人委托的第三人占有该小汽车,都应当得到法律保护。如果李丽波强行改变占有关系,必然会使自己受益,使质权人或者第三人遭受经济损失,故此种非法占有行为在法律上应当予以禁止,社会危害性较大的,应当纳入刑法规制范围。

(二)因行为人非法改变占有关系而实际遭受人身和经济损失的一方系此类行为的被害人

在财产犯罪案件中,有无被害人往往是认定犯罪是否成立的一个重要要件。特别是在三角债权关系中被害人的确定,往往对行为的定性起着决定性的影响。在侵犯财产犯罪中，一般而言，因行为人非法改变占有关系而实际遭受人身和经济损失的一方系被害人。具体到本案中，被告人李丽波乘人不备，强行将车开走，在未造成人身损害的情况下，实际遭受经济损失的一方系被害人。文园停车场受质权人的委托，取得对小轿车的保管权，根据相关规定，其在保管质押财产期间，应当对质押财产的毁损、灭失承担赔偿责任。如《合同法》第三百七十四条规定："保管期间，因保管人保管不善造成保管物毁损、灭失的，保管人应当承担损害赔偿责任，但保管是无偿的，保管人证明自己没有重大过失的，不承担损害赔偿责任"。《物权法》第二百一十五条也规定："质权人负有妥善保管质押财产的义务，因保管不善致使质押财产毁损、灭失的，应当承担赔偿责任。"在案证据显示，文园停车场基于保管合同对质权人遭受了90 206元的经济损失，包括赔偿质权人的65 000元和诉讼费25 206元。可见，作为保管人员的文园停车场系本案的被害人。

（三）对李丽波的行为以抢夺罪论处符合刑法原理

无论是采取理论界的"所有权说"还是"占有权说"，都不能仅从表面上分析被告人的行为所针对的是被害人合法占有物还是所有物，而应当分析被告人的行为是否实际导致被害人遭受财产损害。显然，本案被告人李丽波的行为，在行为的社会危害性上，与抢夺他人所有财物的行为无异，都会导致他人遭受财产损害，而且都有可能导致人身伤害后果。对这类行为如不通过刑法予以规制，必将导致对这类行为的放纵。《刑事审判参考》第84期刊登的案例——"孙伟勇盗窃案"具有一定参考意义。在该案中，人民法院将"伪造证明材料将借用的他人车辆质押，得款后又秘密窃回的行为"认定为盗窃行为。我们认为，这样的认定，符合社会公平正义观念，也不违背法律的规定。基于上述分析，我们认为，对李丽波的行为以抢夺罪论处符合刑法原理。

综上，本案被告人李丽波抢夺本人因质押而被第三人合法保管的车辆行为，符合抢夺罪的构成特征，广州市越秀区人民法院对其以抢夺罪论处是正确的。

（撰稿：广东省广州市越秀区人民法院　林旭群　邹海媚
审编：最高人民法院刑四庭　陆建红）

[第934号]

余胜利、尤庆波聚众扰乱交通秩序案

——如何认定聚众扰乱交通秩序罪中的“首要分子”和“情节严重”

一、基本案情

被告人余胜利,男,1977年11月12日出生,系上海荣欣酒店厨师长。2012年8月3日因涉嫌犯聚众扰乱交通秩序罪被逮捕。

被告人尤庆波,男,1983年4月24日出生,系上海荣欣酒店点心师。2012年8月3日因涉嫌犯聚众扰乱交通秩序罪被逮捕。

上海市虹口区人民检察院以被告人余胜利、尤庆波犯聚众扰乱交通秩序罪,向上海市虹口区人民法院提起公诉。

被告人余胜利、尤庆波及其辩护人对起诉书指控的犯罪事实及罪名均无异议。

上海市虹口区人民法院经公开审理查明:被告人余胜利、尤庆波合谋,由尤庆波提议,余胜利号召,以讨要工资为由,于2012年6月28日11时30分许,组织、鼓动上海荣欣酒店员工韩占起、孙留明(另案处理)等三十余人,聚集到上海市四川北路1851号上海荣欣酒店门口,封堵道路、截断往来车辆,且在警察出警后仍不听劝阻,造成该路段交通严重堵塞。嗣后,余胜利、尤庆波等人被带至公安机关,尤庆波到案后如实供述了自己的罪行,余胜利在庭审中供认了其犯罪事实。

上海市虹口区人民法院经审理认为,被告人余胜利、尤庆波合谋,聚众堵塞交通,抗拒、阻碍国家治安管理工作人员依法执行职务,情节严重,其行为均构成聚众扰乱交通秩序罪。上海市虹口区人民检察院指控被告人余胜利、尤庆波犯聚众扰乱交通秩序罪的罪名成立。尤庆波到案后能如实供述自己的犯罪事实,依法可以从轻处罚。余胜利在庭审中能供认自己的犯罪事实,可以酌情从轻处罚。余胜利的辩护人关于余胜利在庭审中认罪态度较好,可以酌情从轻处罚的辩护意见,予以采纳。据此,依照《中华人民共和国刑法》第二百九十一条、第二十五条第一款、第六十七条第三款之规定,上海市虹口区人民法院以被告人余胜利犯聚众扰乱交通秩序罪,判处有期徒刑九个月;以被告人尤庆波犯聚众扰乱交通秩序罪,判处有期徒刑六个月。

一审宣判后,被告人余胜利、尤庆波均未提起上诉,检察院亦未抗诉,该判决已发生法律效力。

二、主要问题

如何认定聚众扰乱交通秩序罪中的"首要分子"和"情节严重"?

三、裁判理由

根据刑法第二百九十一条之规定,聚众扰乱交通秩序罪是指聚众堵塞交通或者破坏交通秩序,抗拒、阻碍国家治安管理工作人员依法执行职务,情节严重的行为。可见,只有相关扰乱行为达到"情节严重"的程度才能构成该罪,且由于该罪属于聚众型犯罪,仅处罚起组织、策划、指挥作用的首要分子,所以如何理解本罪中的"首要分子"直接关系到本罪的适用。

(一)聚众扰乱活动的造意者、煽动者应当认定为聚众扰乱交通秩序罪中的"首要分子"

聚众型犯罪是在首要分子的纠集下实施的一种犯罪类型,参与聚众型犯罪活动的人员可以分为三类,即除了首要分子外,还包括积极参与者和一般参与者。根据不同罪名,刑法规定了不同的刑罚处罚原则:一是规定三类参与人员均需负刑事责任,如煽动分裂国家罪;二是仅规定首要分子和积极参与者需负刑事责任,如聚众淫乱罪;三是仅规定首要分子需负刑事责任,积极参与者和一般参与者均不构成犯罪,本案中的聚众扰乱交通秩序罪即属此类。

根据刑法第九十七条之规定,聚众犯罪中的首要分子是指在犯罪中"起组织、策划、指挥作用的犯罪分子”。所谓“组织”,是指采用拉帮结派、煽动教唆等方式使他人产生冲动、狂热情绪,并借此将其纠集在一起。“策划”是指在聚众犯罪活动具体实施之前,对犯罪时间地点确定、犯罪采取的手段、各参与人员的分工等犯罪方案进行谋划的活动。“指挥”则是在犯罪实施之前和实施过程中统率调度、协调指使,其在聚众犯罪中处于核心地位。总之,聚众犯罪中的首要分子是聚众犯罪的犯意发动者、参与人员的聚集者、犯罪实施过程的指挥操控者,在整个犯罪中起着关键性作用。“组织、策划、指挥”为选择性要件,只需具备其中之一即可认定为“首要分子”。

就本案而言,扰乱交通秩序的犯意发起者为被告人余胜利,其借助上海荣欣酒店员工与所在酒店之间的矛盾,煽动、刺激、拉拢他人,应当认定为“组织者”;后又与被告人尤庆波等人协商堵塞交通的时间、地点、人员分工及具体采取的方式等事宜,属于对犯罪活动实施的策划行为,余胜利和尤庆波均应当认定为“策划者”;尤庆波又将犯罪计划传达给酒店员工,进行鼓动唆使、分工布置并现场坐镇指挥,负责扰乱活动现场的沟通协调,应当认定为“指挥者”。故余胜利、尤庆波均应当认定为本案聚众犯罪中的“首要分子”,符合聚众扰乱交通秩序罪的主体特征。

(二)关于聚众扰乱交通秩序罪中“情节严重”的司法认定

“情节严重”是构成聚众扰乱交通秩序罪的必备要件,但对于“情节严重”的理解以及在本案中是否已达到情节严重的程度,审理过程中存在两种意见:一种意见认为,被告人余胜利、尤庆波聚众堵塞交通的行为已达到“情节严重”的标准,应当以聚众扰乱交通秩序罪定罪处罚;另一种意见则认为,聚众扰乱交通秩序罪,不仅要求“聚众堵塞交通或者破坏交通秩序”情节严重,还要求“抗拒、阻碍国家治安管理工作人员依法执行职务”的行为也达到情节严重的程度。本案被告人“抗拒、阻碍国家治安管理工作人员依法执行职务”的情形未达到情节严重,故不构成犯罪。

我们同意前一种意见,聚众扰乱交通秩序罪不要求“聚众堵塞交通或者破坏交通秩序”达到情节严重的同时“抗拒、阻碍国家治安管理工作人员依法执行职务”也达到情节严重。本案被告人余胜利、尤庆波聚众堵塞交通,已达到情节严重的程度,且具有“抗拒、阻碍国家治安管理工作人员依法执

行职务”,故应当以聚众扰乱交通秩序罪追究二被告人的刑事责任。具体分析如下:

1.“抗拒、阻碍国家治安管理工作人员依法执行职务”是必须齐备的构成要件行为,但不是必须达到情节严重的程度

根据刑法第二百九十一条的规定,聚众扰乱交通秩序罪的客观要件中包含两类行为:其一,聚众堵塞交通或者破坏交通秩序,即纠集多人堵塞交通道路使过往车辆、行人不能顺利通过,或者故意以其他方法破坏正常的交通秩序,妨碍车辆、行人通行安全和便利。其二,抗拒、阻碍国家治安管理工作人员依法执行职务,即抗拒、阻碍依法执行治安管理职务的警察或其他国家机关工作人员依法维护交通秩序的行为。上述两种行为必须同时齐备,方可构成犯罪。具体分析如下:

首先,“抗拒、阻碍国家治安管理工作人员依法执行职务”在本罪中不是选择性行为,故不要求单行为达到情节严重的程度。从“抗拒、阻碍”的对象来看,“国家治安管理工作人员”就是指代表国家机关履行治安管理职责的人民警察以及治安队员、联防队员等,从身份性质角度而言,均属于国家机关工作人员。对于阻碍包括国家治安管理工作人员在内的国家机关工作人员履行职务的行为,刑法第二百七十七条规定的妨害公务罪已作了相关规定,即对这类情形的阻碍情形,行为人使用暴力、威胁方法,情节严重的,可以适用妨害公务罪的罪名。因此,对于“聚众堵塞交通或者破坏交通秩序”的情形,不必要求“抗拒、阻碍国家治安管理工作人员依法执行职务”也达到情节严重。

其次,“抗拒、阻碍国家治安管理工作人员依法执行职务”不是复合实行行为,故不要求单行为达到情节严重的程度。复合实行行为是刑法理论界的一种分类。刑法规定的复合实行行为包括牵连式和递进式两类。在牵连式的复合实行行为中,诸要素行为之间存在手段与目的或者原因与结果的关系,且手段、原因行为在前,目的、结果行为在后,后一行为直接导致行为人追求的结果发生。如在抢劫罪中,暴力、胁迫为手段行为,取财为目的行为,正是取财行为直接导致被害人遭受财产损害,而行为人直接获得财产利益。在递进式的复合实行行为中,要素行为之间不存在手段与目的的关系,

但要求前后承继、逐步推进，最终形成对客体的损害。典型的如诬告陷害罪，行为人捏造事实后，还必须实施后续的向司法机关等部门控告的行为。而在聚众扰乱交通秩序罪中，“聚众堵塞交通或者破坏交通秩序”与“抗拒、阻碍国家治安管理工作人员依法执行职务”之间显然不具有手段与目的、原因与结果的牵连关系，也不属于当然的递进关系。在排除“抗拒、阻碍国家治安管理工作人员依法执行职务”是复合实行行为的前提下，鉴于“聚众堵塞交通或者破坏交通秩序”行为一经实施就直接侵害到交通秩序这一客体，可以不对“抗拒、阻碍国家治安管理工作人员依法执行职务”的严重程度进行单独评价。即聚众扰乱交通秩序罪不要求“抗拒、阻碍国家治安管理工作人员依法执行职务”达到情节严重的程度。

2. 聚众扰乱交通秩序个案中“情节严重”的认定

“情节严重”是一种概括性的定罪情节，体现了刑法对聚众扰乱交通秩序行为在入罪问题上的社会危害性程度要求。由于立法以及相关司法解释对“情节严重”的认定标准未作出明确规定，司法实践中办案人员往往是通过对犯罪主体、主观恶性、侵害客体、客观行为等内容的综合分析，判断个案中的情节是否足以严重到应受刑事处罚的违法性程度。在聚众扰乱交通秩序案件中，比较通行的做法是，对具有交通堵塞严重、持续时间长、聚集人数多、社会影响恶劣、公私财产损失大、发生人员伤亡等情形的，都可以认定为聚众扰乱交通秩序罪中的“情节严重”。当然，具体个案中还应当根据个案的特殊情况进行个性化和综合性的分析。具体到本案中，我们认为，认定被告人余胜利、尤庆波的行为是否达到“情节严重”，可以从以下三个方面进行分析：

（1）犯罪动机。本罪的主观方面是故意，且行为人通常是通过聚众堵塞交通或者破坏交通秩序向有关单位或者部门施加压力，寻求解决相关问题。本案中，余胜利、尤庆波等人以索要6月份的工资为由堵塞交通，但经审理查明，荣欣酒店的规章规定次月20日发放上月工资，而案发日为6月28日，还未到发工资日，因此根本不存在荣欣酒店拖欠工资的情况。实际情况是余胜利、尤庆波等人与荣欣酒店有人事纠纷，进而以讨要工资为名向荣欣酒店施压以实现个人目的。可见，余胜利、尤庆波等人的行为动机并不正当，相对于为索要被拖欠工资而实施的过激行为来说,体现的主观恶性要大得多。

(2)聚集人数。聚众扰乱交通秩序罪为典型的聚众型犯罪,只处罚起组织、策划、指挥作用的首要分子,而对于积极参加者和其他一般参加者一般不以犯罪论处。因此,在客观要件上,不仅要求行为人自己实施扰乱交通秩序的行为,还要求其纠集特定或者不特定的多人于一定时间聚集于一定的地点,共同实施特定的扰乱交通行为。可见,聚集人数的多少是认定情节是否严重的重要因素之一。本案中,余胜利、尤庆波策划并组织了荣欣酒店厨房内工作人员近四十人截堵交通,从聚集人数分析,可以认定为情节严重。

(3)行为影响。具体包括交通被堵塞的严重程度、交通秩序的混乱程度及持续时间、社会影响等方面,这是聚众扰乱交通秩序罪对交通秩序这一客体侵害的最直接体现,也是反映个案情节是否严重的最重要的考量因素。余胜利、尤庆波等人在上海市四川北路商业街上海市第一人民医院分院门口至四川北路1851号荣欣酒店门口处一字排开,将马路车行道横向截断,造成该时段四川北路沿线海伦西路至溧阳路段严重拥堵,车辆无法通行约十五分钟,造成交通秩序严重混乱,社会影响恶劣。

综上,我们认为,本案被告人余胜利、尤庆波聚众扰乱交通秩序的行为符合"情节严重"的认定标准,且具有"抗拒、阻碍国家治安管理工作人员依法执行职务"的表现,应当追究其聚众扰乱交通秩序罪的刑事责任。

(撰稿:上海市虹口区人民法院　施月玲　葛立刚

审编:最高人民法院刑二庭　王晓东)

［第 935 号］

徐云宝、郑献洋帮助伪造证据案

——民事诉讼中当庭所作的虚假证言是否属于帮助伪造证据罪中的“证据”以及在庭审过程中对关键证据进行虚假陈述是否能够认定为帮助伪造证据罪中的“情节严重”

一、基本案情

被告人徐云宝，男，1967 年 9 月 7 日出生，农民。2012 年 9 月 18 日因涉嫌帮助伪造证据罪被逮捕。

被告人郑献洋，男，1973 年 11 月 24 日出生，农民。2012 年 9 月 18 日因涉嫌帮助伪造证据罪被逮捕。

浙江省江山市人民检察院以同案被告人蔡洪方犯妨害作证罪，被告人徐云宝、郑献洋犯帮助伪造证据罪，向江山市人民法院提起公诉。

江山市人民法院经公开审理查明：

2002 年 6 月 9 日，衢州奥科特食品有限公司（以下简称奥科特公司，法定代表人毛家泽）向同案被告人蔡洪方借款人民币（以下币种同）70 万元，月息 3 分，其中 2 分的月息由毛家泽另行出具借条，内容为：“今借到蔡洪方先生现金壹拾陆万捌仟元整，定于 2003 年 5 月 31 日前归还，该款项在 2003 年 5 月 31 日归还期限内不计息。借款单位衢州奥科特食品有限公司，法人毛家泽”。之后，奥科特公司归还了该 168 000 元款项，但借条没有取回。

2008 年 7 月 22 日，蔡洪方持上述 168 000 元款项的借条，向衢江区人民法院起诉，请求法院判令奥科特公司归还借款 168 000 元及利息 311 136 元，合计479 136元。

同年8月13日,衢江区人民法院开庭审理此案,奥科特公司辩称已归还该借款,且该借款已过诉讼时效,不同意调解。2008年9月28日,衢江区人民法院(2008)衢民初字第1627号民事判决书以该借款已超过诉讼时效为由驳回蔡洪方的诉讼请求。

蔡洪方不服该判决,向衢州市中级人民法院提出上诉。在此期间,蔡洪方明知被告人徐云宝、郑献洋和毛光明(另案处理)不知其向毛家泽催要168 000元借款或者没有找到过毛家泽等而分别要求三人出庭作虚假证言,证明他们曾先后陪同其到毛家泽处找到毛家泽追讨该168 000元债务,从而证明该借款存在诉讼时效中断的事由。其中,蔡洪方还向徐云宝提供字条,要徐出庭作证时按照字条上的内容陈述。徐云宝、郑献洋和毛光明均表示同意。

2009年2月6日二审开庭,被告人徐云宝、郑献洋及毛光明按照蔡洪方的要求,分别出庭作证。其中,徐云宝在2008年6月27日(陪同蔡洪方去毛家泽办公室并进行了录音)之前未陪同蔡洪方向毛家泽催要过168 000元债务,却当庭作证证明:2004年、2006年10月,其先后和蔡洪方找到毛家泽,听到毛家泽说这168 000元借款肯定会还给蔡洪方的;郑献洋未见过毛家泽,也不知该168 000元债务,却当庭作证证明:2005年4、5月,其和蔡洪方到毛家泽办公室催款,听到蔡洪方叫毛家泽把钱重新结算一下,168 000元这笔快到时间了,能否再转一下,毛家泽说没必要转的,有钱肯定会还的;毛光明不知该168 000元债务,却当庭作证证明:其多次陪蔡洪方到毛家泽处催款,第一次是在毛家泽办公室,第二次是2004年在饭店,之后又多次到毛家泽办公室,2006年春节前到毛家泽大姨家催过一次,2006年8月还催过一次,都是为了168 000元这笔借款。

经法庭调解,该案以(2009)浙衢商终字第1号民事调解书调解奥科特公司于2009年2月6日前支付蔡洪方2万元款项,该款应当当场支付。

江山市人民法院认为,蔡洪方指使他人作伪证,侵犯了正常的司法秩序,其行为构成妨害作证罪;被告人徐云宝、郑献洋受蔡洪方指使,帮助蔡在法庭上提供虚假证言,侵犯了正常的司法秩序,情节严重,其行为均构成帮助伪造证据罪。郑献洋能如实供述其罪行,依法可以从轻处罚。据此,依照《中华人民共和国刑法》第三百零七条第一款、第二款,第六十七条第三款之规定,江山市人民法院判决如下:

1. 同案被告人蔡洪方犯妨害作证罪,判处有期徒刑一年六个月。

2. 被告人徐云宝犯帮助伪造证据罪,判处有期徒刑一年。

3. 被告人郑献洋犯帮助伪造证据罪,判处有期徒刑十个月。

一审宣判后,蔡洪方、徐云宝均不服,以原判认定事实和适用法律有误为由分别提出上诉,请求衢州市中级人民法院撤销原判,改判二人无罪。

衢州市中级人民法院经审理查明的犯罪事实与原审相同。衢州市中级人民法院认为,上诉人蔡洪方指使他人在庭审中作伪证,其行为构成妨害作证罪;上诉人徐云宝和原审被告人郑献洋受他人指使,在庭审中提供虚假证言,严重侵害正常的司法秩序,情节严重,其行为均构成帮助伪造证据罪。蔡洪方、徐云宝及辩护人所提二人均不构成犯罪,请求二审予以改判的辩解、辩护意见,事实及法律依据不足,不予采纳。郑献洋能如实供述其罪行,依法可以从轻处罚。原判认定事实和适用法律正确,量刑适当,审判程序合法。据此,依照《中华人民共和国刑事诉讼法》第二百二十五条第一款第一项之规定,衢州市中级人民法院裁定驳回上诉,维持原判。

二、主要问题

1. 民事诉讼中当庭所作的虚假证言是否属于帮助伪造证据罪中的“证据”?

2. 在庭审过程中对关键证据进行虚假陈述是否能够认定为帮助伪造证据罪中的“情节严重”?

三、裁判理由

本案审理过程中,对同案被告人蔡洪方的定罪量刑没有意见分歧,但对被告人徐云宝、郑献洋的行为是否成立帮助伪造证据罪存在不同意见:一种意见认为,徐云宝、郑献洋在民事诉讼中当庭所作的证言不属于帮助伪造证据罪中的“证据”,且二人的行为尚达不到“情节严重”的程度,不宜以帮助伪造证据罪定罪处罚;另一种意见认为,徐云宝、郑献洋在民事诉讼中当庭故意作伪证,严重扰乱正常的司法秩序,并造成对方当事人遭受实际财产损失,具有严重的社会危害性,对其行为应当以帮助伪造证据罪追究刑事责任。

我们赞同后一种意见。具体理由如下:

(一)民事诉讼中当庭所作的虚假证言属于帮助伪造证据罪中的"证据"

有观点认为,帮助伪造证据罪中,行为人所毁灭、伪造的证据,应当限于物证、书证、鉴定结论、勘验、检查笔录与视听资料,转化为书面或者视听资料的证人证言、被害人陈述、犯罪嫌疑人、被告人的供述和辩解等。[①] 该观点强调言词证据的物体化,非物体化的证据不属于本罪的证据范畴。

我们认为,证人当庭所作的虚假证言属于帮助伪造证据罪中的"证据"。1. 证人证言属于民事诉讼的法定证据类型之一,在民事案件对证据采证过程中证人当庭所作的证言效力高于物体化的证人证言,当庭所作虚假陈述对法官判断证据及认定事实的影响一般高于物体化的证人证言,所以帮助伪造物体化的证人证言可能成立犯罪,而当庭作虚假陈述的行为被排除在犯罪之外,不符合立法本意;2. 证人当庭所作的证言是由法庭记录在案的,在经过书记员记录、庭审录音录像后也就转化成为了物体化的证人证言,其后庭审过程中当事人及代理人也是对该已转化证人证言进行质证,当庭所作证言与物体化的证人证言在本质上并无区别。结合本案的具体情况,徐云宝、郑献洋受当事人蔡洪方的指使在民事案件庭审中作虚假证言并在庭审笔录上签字确认,本质上就是受当事人指使实施帮助其伪造证人证言的行为。

(二)在庭审过程中对关键证据进行虚假陈述属于帮助伪造证据"情节严重"

在妨害司法罪这一类型的犯罪中,一般是从行为对法益的侵害程度以及造成的结果等方面评价行为是否属于"情节严重"。例如,王作富教授

---

① 张明楷:《刑法学》,法律出版社2011年版,第959页。

主编的《刑法分则实务研究》一书中认为，可以从以下几个方面进行考虑：(1)毁灭、伪造证据是否造成严重后果；(2)帮助毁灭、伪造证据是否是重要证据，在刑事诉讼中足以影响罪与非罪的认定，此罪与彼罪的区分，足以影响量刑档次和量刑幅度的升降；在民事诉讼与行政诉讼中足以影响当事人的诉讼成败或者使其诉讼利益受到重大影响；在司法实践中，只要具备上述情形之一，即可认定为情节严重。我们认为，上述观点具有一定道理。对关键证据的虚假陈述，往往会严重扰乱人民法院的正常审判秩序，并严重侵害对方当事人的权益，具有较大的社会危害性，应当认定为"情节严重"。

本案中，蔡洪方在一审以该借款已超过诉讼时效判决其败诉后，指使徐云宝、郑献洋等三人在二审中为其作虚假陈述以证明诉讼时效存在中断，二审胜败诉的关键在于诉讼时效，故徐云宝、郑献洋等人在二审中当庭所作的虚假证言，可以作为诉讼时效中断的事由，对本案的最终裁判结果产生重大影响，故徐云宝、郑献洋等人所作的虚假证言属于本案定性的关键证据，对庭审秩序造成较大的破坏，严重影响到对方当事人的权益，应当认定为帮助伪造证据罪中的"情节严重"。

（三）对民事案件中提供虚假证据的行为纳入刑法调整范围是维护正常司法秩序的必然要求

随着社会主义市场经济的发展，社会经济交流活动显著增加，在经济交往过程中产生的民事纠纷经常需要通过人民法院作出最终的裁决。在民事案件审判过程中，一个关键的证据往往决定着案件的胜败并对当事人的利益造成重大影响。然而，刑法第三百零五条明确将在民事诉讼、行政诉讼中作伪证的行为排除在伪证罪之外。由此带来的问题是，如对在民事诉讼中作伪证的行为不能以帮助伪造证据罪进行规制，一方面必然会导致在民事诉讼中出庭帮助他人作伪证的行为大幅增加，甚至会滋生一帮以定向收取好处费为业的职业伪证人，如此将会对社会公平正义造成严重冲击；另一方面会导致在民事诉讼中出现大量真伪难辨的证人证言，大大增加民事庭审的复杂性，最终不仅影响民事案件的质量，也使民事诉讼的基本功能难以发挥。可见，将民事案件中部分提供虚假证据的行为纳入刑法调整范围，是维护正常司法秩序的必然要求。

综上,本案被告人徐云宝、郑献洋受当事人指使,在民事诉讼中当庭作伪证具有较大的社会危害性,对其行为以帮助伪造证据罪定罪处罚是正确的。

(撰稿:浙江省衢州市中级人民法院　金朝文　唐海波
浙江省江山市人民法院　徐　升
审编:最高人民法院刑四庭　陆建红)

[第 936 号]

康文清贩卖毒品案

——案发前,行为人检举揭发他人违法行为,公安机关根据该线索查获系行为人自己实施犯罪的,是否构成立功

一、基本案情

被告人康文清,男,1988 年 8 月 28 日出生,农民。2012 年 8 月 14 日因涉嫌犯贩卖毒品罪被逮捕。

福建省龙海市人民检察院以被告人康文清犯贩卖毒品罪,向龙海市人民法院提起公诉。

康文清对指控其犯贩卖毒品罪的罪名无异议,但对贩毒的价格提出辩解意见,并辩称其具有自首行为和立功表现,提请法庭对其从轻处罚。

龙海市人民法院经公开审理查明:

2012 年年初至 6 月间,被告人康文清在龙海市紫泥镇溪墘村内港口 53 号其家二楼房间内,三次将原本用于自己吸食的毒品氯胺酮贩卖给吸毒人员周琮淇,共得款人民币 500 元。

2012 年 6 月中旬,康文清在其父陪同下,到龙海市公安局禁毒大队主动交代吸食毒品氯胺酮的违法行为,并自愿到漳州市强制隔离戒毒所戒毒。同日,康文清向龙海市公安局禁毒大队举报“智辉”、康聪鑫、“永国”、“细尾”有吸食毒品的违法行为,称其曾经到“智辉”家吸食毒品,并带领龙海市公安局禁毒大队人员到“智辉”家附近踩点。同月 25 日,康文清与漳州市强制隔离戒毒所签订自愿隔离戒毒协议,并入所戒毒。同日,龙海市公安局禁毒大队刑警到“智辉”家中抓获吸毒人员陈智辉、周琮淇、吴艺彬。其中,吸

毒人员周琮淇到案后供述其曾经向康文清购买毒品。26日，龙海市公安局根据周琮淇提供的线索，前往漳州市强制隔离戒毒所提审康文清。27日，龙海市公安局以康文清涉嫌犯贩卖毒品罪立案侦查。

龙海市人民法院认为，被告人康文清违反毒品管制法规，三次贩卖毒品氯胺酮，情节严重，其行为构成贩卖毒品罪。康文清于2012年6月中旬到龙海市公安局禁毒大队并非交代其贩卖毒品的犯罪事实，不具有投案的主动性和自愿性，其行为不符合自首的构成特征。康文清向龙海市公安局禁毒大队举报他人违法行为，侦查机关根据其举报线索进而查获其自己犯罪事实的行为，亦不构成立功。康文清的辩解不予采纳。据此，依照《中华人民共和国刑法》第三百四十七条第一款、第四款、第七款，第五十二条，第五十三条，第六十四条以及《最高人民法院关于审理毒品案件定罪量刑标准有关问题的解释》第三条第四项之规定，龙海市人民法院以被告人康文清犯贩卖毒品罪，判处有期徒刑三年，并处罚金三千元，同时，对康文清的违法所得人民币五百元予以追缴。

一审宣判后，康文清以举报他人违法行为属于立功表现等为由，向福建省漳州市中级人民法院提起上诉。

漳州市中级人民法院经公开审理查明的事实与一审法院认定的事实一致，并基于与一审法院相同的理由认定上诉人提出的上诉意见不能成立，遂依照《中华人民共和国刑事诉讼法》第二百二十五条第一款第一项之规定，裁定驳回上诉，维持原判。

二、主要问题

1. 因吸毒投案并自愿隔离戒毒，但未主动供述自己贩卖毒品事实的，是否构成自首？

2. 案发前，行为人自愿置于有关机关和个人控制之下，提供线索检举、揭发他人违法行为，公安机关根据该线索查获系行为人自己实施犯罪的，是否构成立功？

三、裁判理由

(一)因吸毒投案且自愿隔离戒毒,但未主动如实供述自己贩卖毒品行为的,不能构成自首

根据刑法第六十七条的规定,自首包括自动投案与如实供述两个构成要素。依照《最高人民法院关于处理自首和立功具体应用法律若干问题的解释》(以下简称《解释》)的规定,自动投案是指犯罪事实或者犯罪嫌疑人未被司法机关发觉,或者虽被发觉但未受到询问或者被采取强制措施前,主动向公安机关、检察院、法院投案。《解释》规定了七种自动投案情形,这七种情形均不同程度地体现了犯罪嫌疑人投案的主动性和自愿性。如实供述是指自动投案后如实供述自己的主要犯罪事实。如实供述自己的行为应该是真实且完整的,内容上必须符合犯罪嫌疑人主观认识的客观实际,且应当包括犯罪构成要件的内容,犯罪嫌疑人的供述必须体现其接受法律制裁的自愿性。自动投案和如实供述之间既相对独立又相互联系,缺乏任一要素都不能构成自首。

从实践情况看,自首中的如实供述应当齐备四个要素:一是犯罪分子主动交代,如果是被动交代则仅构成坦白;二是犯罪分子交代主要犯罪事实,也就是足以证明其行为构成犯罪的基本事实,如果交代的是违反道德或者一般违法行为的事实,则不属于如实供述;三是犯罪分子交代的必须是自己的犯罪事实,也就是自己所实施的且由自己承担刑事责任的事实,如果交代的是他人的犯罪事实则可能属于检举揭发;四是所交代的犯罪事实必须客观真实,符合主客观相统一的认知结果,但并不要求所有的细节均准确一致。值得强调的是,根据相关批复的规定,对行为性质的辩解不属于不如实供述罪行。

本案中,康文清归案后仅交代其吸毒的一般违法事实,而未交代其贩卖毒品的犯罪事实,其贩卖毒品的事实是公安机关经过他人检举、揭发而掌握的。可见,康文清对其贩卖毒品的事实进行了隐瞒,属于故意不如实交代罪行,有保全自己、逃避惩罚的意图,没有将自己主动交付法律制裁的自愿性。因此,康文清到公安机关接受强制隔离戒毒并揭发他人违法事实,进而导致

公安机关查获到其贩卖毒品事实的行为，不属于刑法意义上的如实供述，不能构成自首。

（二）案发前，行为人自愿置于有关机关和个人控制之下，并提供线索检举、揭发他人违法线索，公安机关根据该线索查获系行为人自己实施犯罪行为的，不能构成立功

立功是指犯罪分子揭发他人犯罪行为，查证属实的，或者提供重要线索，从而得以侦破其他案件等立功表现。根据《解释》第五条的规定，是否构成立功，既要看时间点上是否符合"到案后"，也要看据以立功的线索或者协助行为对于侦破案件或者抓捕犯罪嫌疑人是否起到实际作用。

1. 关于立功的时间点问题

《解释》第五条将立功的时间明确为"到案后"。但是，何为"到案后"的时间点，理论界有"狭义说"和"广义说"两种观点。"狭义说"认为，立功开始的时间点应当为到案时点，即司法机关及其工作人员因办案之目的而接触、约束犯罪嫌疑人的时点；"广义说"则认为，立功开始的时间点包括司法机关在内的所有国家机关、党群组织、所在工作单位等因主动或者被动发现违法犯罪线索而主动或者被动接触、约束犯罪嫌疑人，使之处于司法、行政机关的控制之下的时点，即包括犯罪嫌疑人进入或者可能即将进入刑事诉讼的时点。

如按狭义说，本案被告人康文清在2012年6月25日揭发他人的吸毒行为，而公安机关于6月27日才以康文清涉嫌贩卖毒品罪立案侦查，康文清不属于"到案后"揭发他人违法行为，在时间点上不符合立功的条件。然而，立功制度的本质是"将功折罪"，目的在于鼓励犯罪分子以立功行为争取减轻刑罚，对于被告人的到案时点不应作过于严格的限制，且犯罪分子是否到案与司法机关是否立案不能简单等同。在立案前，犯罪分子可能因其他原因已经处于司法机关的控制下，立案侦查前犯罪分子有可能，也有条件立功。因此，我们认为，广义的"到案说"更符合现实的客观情况，有助于鼓励犯罪分子在被任何单位发觉违法并约束其人身时及时作出立功表现，更符合设立立功制度的初衷。《最高人民法院关于处理自首和立功若干具体问题的意见》（以下简称《意见》）规定，因特定的违法行为被采取劳动教养、行政拘

留、司法拘留、强制隔离戒毒等行政、司法强制措施期间，主动向执行机关交代尚未被掌握的犯罪行为应当视为自动投案。这说明相关司法解释将“因被采取强制隔离戒毒等行政强制措施”情形亦等同为“处于行政司法机关的控制之下”的情形。

本案中，康文清在告发他人吸毒行为时，系其主动到龙海市公安局禁毒大队交代自己吸食毒品氯胺酮的违法行为，并自愿到漳州市强制隔离戒毒所戒毒，此时康文清已处于公安机关控制、约束之中。虽然康文清没有供述自己的贩毒犯罪事实，且在其告发他人吸毒之后公安机关才对康文清涉嫌贩卖毒品立案侦查，但不宜简单因这一时间差就否认是“到案后”，其自觉将自己交付公安机关和强制隔离戒毒所约束的行为应当认定为“到案”行为。

2. 关于立功的行为方式和效果问题

如前所述，康文清在立功时间点上不存在问题，但其检举揭发他人违法线索，公安机关根据该线索进而查获为其本人实施犯罪行为的情形，不具有立功的实际作用，因此不构成立功。

(1)康文清检举揭发的是他人的违法行为，不具有立功的前提要件。根据《解释》的规定，检举揭发的对象必须是依照刑法规定构成犯罪的事实。康文清举报“智辉”、康聪鑫、“永国”、“细尾”有吸食毒品的违法行为，并带领龙海市公安局禁毒大队人员到“智辉”家附近踩点，为公安人员抓获吸毒人员陈智辉起到积极作用，但陈智辉等人吸毒行为属于一般违法行为，尚未构成刑法意义上的犯罪行为，故康文清的检举、揭发不具有立功的前提要件。

(2)提供他人违法线索导致公安机关进而查获为其本人实施犯罪行为的，不具有立功的实际作用。按照《解释》第五条的规定，犯罪分子到案后提供侦破其他案件的重要线索，经查证属实的应当认定有立功表现。《意见》规定，据以立功的线索或者协助行为对于侦破案件或者抓捕犯罪嫌疑人要有实际作用。这一规定强调了线索的实效性，即要真正有助于司法机关侦破案件，有利于节约司法资源。本案的特殊之处在于，康文清没有直接交代自己的贩毒行为，而是因为揭发他人的违法行为，进而促使司法机关获得侦破其贩毒案件的线索。表面上看，若没有康文清所提供的线索，公安机关就难以及时发现康文清本人的贩毒事实,由此而论康文清的检举行为在客观上具有一定的价值。然而,仔细分析之下,其检举、揭发行为并无实际作用。理由有二:一是康文清举报的人员中没有吸毒人员周琮淇,公安机关是根据其举报陈智辉后实施抓捕时,“意外”在陈智辉家中抓到周琮淇,周琮淇到案后供述其曾经向康文清购买毒品,公安人员据此掌握了康文清贩卖毒品的犯罪事实,举报线索与查获事实之间没有必然的联系。二是由于查获的犯罪事实是检举人“自己”的犯罪行为,不属于“他人”的犯罪行为,即没有为司法机关侦破其他案件提供实际作用,缺乏线索的实效性,故康文清的检举、揭发行为不完全齐备立功的构成要素。

综上,龙海市人民法院、漳州市中级人民法院认定本案被告人康文清的检举、揭发行为不构成自首、立功的判决、裁定是正确的。

(撰稿:福建省高级人民法院　秦传熙
福建省龙海市人民法院　王亦灵　王碧祥
审编:最高人民法院刑二庭　苗有水)

[第 937 号]

陈凯旋受贿案

——省农村信用合作社联合社委派到市、县、乡、镇农村信用合作社联合社、农村信用合作联社的人员是否属于“以国家工作人员论”的范围

一、基本案情

被告人陈凯旋,男,1974 年 10 月 17 日生,原系广东阳东农村商业银行股份有限公司党委书记、董事长。2012 年 5 月 24 日因涉嫌犯受贿罪被逮捕。

广东省阳江市江城区人民检察院以被告人陈凯旋犯受贿罪,向阳江市江城区人民法院提起公诉。

被告人陈凯旋及其辩护人对公诉机关指控的罪名提出异议,认为陈凯旋为非国家工作人员,构成非国家工作人员受贿罪。

阳江市江城区人民法院经公开审理查明:

广东省农村信用合作社联合社(以下简称省联社)成立于 2005 年,注册资本由广东省内各市、县农村信用合作社联合社自愿认购省联社发行的全部股份,是具有独立企业法人资格的地方性金融机构。经广东省人民政府授权,省联社承担对辖区内农村信用社的管理、指导、协调和服务职能。省联社在阳江市的办事处是省联社的派出机构,不具有法人资格。阳东农村信用合作社联合社成立于 1997 年 2 月 19 日,性质为集体所有制,注册资金 100 万元。2009 年 1 月改为阳东农村信用合作联社,性质为其他企业(股份合作制),注册资金 5 142 万元,注册资本由自然人和法人股本构成,不接受各级财政资金入股,陈凯旋为法定代表人。2011 年 8 月阳东农村信用合作

联社改为广东阳东农村商业银行股份有限公司，公司类型为股份有限公司，陈凯旋为法定代表人。

2005年至2007年3月，阳东农村信用合作社联合社累计获得省财厅497万元不良贷款压降奖励及425.545万元省、市、县三地财政增资扩股应补贴资金，并在2007年兑付专项中央银行票据7 818.5万元。

阳东农村信用合作社联合社、阳东农村信用合作联社设立理事会，理事会的理事由社员代表大会选举产生，经银行业监督管理机构作任职资格审查后行使职权。理事长人选由省联社阳江办事处（报省联社同意）或者省联社提名后交由理事会，理事会按照章程由理事提名，再由全体理事的三分之二以上通过选举产生，经银行业监督管理机构核准任职资格后履行职责，联社主任由理事会聘任。

陈凯旋在阳东农村信用合作社联合社、阳东农村信用合作联社担任副理事长、副主任、理事长、主任等职务期间，利用职务便利，于2006年11月至2007年间多次收受林国钦所送“感谢费”共计人民币（以下币种同）27万元。2009年11月，陈凯旋以其姐夫伍为国的名义到阳江涛景度假村有限公司（以下简称涛景公司）办理高尔夫会员卡，为感谢陈凯旋在公司贷款一事上的帮忙，涛景公司以6.8万元的优惠价格为陈凯旋办理家庭终身会员卡，而同期该卡的市场价为12.8万元，陈凯旋从中收受6万元好处。

阳江市江城区人民法院认为，被告人陈凯旋无视国家法律，身为公司、企业的工作人员，利用职务上的便利，非法收受他人财物价值33万元，为他人谋取利益，受贿数额巨大，其行为构成非国家工作人员受贿罪。鉴于陈凯旋已全部退清赃款，有悔罪表现，依法可以对其酌情从轻处罚。据此，依照《中华人民共和国刑法》第一百六十三条第一款、第六十四条之规定，阳江市江城区人民法院以被告人陈凯旋犯非国家工作人员受贿罪，判处有期徒刑五年二个月，并处没收个人财产10万元；对被告人陈凯旋受贿的赃款33万元予以追缴，上缴国库。

一审宣判后，被告人陈凯旋不服向阳江市中级人民法院提出上诉。陈凯旋及其辩护人认为，原判认定陈凯旋是非国家工作人员恰当，应予维持；原判认定陈凯旋收受6万元高尔夫会员卡好处费有误，请求改判。

阳江市江城区人民检察院提出抗诉。江城区人民检察院的具体抗诉意见是:陈凯旋属于国家工作人员,其行为构成受贿罪。1. 省联社符合刑法规定的委派主体身份。广东省人民政府关于同意筹建省联社的批复(粤府[2005]40号)、广东省人民政府办公厅(粤府[2005]27号)规定:"广东省人民政府授权,省联社承担对辖区内农村信用社的管理、指导、协调和服务职能"。因此,省联社具有管理、指导、协调和服务全省各参股信用社的行政管理职能,符合刑法关于委派主体的规定。2. 陈凯旋是受省联社委派的人员。省联社先提名陈凯旋为阳东农村信用合作社联合社的副理事长兼主任候选人,之后阳东农村信用合作社联合社通过内部程序选举陈凯旋为副理事长兼副主任或理事长兼主任。陈凯旋符合受贿罪主体。3. 陈凯旋履行职务应当认定为受委派从事公务的行为。阳东农村信用合作社联合社是集体所有制企业,根据《中华人民共和国刑法》第九十一条的规定,劳动群众集体所有的财产属于公共财产,陈凯旋是受委派管理公共财产,是从事公务的人员。阳江市人民检察院支持抗诉。理由是:1. 阳东农村信用合作联社属于国家出资企业。虽然企业性质是集体所有制企业,但农村信用社改革前后国家均有实际出资,应当遵循"谁投资,谁拥有产权"的原则来确定阳东农村信用合作联社为国家出资企业。2. 陈凯旋为国家工作人员。陈凯旋是经省联社提名,并经中国银监会阳江银监分局进行任职资格审查,后被核准在阳东农村信用合作社联合社任理事长兼副主任(主持全面工作),代表其在国家参股的金融机构中从事公务,应当认定为国家工作人员。故原审判决认定陈凯旋构成非国家工作人员受贿罪属于适用法律错误。

阳江市中级人民法院经二审审理认为,原判认定的犯罪事实清楚,证据确实、充分,定罪准确,量刑适当,审判程序合法,遂依法裁定驳回上诉、抗诉,维持原判。

二、主要问题

省农村信用合作社联合社委派到市、县、乡、镇农村信用合作社联合社、农村信用合作联社的人员是否属于"以国家工作人员论"的范围?

三、裁判理由

我国的农村信用合作社兴起于20世纪50年代初期。受计划经济体制影响和农村经济发展的需要,我国农村信用社管理体制几经变化,先后经历了农业银行、人民银行、中国银行业监督管理委员会、省农村信用合作社联合社管理时期。从上述发展历程看,农村信用合作社的发展离不开国家的支持和扶持,同时在发展过程也不可避免地接受一定的行政监管。因此,司法实践中,对农村信用合作社的性质和管理人员身份的认定存在较大争议。

本案中,控辩双方围绕被告人陈凯旋的身份认定展开激烈争辩。归纳起来,控辩双方争议的焦点有二:一是阳东农村信用合作社联合社、阳东农村信用合作联社是否为国家出资企业。如果是,能否依照《最高人民法院、最高人民检察院关于办理国家出资企业中职务犯罪案件具体应用法律若干问题的意见》(法发〔2010〕49号)中关于国家出资企业中国家工作人员的规定予以认定;二是陈凯旋是否属于受委派从事公务的国家工作人员。如果是,能否依照刑法第九十三条中受委派从事公务的国家工作人员的规定予以认定。

我们认为,阳东农村信用合作社联合社、阳东农村信用合作联社不是国家出资企业,被告人陈凯旋的管理活动不具有公务性质,依法不属于国家工作人员,其行为应当构成非国家工作人员受贿罪。具体说明如下:

(一)阳东农村信用合作社联合社、阳东农村信用合作联社不是国家出资企业

受计划经济体制的影响,我国的农村信用合作社经历了一段特殊的历史时期,历史债务包袱沉重,官办色彩比较浓厚。由于地方政府及相关主管部门对农村信用合作社负有一定的管理职责,对承担服务“三农”职能产生的亏损给予补贴和支持,人们习惯将其作为国家出资的银行看待。然而,根据公司法及相关法理精神,企业的性质应当以公司章程、企业工商登记的情况进行认定,国家对企业的支持和扶持,不能改变企业的性质。

阳东农村信用合作社联合社成立于1997年2月,性质为集体所有制,注册资本由社员缴纳的股本金构成,股金为基层信用社团体股和联社职工个

人股两种,由中国人民银行阳江中心支行行使管理职责;2004 年 8 月阳江市银监局成立后,改由阳江市银监局行使管理职能;2005 年 10 月省联社成立后,改由省联社行使管理职能。2009 年 1 月阳东农村信用合作社联合社改为阳东农村信用合作联社后,性质为其他企业(股份合作制),发起人为县联社与辖区内 10 家基层法人农村信用合作社,注册资本由自然人和法人股本构成,不接受各级财政资金入股。从公司章程、企业工商登记的情况看,阳东农村信用合作社联合社为集体企业,阳东农村信用合作联社为股东出资入股,并没有国有资产成分,是具有独立企业法人的地方性金融机构。虽然阳东农村信用合作社联合社在 2005 年至 2007 年获得省财政 497 万元不良贷款压降奖励,425.454 万元省、市、县三地财政增资扩股应补贴资金及兑付专项中央银行票据 7 818.5 万元,但这只是反映政府对农村信用合作社的支持和扶持,并不能改变企业的产权性质。因此,阳东农村信用合作社联合社、阳东农村信用合作联社均非国家出资企业,陈凯旋不属于在国有公司、企业、事业单位、人民团体中从事公务的人员。

(二)陈凯旋从事的管理工作不具有公务性质

最高人民法院 2003 年下发的《全国法院审理经济犯罪案件工作座谈会纪要》关于"从事公务"的理解作了如下明确规定:"从事公务,是指代表国家机关、国有公司、企业、事业单位、人民团体等履行组织、领导、监督、管理等职责。公务主要表现为与职权相联系的公共事务以及监督、管理国有财产的职务活动。"根据这一规定,在认定国家工作人员身份时,不仅要审查"受委派"这一形式要件,还要审查行为人所从事的工作性质是否属于"从事公务"这一实质要件。我们认为,陈凯旋所从事的工作并非公务。首先,陈凯旋的管理职位不具有国家意志性。陈凯旋并非代表国家机关、国有企业行使职责,其管理行为与国家的意志行为不具有关联性。其次,阳东农村信用合作社联合社、阳东农村信用合作联社并非国家出资企业,没有国有资产入股,陈凯旋不存在监督国有资产的职能,也不具有行使国有资产保值增值的管理和服务职能。同时,阳东农村信用合作社联合社、阳东农村信用合作联社是独立自主经营的企业,自负盈亏,没有社会公共事务管理职能。因此,陈凯旋并非代表国家机关、国有公司、企业、事业单位、人民团体等履行组织、领导、监督、管理等职责,其所从事的工作不属于以国家管理事务以及国有财产监管事务为主要内容的公务活动。

综上,由于特定的历史原因,本案被告人陈凯旋虽然具有受国有单位委派的形式特征,但无"从事公务"这一认定国家工作人员的实质内容。一、二审法院认定陈凯旋为非国家工作人员,构成非国家工作人员受贿罪是正确的。

(撰稿:广东省高级人民法院　黄建屏　廖丽红
审编:最高人民法院刑二庭　刘为波)

[第938号]

曹成洋侵占案

——将银行卡借给他人使用后,通过挂失方式将银行卡内的他人资金取走的行为,如何定性

一、基本案情

被告人曹成洋,男,1984年3月1日出生。2012年4月27日因涉嫌盗窃罪被逮捕。

山东省淄博市张店区人民检察院以被告人曹成洋犯盗窃罪,向淄博市张店区人民法院提起公诉。

淄博市张店区人民法院经审理查明:2011年10月,被告人曹成洋的邻居王玉申找到曹成洋及其家人,与曹成洋商定,用曹成洋及其家人的身份证办理四张招商银行卡供王玉申的亲戚张聪转账使用,并许诺每张卡给曹成洋200元的“好处费”。办理好银行卡后,张聪将银行卡拿走并设定了密码。2012年2月1日,曹成洋不愿意将其母亲杨春梅名下的招商银行卡继续提供给张聪使用,遂与杨春梅等人到招商银行淄博分行将以杨春梅名义开立的银行卡挂失并冻结了账户内资金,曹成洋在此过程中得知该账户内有人民币50万元资金。张聪得知该银行卡被挂失后,找到曹成洋表示愿意给好处费,让曹成洋取消挂失,但双方协商未果。2月9日,曹成洋与其母杨春梅等人在招商银行淄博分行补办了新的银行卡并重新设定了密码。后曹成洋与杨春梅等人在招商银行济南分行以曹成洋的名义办理新银行卡,并通过银行转账方式将杨春梅账户内的资金转入该新银行卡账户内。

淄博市张店区人民法院认为,该案应系告诉才处理的侵占案,遂依照

《最高人民法院关于适用〈中华人民共和国刑事诉讼法〉的解释》第一百八十一条第六项之规定，裁定本案终止审理。

宣判后，被告人曹成洋未上诉，检察院未抗诉，裁定已生效。

二、主要问题

将银行卡借给他人使用后，通过挂失方式将银行卡内的他人资金取走的行为，如何定性？

三、裁判理由

本案在审理过程中，对被告人曹成洋的行为如何定性，存在两种意见：

第一种意见认为，曹成洋的行为构成盗窃罪。理由是：曹成洋明知其母亲杨春梅名下银行卡内的存款系张聪所有，且张聪一直保管该银行卡及密码，曹成洋在张聪不知情的情况下，以其母亲杨春梅的身份证件向银行申请挂失并重新办理银行卡及设置密码，其行为虽然符合银行的相关规章制度，但这并不能否定曹成洋行为是一种秘密窃取行为，因为曹成洋挂失张聪持有的杨春梅名下的银行卡并将该银行卡内的资金转移至自己控制下，对于财物所有人张聪来说是不可知晓的，且该行为在新的银行卡办理并重新设定密码后即已完成，符合盗窃罪的构成要件。

第二种意见认为，被告人曹成洋的行为构成侵占罪。理由是：曹成洋明知其母亲杨春梅名下的银行卡上的钱是张聪存入，仍然私自支取这笔钱，且在张聪发现后拒绝了张聪的还款请求，具有非法占有他人财产的主观故意。从客观方面来说，虽然杨春梅名下的银行卡一直由张聪本人持有，但该银行卡内的资金却随时处于曹成洋及其家人的控制之下，曹成洋及其家人可随时将该银行卡挂失从而占有卡内资金，曹成洋也确实实施了到银行办理挂失、补卡及支取资金的行为。上述行为无疑是将代为保管的他人财物占为己有，且拒不归还，应当认定曹成洋的行为构成侵占罪。

我们同意后一种意见。本案准确定罪的关键在于正确区分盗窃罪与侵占罪。两罪在犯罪客观方面有明显的区别，一般比较容易区分，但是，因为两罪同属侵犯财产型犯罪，均以非法占有为目的，在犯罪对象、犯罪主观方面存在一定的相似之处，故对部分类似本案的非法占有他人财物的案件如何定性存在一定的分歧。在此类案件中，为准确区分盗窃罪和侵占罪，应当重点分析考察以下几个方面：

（一）行为人占有财物的时间

盗窃罪的犯罪对象为他人控制的财物，对于自己已实际控制的他人财物一般不能成立盗窃罪，行为人在实施盗窃行为之前，尚未实际控制他人财物。侵占罪的犯罪对象为行为人代为保管的他人财物或者他人的遗忘物、埋藏物，行为人在实施侵占行为之前，已经控制他人财物，其特征是将自己控制的财产不法"占为己有"。控制是指人对财物的支配、管理状态。控制属于事实上和物理意义上的掌控，不等于法律意义上的占有，即"占为已有"。侵占罪不仅可能侵占自己直接控制的他人财物，而且可能侵占法律形式上控制的他人财物。就本案而言，由于我国对银行卡实行实名制，必须由本人携带身份证才能申领，银行卡内资金交易的权利、义务由持证申领人享有和承担，即银行卡申领人被视为银行卡的全部权利的所有人，其具有支配、使用卡内全部资金，冻结卡内资金，申请挂失及停止银行卡的使用等各项权利。如果银行卡有透支功能，则由银行卡的申领人承担还款义务，发生还款违约时也是由申领人承担违约责任。非经法定机关通过法定程序作出决定，任何其他人都无权对抗其行使上述各项权利。显然，无论银行卡由谁实际持有并使用，银行卡的权利义务都由申领人承受，卡内资金在法律形式上都处于申领人的控制之下。因此，借用人虽持有银行卡并掌握银行卡的密码，但其一旦将资金存放到借来的卡内，该资金就在法律形式上处于银行卡申领人的控制之下。本案中，虽然曹成洋的母亲杨春梅名下的银行卡及密码一直由张聪本人持有和掌握，但该银行卡内的资金在法律形式上处在曹成洋及其家人的控制之下，曹成洋及其家人可随时通过将该银行卡挂失的方式实际控制该银行卡内的资金。曹成洋和其母亲到银行办理挂失、补卡及支取卡内资金的行为，正是对银行卡及卡内资金行使支配控制权的体现。因此，从挂失行为实施之日起，本案中的银行卡及卡内资金的实际控制人是曹成洋的母亲张春梅，而非张聪，且因曹成洋与张春梅具有特殊的亲属关系，该银行卡及卡内资金实际上一直是由张春梅和曹成洋共同控制。

(二)行为人非法占有财物的手段

侵占罪中,行为人非法占有他人财物时,该财物已在行为人的持有和控制之下,行为人采取抵赖等手段拒不交出或者拒不退还从而使持有变为“非法占为己有”。侵占罪的手段,既可以是秘密的,也可以是公开的或半公开的。而盗窃罪中,非法占有他人财物之前,该财物并不在行为人的实际控制之下,行为人必须通过秘密窃取的手段才能实现非法占有。所谓秘密窃取,是指行为人采取自认为不为财物所有者、保管者或者经手者所发觉的方法,暗中将财物取走的行为,具有不可否认的主观性特征,行为人的主观内容包括对于手段行为秘密性的认识,即行为人主观上认为其行为是在他人不知觉的情况下实施的,它不仅能反映出盗窃罪秘密性的行为特征,而且也是判断行为秘密性不可缺少的要素。

本案中,曹成洋及其母亲杨春梅等人将银行卡挂失后,张聪即知晓并与曹成洋协商让其取消挂失,双方协商未果。在此情况下,曹成洋重新办理银行卡并将卡内现金转账的行为,属公然据为己有,主观上不具有秘密性,不符合盗窃罪的构成特征。

(三)行为人犯罪故意产生的时间

侵占罪作为不转移财物控制权的犯罪,其犯罪故意可能产生于实际控制他人财物之后,而盗窃罪是转移财物控制权的犯罪,其犯罪故意只能产生于持有、控制他人财物之前。本案中,根据在案证据,曹成洋是在挂失该银行卡得知卡内有人民币50万元资金后产生了非法占有卡内资金的犯罪故意,其犯罪故意产生于控制该银行卡内资金之后,且随后实施了到银行补卡及支取原卡内资金的行为,因此曹成洋的行为不能认定为盗窃罪,而应当认定为侵占罪。

综上,公诉机关指控被告人曹成洋犯盗窃罪属定性错误。根据刑法和刑事诉讼法的相关规定,侵占罪系告诉才处理的犯罪,只能由被害人提起自诉。法院依法裁定本案终止审理是正确的。

(撰稿:山东省淄博市张店区人民法院　王德录　刘晓辉
审编:最高人民法院刑三庭　罗国良)

[第 939 号]

徐国桢等私分国有资产罪案

——在仅能由单位构成犯罪的情形下，能否认定非适格主体与单位构成共犯

一、基本案情

被告人徐国桢，男，1952 年 6 月 10 日生，原系上海市无线电管理局副局长兼上海市无线电监测站站长。2011 年 4 月 7 日因涉嫌犯私分国有资产罪被逮捕。

被告人陈晓晖，男，1966 年 12 月 24 日生，原系上海唯远信息开发有限公司法定代表人、上海咸元通信技术有限公司负责人。2011 年 4 月 2 日因涉嫌犯私分国有资产罪被逮捕。

上海市徐汇区人民检察院以被告人徐国桢、陈晓晖犯私分国有资产罪等罪，向上海市徐汇区人民法院提起公诉。

上海市徐汇区人民法院经公开审理查明：

2002 年 7 月至 2011 年 5 月，被告人徐国桢担任上海市信息化办公室无线电管理处（以下简称无管处）处长，上海市无线电管理委员会办公室（以下简称无委办）副主任兼上海市无线电监测站（以下简称监测站）站长，后兼任中共上海市无线电管理局（以下简称无管局）党组成员，主要工作职责为负责监测站党政工作，分管精神文明建设，协管无管局日常行政、财务、干部调配等相关工作。

2002 年底至 2003 年初，被告人徐国桢为解决监测站职工集体福利问题，决定启用无资质、无场地、无设备、正处于歇业状态的上海唯远信息开发有限公司（以下简称唯远公司）承接定检工作。后其与该公司负责人、被告

人陈晓晖商定,唯远公司所得收入除列支必要成本外,剩余钱款均应当以现金形式账外返还监测站用于职工福利发放。2003年4、5月间,徐国桢隐瞒唯远公司的真实情况,利用职权以无委办的名义批准授予唯远公司无线电设备检测资质,同时授意倪伟杰并通过相关人员讨论决定,委托唯远公司承接定检工作,后又将监测站办公场地、政府采购的技术设备、有关技术服务及启动资金提供给唯远公司使用。

2003年5月起,唯远公司受委托以监测站名义开展定检工作,直接向非国家拨款的单位或者个人收取检测费;监测站也以国家财政拨款和转移支付项目专款向唯远公司支付检测费用。监测站向陈晓晖提出明确要求,2003年唯远公司的全年业务开支为人民币(以下币种同)12万元。2004年起,上海市定检工作每年财政预算达数百万元。徐国桢代表监测站与陈晓晖变更约定,唯远公司须将监测站拨款及公司自行收取的检测费,按50%的比例以现金形式返还监测站。2007年10月,陈晓晖另设上海咸元通信技术有限公司(以下简称咸元公司)取代唯远公司承接定检工作,有关约定保持不变。

2003年至2009年底,唯远公司、咸元公司自行直接收取检测费以及以检测劳务费等名义通过监测站获取财政拨款合计3 860余万元。陈晓晖按照事先约定,通过其专门成立的上海银闪通信技术有限公司(以下简称银闪公司)、常帮唯博电脑软件编制服务社(以下简称常帮唯博服务社)以及其他单位将上述款项予以套现或者转账,监测站则违反国家规定,由徐国桢决定,监测站副站长丁一咏等人具体执行,将上述返还款隐匿于监测站账外,分别多次将其中13 228 073元以职工津贴、工资补差、奖金、过节费等名义陆续发放给无管局及监测站全体员工,徐国桢个人分得507 729.20元。

徐国桢归案后供述了私分国有资产的涉案事实。陈晓晖归案后供述了其帮助监测站私分国有资产的犯罪事实。

上海市徐汇区人民法院认为,国有事业单位监测站与被告人陈晓晖相勾结,违反国家规定,套取、截留国有资产,并以单位名义将其中1 300余万元集体私分给本单位职工,数额巨大,被告人徐国桢作为该单位实施上述犯罪直接负责的主管人员,其行为构成私分国有资产罪,且系共同犯罪,应予处罚。陈晓晖为监测站私分国有资产提供帮助,其行为构成私分国有资产罪，且系共同犯罪；在共同犯罪中陈晓晖起辅助作用，系从犯，依法予以减轻处罚。徐国桢、陈晓晖到案后，均能如实供述主要罪行，依法可以从轻处罚。据此，依照《中华人民共和国刑法》第三百九十六条第一款、第二十五条第一款、第二十七条之规定，上海市徐汇区人民法院判决如下：

1. 被告人徐国桢犯私分国有资产罪，判处有期徒刑三年六个月，并处罚金人民币三万元。

2. 被告人陈晓晖犯私分国有资产罪，判处有期徒刑六个月，并处罚金人民币一万元。

3. 被告人的违法所得予以追缴。

一审宣判后，被告人徐国桢以量刑过重为由，向上海市第一中级人民法院提起上诉。

上海市第一中级人民法院经公开审理认为，上诉人徐国桢作为国有事业单位监测站直接负责的主管人员，违反国家规定，套取、截留国有资产，并以单位名义将其中 1 300 余万元集体私分给本单位职工，其行为构成私分国有资产罪，且数额巨大；原审被告人陈晓晖为监测站私分国有资产提供帮助，其行为亦构成私分国有资产罪，依法均应予以处罚。原判鉴于上诉人、原审被告人所具有的量刑情节，已分别对其依法量刑。一审判决认定徐国桢犯私分国有资产罪、陈晓晖犯私分国有资产罪的事实清楚，证据确实、充分，定性准确，量刑适当，且诉讼程序合法。上海市第一中级人民法院裁定驳回上诉，维持原判。

二、主要问题

1. 在仅能由单位构成犯罪的情形下，能否依据共犯原理认定非适格主体与单位构成共犯？

2. 如果上述情形构成共犯，对非适格主体如何量刑？

三、裁判理由

本案在审理过程中，对以犯私分国有资产罪追究被告人徐国桢的刑事责任没有疑问，但对以犯私分国有资产罪追究被告人陈晓晖的刑事责任，存在分歧:一种意见认为,不应以犯私分国有资产罪追究被告人陈晓晖的刑事责任。理由是:刑法规定了单位犯罪等特别规定,非单位主体由于主体不适格,不可与其构成共犯。非特定的主体要素不可构成刑法所规定的必须具备特定的主体要素的犯罪。本案中,仅监测站构成私分国有资产罪,徐国桢作为国有事业单位监测站直接负责的主管人员,应当承担相关刑事责任,但陈晓晖不是监测站的人员,系非适格主体,因此不构成共犯。另一种意见认为,可以犯私分国有资产罪追究被告人陈晓晖的刑事责任。理由是:特定的主体要素作为违法要素并不是成立共犯不可欠缺的构成要件要素。非特定的主体不能单独成为特定主体的正犯,但若是和特定的主体一起,就可共同引起符合构成要件的事实。因而,非特定的主体可以成立特定主体所犯之罪的共犯。但当特定主体要素是作为责任要素时,则不可缺失。因特定的主体要素所致使的刑罚有轻重时,不具有这种要素的共犯,对其科处通常刑罚。

我们同意后一种意见。具体理由如下:

首先,从定罪角度分析,非适格主体可以成为由适格主体实施犯罪的共犯。刑法所规定的特定犯罪必须具备特定的主体要素,其仅是针对单独犯而言的。对于教唆犯、帮助犯则不需要具备特定的主体要素。根据共同犯罪成立理论中的行为共同说(事实共同说),共同犯罪应当是指数人共同实施了构成要件的行为,而不是共同实施特定的犯罪。质言之,不要求行为人共同实施特定的犯罪,只要行为具有共同性就可以成立共同犯罪。至于共犯人的责任问题,则需要个别认定。因而,对于非适格主体参与实施私分国有资产行为,只要非适格主体与适格单位共同实施了私分国有资产的行为,就可以成立共同犯罪。

其次,从量刑角度分析,对于共犯中非适格主体的量刑,一般按照普通主体适用刑罚或者以从犯身份适用刑罚。具体而言,在仅由适格主体实施的犯罪案件中,如果刑法规定对适格主体适用从重的刑罚,对不适格主体的共犯人,只能适用通常之刑罚。例如,刑法第二百三十八条第四款规定:“国家机关工作人员利用职权犯前三款罪的,依照前三款的规定从重处罚”。当非国家机关工作人员与国家机关工作人员共同非法拘禁他人的,则不可以对非国家机关工作人员适用从重处罚的规定。如果刑法未规定对适格主体适用从轻或者从重的刑罚,对不适格主体一般按照从犯地位适用刑罚。本案就属于这种情形。

本案中,由于私分国有资产罪仅能由国家机关、国有公司、企业、事业单位、人民团体等单位主体构成,监测站系适格单位主体,应当认定监测站为实行犯,且系主犯,并据此判处被告人徐国桢的刑罚;自然人陈晓晖系非适格自然人主体,其为监测站顺利私分国有资产提供了重要帮助,起到了次要作用,故与监测站构成私分国有资产罪的共同犯罪,但系从犯,应当从轻或者减轻处罚。据此,对陈晓晖应当以单位直接负责的主管人员徐国桢的处罚标准为基点,同种情况下,原则上其所承担的刑事责任不能重于徐国桢的刑事责任。

(撰稿:上海市徐汇区人民法院　朱以珍　赵拥军

审编:最高人民法院刑二庭　苗有水)

民政部　国家宗教事务局
关于规范宗教界收留孤儿、弃婴活动的通知

民发〔2014〕99 号

各省、自治区、直辖市民政厅(局)、宗教局(民宗委、厅、局),新疆生产建设兵团民政局、民宗局:

济孤恤幼是宗教界行慈举善的重要形式。近年来,宗教界在孤儿、弃婴救助方面发挥了积极作用,但也存在一些监管不到位、抚育不科学、教育无保障等问题。根据《关于进一步做好弃婴相关工作的通知》(民发〔2013〕83号),为规范宗教界收留孤儿、弃婴活动,现就有关事项通知如下:

正确对待和妥善处理宗教界收留孤儿、弃婴问题,关系到儿童合法权益保障,关系到宗教界积极作用发挥,关系到社会和谐稳定。要深入贯彻以人为本的理念,始终坚持儿童优先、儿童利益最大化的原则,采取有效措施规范宗教界收留孤儿、弃婴活动。

宗教界收留孤儿、弃婴活动,是指依法登记的宗教团体、宗教活动场所和经认定备案的宗教教职人员及上述三类主体兴办的收留孤儿、弃婴机构(三类主体兴办的收留孤儿、弃婴机构,以下简称"宗教界兴办机构")从事的收留孤儿、弃婴活动。除上述三类主体外,其他组织和个人不得以宗教为名从事收留孤儿、弃婴活动。

宗教团体、宗教活动场所及宗教界兴办机构要有相对稳定的人力、财力资源,要有符合国家消防安全和卫生防疫标准的制度,具备儿童健康成长必需的抚育、教育等条件。

基本具备上述条件的宗教界兴办机构,应申请与民政部门合办,并严格

按照双方签订的合办协议，加强日常管理，强化抚育责任，依法依规开展活动。不同意与民政部门合办的，以及基本具备上述条件的宗教团体、宗教活动场所，要主动向民政部门提出代养申请。民政部门要与其签订代养协议，明确责任，加强业务指导和规范管理。宗教事务部门要配合民政部门做好宗教界的工作。

不具备上述条件的宗教团体、宗教活动场所及宗教界兴办机构，民政、宗教事务部门要提出整改期限和整改措施，指导和帮助其改善基础设施和收留条件。对于经整改仍不具备上述基本条件的，或虽具备上述条件但既不同意合办又不签订代养协议的，民政、宗教事务部门要会同公安等有关部门责令其停止收留活动。能够查找到监护人的，将孤儿、弃婴交付监护人；查找不到监护人的，送交民政部门设立的儿童福利机构收留抚养。

宗教教职人员个人已收留孤儿、弃婴的，按照《关于进一步做好弃婴相关工作的通知》（民发〔2013〕83 号）相关规定执行。

四、与民政部门合办或签订代养协议的宗教界兴办机构，以及已经与民政部签订代养协议且具备落户条件的宗教团体和宗教活动场所，可接受孤儿、弃婴落户。宗教团体和宗教活动场所不具备落户条件的，应到与其合办或签订代养协议的儿童福利机构落户。

五、民政部门要按照《关于发放孤儿基本生活费的通知》（民发〔2010〕161 号）的相关规定，积极为宗教界收留的儿童进行孤儿身份认定。材料齐全的，将其纳入孤儿国家保障范围，按照当地孤儿养育标准发放基本生活费；材料不全但可以补齐的，民政部门要协调相关部门为其补齐手续并纳入孤儿国家保障范围；材料确实无法补齐不能认定为孤儿的，要按照国家相关规定予以救助。

六、宗教界收留孤儿、弃婴活动应遵守的基本原则和享受的扶持优惠政策，适用《关于鼓励和规范宗教界从事公益慈善活动的意见》（国宗发〔2012〕6 号）。宗教界要按照《中华人民共和国未成年人保护法》、《中华人民共和国义务教育法》等法律法规，充分保障孤儿、弃婴的合法权益。不得强制收留的孤儿、弃婴信仰宗教。

七、民政、宗教事务部门要积极协调公安、卫生计生等有关部门为宗教界收留的孤儿、弃婴查找监护人,办理户籍登记;协调卫生计生部门适度减免宗教界收留孤儿、弃婴的治病费用,减轻其经济负担;协调教育部门帮助宗教界收留的孤儿、弃婴入学就读,保障其接受义务教育权利,减免相关费用;协调新闻宣传部门加强政策法规宣传,对责令停止收留活动的,做好社会舆论引导和解释工作。

八、民政、宗教事务部门要强化服务意识,寓管理于服务之中,帮助协调解决宗教界收留孤儿、弃婴存在的困难和问题。民政部门要充分发挥在孤儿、弃婴保障工作中的主导作用,加强指导管理。宗教事务部门要配合民政等相关部门加强对宗教界从事收留孤儿、弃婴活动的监督检查,推动规范管理。

自本通知下发之日起,宗教界申请设立收留孤儿、弃婴的机构,必须与当地县级以上人民政府民政部门共同举办。

民政部　国家宗教事务局

2014年4月30日

国家食品药品监督管理总局
食品药品行政处罚程序规定

国家食品药品监督管理总局令第3号

《食品药品行政处罚程序规定》已于2014年3月14日经国家食品药品监督管理总局局务会议审议通过,现予公布,自2014年6月1日起施行。

局 长 张 勇

2014年4月28日

食品药品行政处罚程序规定

第一章 总 则

第一条 为规范食品药品监督管理部门行使行政处罚权,保护公民、法人和其他组织的合法权益,根据《中华人民共和国行政处罚法》(以下简称行政处罚法)、《中华人民共和国行政强制法》(以下简称行政强制法)、《中华人民共和国食品安全法》、《中华人民共和国药品管理法》等有关法律法规,制定本规定。

第二条 食品药品监督管理部门对违反食品、保健食品、药品、化妆品、医疗器械管理法律、法规、规章的单位或者个人实施行政处罚,应当遵照本规定。

第三条 食品药品监督管理部门实施行政处罚，遵循公开、公平、公正的原则，做到事实清楚、证据确凿、程序合法、法律法规规章适用准确适当、执法文书使用规范。

第四条 公民、法人或者其他组织对食品药品监督管理部门给予的行政处罚，享有陈述、申辩权；对行政处罚不服的，有权依法申请行政复议或者提起行政诉讼。

第五条 食品药品监督管理部门建立行政处罚监督制度。

上级食品药品监督管理部门对下级食品药品监督管理部门实施的行政处罚进行监督。上级食品药品监督管理部门对下级食品药品监督管理部门作出的违法或者不适当的行政处罚决定，责令其限期改正；逾期不改正的，依法予以变更或者撤销。

第二章 管　　辖

第六条 行政处罚由违法行为发生地的食品药品监督管理部门管辖。

第七条 县（区）、市（地、州）食品药品监督管理部门依职权管辖本行政区域内的食品药品行政处罚案件。

省、自治区、直辖市食品药品监督管理部门依职权管辖本行政区域内重大、复杂的食品药品行政处罚案件。

国家食品药品监督管理总局依职权管辖应当由自己实施行政处罚的案件及全国范围内发生的重大、复杂的食品药品行政处罚案件。

省、自治区、直辖市食品药品监督管理部门可以依据法律法规和规章，结合本地区实际，规定本行政区域内级别管辖的具体分工。

第八条 县级以上食品药品监督管理部门可以在法定权限内委托符合行政处罚法第十九条规定条件的组织实施行政处罚。

受委托的组织应当在委托范围内，以委托部门的名义作出具体行政行为。委托部门应当对受委托组织的行政处罚行为及其相关的行政执法行为进行指导和监督，并对该行为的后果承担法律责任。

第九条 县级食品药品监督管理部门在乡镇或者区域设置的食品药品监督管理派出机构，依照法律法规和规章的规定，行使行政处罚权。

第十条 对当事人的同一违法行为，两个以上食品药品监督管理部门均有管辖权的，由先行立案的食品药品监督管理部门管辖。对管辖权有争议的，应当协商解决；协商不成的，报请共同的上一级食品药品监督管理部门指定管辖。

第十一条 上级食品药品监督管理部门认为必要时可以直接查处下级食品药品监督管理部门管辖的案件，也可以将自己管辖的案件移交下级食品药品监督管理部门查处。

下级食品药品监督管理部门对本部门管辖的案件由于特殊原因不能行使管辖权的，可以报请上级食品药品监督管理部门管辖或者指定管辖。

第十二条 上级食品药品监督管理部门接到管辖争议或者报请指定管辖请示后，应当在10个工作日内作出指定管辖的决定，并书面通知下级部门。

第十三条 食品药品监督管理部门发现案件不属于本部门管辖的，应当及时移送有管辖权的食品药品监督管理部门或者相关行政管理部门处理。

受移送的食品药品监督管理部门应当将案件查处结果及时函告移送案件的食品药品监督管理部门；认为移送不当的，应当报请共同的上一级食品药品监督管理部门指定管辖，不得再次移送。

第十四条 食品药品监督管理部门在查处案件时，发现违法行为涉嫌犯罪的，应当按照《行政执法机关移送涉嫌犯罪案件的规定》的要求，及时移送同级公安机关。

公安机关决定立案的，食品药品监督管理部门应当自接到公安机关立案通知书之日起3日内将涉案物品以及与案件有关的其他材料移交公安机关，并办结交接手续；对涉案的查封扣押物品，还应当填写查封扣押物品移交通知书，并书面告知当事人。

第十五条 食品药品监督管理部门办理行政处罚案件需要其他地区食品药品监督管理部门协助调查、取证的，应当出具协助调查函。协助部门一般应当在接到协助调查函之日起15个工作日内完成相关工作；需要延期完成的，应当及时告知提出协查请求的部门。

第十六条 依法应当吊销食品药品行政许可证或者撤销批准证明文件的,由原发证或者批准的食品药品监督管理部门决定。

食品药品监督管理部门查处违法案件,对依法应当吊销许可证或者撤销批准证明文件的,在其权限内依法实施行政处罚的同时,应当将取得的证据及相关材料报送原发证、批准的食品药品监督管理部门,由原发证、批准的部门依法作出是否吊销许可证或者撤销批准证明文件的行政处罚决定。需由国家食品药品监督管理总局撤销批准证明文件的,由省、自治区、直辖市食品药品监督管理部门报国家食品药品监督管理总局决定。

原发证、批准的部门依法作出吊销许可证和撤销批准证明文件的行政处罚决定,依照本规定进行。

第三章　立　　案

第十七条 食品药品监督管理部门应当对下列事项及时调查处理:

(一)在监督检查及抽验中发现案件线索的;

(二)公民、法人或者其他组织投诉、举报的;

(三)上级机关交办或者下级机关报请查处的;

(四)有关部门移送或者经由其他方式、途径披露的。

符合立案条件的,应当在7个工作日内立案。

第十八条 立案应当符合下列条件:

(一)有明确的违法嫌疑人;

(二)有违法事实;

(三)属于食品药品监督管理行政处罚的范围;

(四)属于本部门管辖。

符合立案条件的,应当报分管负责人批准立案,并确定2名以上执法人员为案件承办人。

第十九条 办案人员有下列情形之一的,应当自行回避;当事人也有权申请其回避:

(一)是本案的当事人或者当事人的近亲属;

(二)与本案有直接利害关系;

（三）与本案当事人有其他关系，可能影响案件公正处理的。

办案人员的回避由食品药品监督管理部门分管负责人决定，负责人的回避由部门其他负责人集体研究决定。

回避决定作出前，被申请回避人员不得擅自停止对案件的调查处理。

第四章　调 查 取 证

第二十条　食品药品监督管理部门进行案件调查时，执法人员不得少于2人，并应当出示执法证件。

首次向案件当事人收集、调取证据的，应当告知其有申请办案人员回避的权利。

被调查人或者有关人员应当如实回答询问并协助、配合调查，及时提供依法应当保存的票据、凭证、记录等相关材料，不得阻挠、干扰案件的调查。

办案过程中涉及国家秘密、商业秘密和个人隐私的，执法人员应当保守秘密。

第二十一条　执法人员进行现场调查时，应当制作笔录。笔录应当注明执法人员身份、证件名称、证件编号及调查目的。执法人员应当在笔录上签字。

笔录经核对无误后，被调查人应当在笔录上逐页签字或者按指纹，并在笔录上注明对笔录真实性的意见。笔录修改处，应当由被调查人签字或者按指纹。

第二十二条　办案人员应当依法收集与案件有关的证据。证据包括书证、物证、视听资料、证人证言、当事人陈述、检验报告、鉴定意见、调查笔录、电子数据、现场检查笔录等。

立案前调查或者检查过程中依法取得的证据，可以作为认定事实的依据。

第二十三条　调取的证据应当是原件、原物。调取原件、原物确有困难的，可以由提交证据的单位或者个人在复制品上签字或者加盖公章，并注明“此件由×××提供，经核对与原件（物）相同”的字样或者文字说明。

第二十四条　在中华人民共和国领域外形成的证据，应当说明来源，经所在国公证机关证明，并经中华人民共和国驻该国使领馆认证，或者履行中华人民共和国与证据所在国订立的有关条约中规定的证明手续。

境外证据所包含的语言、文字应当提供经具有翻译资质的机构翻译的或者其他翻译准确的中文译文。

在中华人民共和国香港特别行政区、澳门特别行政区和台湾地区形成的证据,应当按照有关规定办理证明手续。

第二十五条 在证据可能灭失或者以后难以取得的情况下,经分管负责人批准,可以先行登记保存,并向当事人出具先行登记保存物品通知书。先行登记保存期间,当事人或者有关人员不得损毁、销毁或者转移证据。

第二十六条 食品药品监督管理部门对先行登记保存的证据,应当在7日内作出以下处理决定:

(一)需要采取证据保全措施的,采取记录、复制、拍照、录像等证据保全措施后予以返还;

(二)需要检验、检测、检疫、鉴定的,送交检验、检测、检疫、鉴定;

(三)依法应当予以没收的,作出行政处罚决定,没收违法物品;

(四)需要查封、扣押的,依法采取查封、扣押措施;

(五)违法事实不成立,或者违法事实成立但依法不应当予以查封、扣押或者没收的,解除先行登记保存措施。

逾期未作出处理决定的,应当解除先行登记保存。

第二十七条 食品药品监督管理部门在案件调查时,经分管负责人批准可以依法采取查封、扣押等行政强制措施,执法人员应当向当事人出具查封、扣押决定书。

情况紧急,需要当场采取查封、扣押措施的,执法人员应当在查封扣押后24小时内向分管负责人报告,并补办批准手续。分管负责人认为不应当采取行政强制措施的,应当立即解除。

第二十八条 食品药品监督管理部门实施先行登记保存或者查封、扣押时,应当通知当事人到场,并在现场检查笔录中对采取的相关措施情况予以记载。

对查封、扣押的场所、设施或者财物,应当使用盖有本部门公章的封条就地或者异地封存,当事人不得擅自启封。

对先行登记保存或者查封、扣押的物品应当开列物品清单，由执法人员、当事人或者有关人员签字或者加盖公章。

第二十九条 查封、扣押的场所、设施或者财物应当妥善保管，不得使用、损毁或者擅自转移、处置。

对容易腐烂、变质的物品，法律法规规定可以直接先行处理的，或者当事人同意先行处理的，经食品药品监督管理部门分管负责人批准，在采取相关措施留存证据后可以先行处理。

第三十条 查封、扣押的期限不得超过30日；情况复杂的，经食品药品监督管理部门分管负责人批准，可以延长，但延长的期限不得超过30日。

作出延长查封、扣押期限决定后应当及时填写查封扣押延期通知书，书面告知当事人，并说明理由。

对物品需要进行检验、检测、检疫或者鉴定的，应当填写检验（检测、检疫、鉴定）告知书。查封、扣押的期间不包括检验、检测、检疫或者鉴定的期间。

符合行政强制法第二十八条规定的，应当解除查封、扣押。

第三十一条 执法人员在调查取证过程中，要求当事人在笔录或者其他材料上签名、盖章或者以其他方式确认，当事人拒绝到场，拒绝签名、盖章或者以其他方式确认，或者无法找到当事人的，应当由两名执法人员在笔录或者其他材料上注明原因，并邀请有关人员作为见证人签字或者盖章，也可以采取录音、录像等方式记录。

第三十二条 执法人员调查违法事实，需要抽取样品检验的，应当按照有关规定抽取样品。检验机构应当在规定时限内及时进行检验。

第三十三条 案件调查终结后，案件承办人应当撰写调查终结报告，简易程序除外。调查终结报告内容包括：当事人基本情况、案由、违法事实及证据、调查经过等；拟给予行政处罚的，还应当包括所适用的依据及处罚建议。

第三十四条 食品药品监督管理部门进行案件调查时，对已有证据证明有违法行为的，应当出具责令改正通知书，责令当事人改正或者限期改正违法行为。

第五章　处罚决定

第一节　一般程序

第三十五条　承办人提交案件调查终结报告后,食品药品监督管理部门应当组织3名以上有关人员对违法行为的事实、性质、情节、社会危害程度、办案程序、处罚意见等进行合议。

合议应当根据认定的事实,提出予以处罚、补充证据、重新调查、撤销案件或者其他处理意见。

第三十六条　食品药品监督管理部门在作出处罚决定前应当填写行政处罚事先告知书,告知当事人违法事实、处罚的理由和依据,以及当事人依法享有的陈述、申辩权。

食品药品监督管理部门应当充分听取当事人的陈述和申辩。当事人提出的事实、理由或者证据经复核成立的,应当采纳。

食品药品监督管理部门不得因当事人申辩而加重处罚。

第三十七条　食品药品监督管理部门在作出责令停产停业、吊销许可证、撤销批准证明文件、较大数额罚款、没收较大数额财物等行政处罚决定前,应当告知当事人有要求举行听证的权利。当事人要求听证的,应当按照法定程序组织听证。

较大数额罚款的标准,按照地方性法规、地方政府规章等有关规范性文件的规定执行。

第三十八条　拟作出的行政处罚决定应当报食品药品监督管理部门负责人审查。食品药品监督管理部门负责人根据不同情况,分别作出如下决定:

(一)确有应受行政处罚的违法行为的,根据情节轻重及具体情况,作出行政处罚决定;

(二)违法行为轻微,依法可以不予行政处罚的,不予行政处罚;

(三)违法事实不能成立的,不得给予行政处罚;

(四)违法行为已构成犯罪的,移送公安机关。

第三十九条 对情节复杂或者重大违法行为给予较重的行政处罚，应当由食品药品监督管理部门负责人集体讨论决定。集体讨论决定的过程应当有书面记录。

重大、复杂案件标准由各省、自治区、直辖市食品药品监督管理部门根据实际确定。

第四十条 食品药品监督管理部门作出行政处罚决定，应当制作行政处罚决定书。

行政处罚决定书应当载明下列事项：

（一）当事人的姓名或者名称、地址；

（二）违反法律、法规或者规章的事实和证据；

（三）行政处罚的种类和依据；

（四）行政处罚的履行方式和期限；

（五）不服行政处罚决定，申请行政复议或者提起行政诉讼的途径和期限；

（六）作出行政处罚决定的食品药品监督管理部门名称和作出决定的日期。

行政处罚决定中涉及没收食品药品或者其他有关物品的，还应当附没收物品凭证。

行政处罚决定书应当盖有作出行政处罚决定的食品药品监督管理部门的公章。

第四十一条 除依法应当予以销毁的物品外，食品药品监督管理部门对依法没收的非法财物，经分管负责人批准，依照行政处罚法第五十三条规定予以处理。处理的物品应当核实品种、数量，并填写清单。

第二节 简易程序

第四十二条 违法事实确凿并有法定依据，对公民处以50元以下、对法人或者其他组织处以1000元以下罚款或者警告的行政处罚的，可以当场作出行政处罚决定。

第四十三条 执法人员当场作出行政处罚决定的，应当向当事人出示执法证件,填写预定格式、编有号码并加盖食品药品监督管理部门公章的当场行政处罚决定书。

当场行政处罚决定书应当当场交付当事人,当事人签字或者盖章签收。

第四十四条 执法人员当场作出的行政处罚决定,应当在7个工作日以内报所属部门备案。

第六章 送 达

第四十五条 行政处罚决定书应当在宣告后当场交付当事人;当事人不在场的,应当在7日内依照本章规定,将行政处罚决定书送达当事人。

行政处罚决定书由承办人直接送交当事人签收。受送达人是公民的,本人不在时,交其同住成年家属签收;受送达人是法人的,应当由其法定代表人签收;受送达人是其他组织的,由其主要负责人签收。受送达人有代理人的,可以送交其代理人签收。

受送达人应当在送达回执上注明收到日期并签字或者盖章。签收日期即为送达日期。

第四十六条 受送达人或者其同住成年家属拒收行政处罚决定书的,送达人可以邀请有关基层组织或者所在单位人员到场并说明情况,在送达回执上注明拒收事由和日期,由送达人、见证人签字或者盖章,将行政处罚决定书留在受送达人的住所,即视为送达。

第四十七条 直接送达有困难的,可以委托就近的食品药品监督管理部门代为送达或者邮寄送达。邮寄送达的,回执注明的收件日期即为送达日期。

国家食品药品监督管理总局作出的撤销食品药品批准证明文件的行政处罚,交由当事人所在地的省、自治区、直辖市食品药品监督管理部门送达。

第四十八条 受送达人下落不明,或者依据本章规定的其他方式无法送达的,公告送达。自发出公告之日起60日即视为送达。

公告送达,可以在受送达人原住所地张贴公告,也可以在报纸、电视等刊登公告。

公告送达,应当在案卷中载明公告送达的原因和经过。

第七章　执行与结案

第四十九条　行政处罚决定书送达后，当事人应当在处罚决定的期限内予以履行。

当事人确有经济困难，可以提出延期或者分期缴纳罚款的申请，并提交书面材料。经案件承办人员审核，确定延期或者分期缴纳罚款的期限和金额，报分管负责人批准后执行。

第五十条　当事人对行政处罚决定不服，申请行政复议或者提起行政诉讼的，行政处罚不停止执行，但行政复议或者行政诉讼期间决定或者裁定停止执行的除外。

第五十一条　作出罚款和没收违法所得决定的食品药品监督管理部门应当与收缴罚没款的机构分离。除按规定当场收缴的罚款外，执法人员不得自行收缴罚没款。

第五十二条　依据本规定当场作出行政处罚决定，有下列情形之一的，执法人员可以当场收缴罚款：

（一）依法给予20元以下罚款的；

（二）不当场收缴事后难以执行的。

第五十三条　在边远、水上、交通不便地区，食品药品监督管理部门及其执法人员依照本规定作出处罚决定后，当事人向指定的银行缴纳罚款确有困难的，经当事人提出，执法人员可以当场收缴罚款。

第五十四条　食品药品监督管理部门及其执法人员当场收缴罚款的，应当向当事人出具省、自治区、直辖市财政部门统一制发的罚款收据。

执法人员当场收缴的罚款，应当自收缴罚款之日起2日内交至食品药品监督管理部门；食品药品监督管理部门应当在2日内将罚款缴付指定的银行。

第五十五条　当事人在法定期限内不申请行政复议或者提起行政诉讼，又不履行行政处罚决定的，食品药品监督管理部门应当向人民法院申请强制执行。

食品药品监督管理部门申请人民法院强制执行前应当填写履行行政处

罚决定催告书，书面催告当事人履行义务，并告知履行义务的期限和方式、依法享有的陈述和申辩权，涉及加处罚款的，应当有明确的金额和给付方式。

加处罚款的总数额不得超过原罚款数额。

当事人进行陈述、申辩的，食品药品监督管理部门应当对当事人提出的事实、理由和证据进行记录、复核，并制作陈述申辩笔录、陈述申辩复核意见书。当事人提出的事实、理由或者证据成立的，食品药品监督管理部门应当采纳。

履行行政处罚决定催告书送达10个工作日后，当事人仍未履行处罚决定的，食品药品监督管理部门可以申请人民法院强制执行，并填写行政处罚强制执行申请书。

第五十六条 行政处罚决定履行或者执行后，办案人应当填写行政处罚结案报告，将有关案件材料进行整理装订，归档保存。

第八章 附 则

第五十七条 本规定中的期限以时、日计算，开始的时和日不计算在内。期限届满的最后一日是节假日的，以节假日后的第一日为届满的日期。法律、法规另有规定的除外。

第五十八条 本规定中的“以上”、“以下”、“以内”，均包括本数。

第五十九条 各省、自治区、直辖市食品药品监督管理部门可以根据本行政区域实际制定本规定的实施细则。

第六十条 国家食品药品监督管理总局负责制定行政处罚所适用的文书格式范本。各省、自治区、直辖市食品药品监督管理部门可以参照文书格式范本，制定本行政区域行政处罚所适用的文书格式并自行印制。

第六十一条 本规定自2014年6月1日起施行。2003年4月28日公布的《药品监督行政处罚程序规定》（原国家食品药品监督管理局令第1号）同时废止。

最高人民法院

公　告

《最高人民法院、最高人民检察院关于办理渎职刑事案件适用法律若干问题的解释(一)》已于2012年7月9日由最高人民法院审判委员会第1552次会议、2012年9月12日由最高人民检察院第十一届检察委员会第79次会议通过,现予公布,自2013年1月9日起施行。

最高人民法院

2012年12月7日

最高人民法院 最高人民检察院 关于办理渎职刑事案件适用法律若干问题的解释(一)

(2012年7月9日最高人民法院审判委员会第1552次会议、2012年9月12日最高人民检察院第十一届检察委员会第79次会议通过)

法释〔2012〕18号

为依法惩治渎职犯罪,根据刑法有关规定,现就办理渎职刑事案件适用法律的若干问题解释如下:

第一条　国家机关工作人员滥用职权或者玩忽职守,具有下列情形之

一的,应当认定为刑法第三百九十七条规定的“致使公共财产、国家和人民利益遭受重大损失”:

(一)造成死亡1人以上,或者重伤3人以上,或者轻伤9人以上,或者重伤2人、轻伤3人以上,或者重伤1人、轻伤6人以上的;

(二)造成经济损失30万元以上的;

(三)造成恶劣社会影响的;

(四)其他致使公共财产、国家和人民利益遭受重大损失的情形。

具有下列情形之一的,应当认定为刑法第三百九十七条规定的“情节特别严重”:

(一)造成伤亡达到前款第(一)项规定人数3倍以上的;

(二)造成经济损失150万元以上的;

(三)造成前款规定的损失后果,不报、迟报、谎报或者授意、指使、强令他人不报、迟报、谎报事故情况,致使损失后果持续、扩大或者抢救工作延误的;

(四)造成特别恶劣社会影响的;

(五)其他特别严重的情节。

第二条 国家机关工作人员实施滥用职权或者玩忽职守犯罪行为,触犯刑法分则第九章第三百九十八条至第四百一十九条规定的,依照该规定定罪处罚。

国家机关工作人员滥用职权或者玩忽职守,因不具备徇私舞弊等情形,不符合刑法分则第九章第三百九十八条至第四百一十九条的规定,但依法构成第三百九十七条规定的犯罪的,以滥用职权罪或者玩忽职守罪定罪处罚。

第三条 国家机关工作人员实施渎职犯罪并收受贿赂,同时构成受贿罪的,除刑法另有规定外,以渎职犯罪和受贿罪数罪并罚。

第四条 国家机关工作人员实施渎职行为,放纵他人犯罪或者帮助他人逃避刑事处罚,构成犯罪的,依照渎职罪的规定定罪处罚。

国家机关工作人员与他人共谋,利用其职务行为帮助他人实施其他犯罪行为,同时构成渎职犯罪和共谋实施的其他犯罪共犯的,依照处罚较重的规定定罪处罚。

国家机关工作人员与他人共谋，既利用其职务行为帮助他人实施其他犯罪，又以非职务行为与他人共同实施该其他犯罪行为，同时构成渎职犯罪和其他犯罪的共犯的，依照数罪并罚的规定定罪处罚。

第五条 国家机关负责人员违法决定，或者指使、授意、强令其他国家机关工作人员违法履行职务或者不履行职务，构成刑法分则第九章规定的渎职犯罪的，应当依法追究刑事责任。

以"集体研究"形式实施的渎职犯罪，应当依照刑法分则第九章的规定追究国家机关负有责任的人员的刑事责任。对于具体执行人员，应当在综合认定其行为性质、是否提出反对意见、危害结果大小等情节的基础上决定是否追究刑事责任和应当判处的刑罚。

第六条 以危害结果为条件的渎职犯罪的追诉期限，从危害结果发生之日起计算；有数个危害结果的，从最后一个危害结果发生之日起计算。

第七条 依法或者受委托行使国家行政管理职权的公司、企业、事业单位的工作人员，在行使行政管理职权时滥用职权或者玩忽职守，构成犯罪的，应当依照《全国人民代表大会常务委员会关于〈中华人民共和国刑法〉第九章渎职罪主体适用问题的解释》的规定，适用渎职罪的规定追究刑事责任。

第八条 本解释规定的"经济损失"，是指渎职犯罪或者与渎职犯罪相关联的犯罪立案时已经实际造成的财产损失，包括为挽回渎职犯罪所造成损失而支付的各种开支、费用等。立案后至提起公诉前持续发生的经济损失，应一并计入渎职犯罪造成的经济损失。

债务人经法定程序被宣告破产，债务人潜逃、去向不明，或者因行为人的责任超过诉讼时效等，致使债权已经无法实现的，无法实现的债权部分应当认定为渎职犯罪的经济损失。

渎职犯罪或者与渎职犯罪相关联的犯罪立案后，犯罪分子及其亲友自行挽回的经济损失，司法机关或者犯罪分子所在单位及其上级主管部门挽回的经济损失，或者因客观原因减少的经济损失，不予扣减，但可以作为酌定从轻处罚的情节。

第九条 负有监督管理职责的国家机关工作人员滥用职权或者玩忽职守，致使不符合安全标准的食品、有毒有害食品、假药、劣药等流入社会，对人民群众生命、健康造成严重危害后果的，依照渎职罪的规定从严惩处。

第十条 最高人民法院、最高人民检察院此前发布的司法解释与本解释不一致的，以本解释为准。

《关于办理渎职刑事案件具体应用法律若干问题的解释(一)》的理解与适用

苗有水　刘为波

最高人民法院、最高人民检察院于2012年12月7日联合发布了《关于办理渎职刑事案件具体应用法律若干问题的解释(一)》(法释〔2012〕18号,以下简称《解释》)。为便于实践理解和适用,现结合《解释》施行一年来的执行情况,对《解释》的制定背景和主要内容说明如下:

一、制定《解释》的背景和意义

渎职犯罪不仅直接损害人民群众切身利益、党和政府的形象和威信,同时还是各种贪污贿赂犯罪、经济犯罪的重要诱因,具有严重的社会危害性。依法惩治渎职犯罪,是深入贯彻科学发展观、推进党风廉政建设和反腐败工作、密切党同人民群众血肉联系的重要举措,对于促进依法行政、维护社会公平正义、维护社会和谐稳定,具有重要意义。为此,中办、国办于2010年12月21日联合转发了中央纪委、中央政法委等九部门《关于加大惩治和预防渎职侵权违法犯罪工作力度的若干意见》。《意见》首次提出了渎职是严重腐败的命题,要求把反渎职作为党风廉政建设和反腐败斗争的重要组织部分,把反渎职侵权工作纳入惩治和预防腐败体系的整体格局,放在更加突出的位置来抓。根据《意见》要求,"两高"加大了对渎职犯罪的查处和审判工作力度,近年来渎职犯罪案件数量持续上升,一大批渎职犯罪分子依法受到了严惩。随着渎职犯罪案件的不断增多,相关法律适用问题也日益凸显,集中体现在以下两个方面:一是定罪量刑标准不明确。渎职犯罪多为情节犯、结果犯,渎职行为只有达到情节严重或者造成重大损失时,才构成相应的渎职犯罪,犯罪行为达到情节特别严重或者造成特别重大损失时,法定刑升格,对行为人处以更重的刑罚。刑法规定中的情节严重、情节特别严重、重大损失、特别重大损失等定罪量刑情节的具体认定,除个别罪名之外,绝大多数罪名还没有明确的司法解释规定。为了稳妥起见,加之观念认识、案外干扰等因素,一些地方往往采取就低不就高的做法,以至于出现重罪按轻罪处理、轻罪作无罪处理的现象。二是法律适用争议问题多。渎职犯罪是较为特殊的一类犯罪,在具体认定和处理上具有不同于其他犯罪的复杂性。实践中对于渎职犯罪的诸多法律适用问题存在不同看法。比如,如何区分领导人员和执行人员的责任,对于上级决定或者"集体研究"形式实施的渎职犯罪,能否追究违法决定人员的刑事责任;国家机关工作人员放纵或者帮助他人实施其他犯罪,能否构成其他犯罪的共犯,在何种情况下构成其他犯罪的共犯,构成共犯的情况下如何适用罪名;实施渎职行为并收受贿赂,同时构成渎职犯罪和受贿罪的,是择一重罪处罚还是实行数罪并罚等。这些问题不解决不利于法律适用的统一性和严肃性,严重影响到了对渎职犯罪的打击效果。为此,"两高"在深入细致的调研基础上,对实践当中反映较为普遍一些共性问题进行了认真梳理,经广泛征求意见和较长时间的研究论证,制定了本《解释》。

《解释》的出台,对于进一步提高全社会对渎职犯罪严重危害性的认识,促进依法、勤勉履职,规范渎职案件的法律适用,加大对渎职犯罪的惩治力度,将发挥重要作用。第一,《解释》明确了滥用职权罪、玩忽职守罪的定罪量刑标准,强调食品、药品等监管领域的渎职犯罪应依法从严惩处,有利于消除社会上和一些党政机关领导干部关于渎职不过是工作失误、能不处理则不处理、能从轻处理则从轻处理等错误认识,有效挤压有案不查、非法干预和阻扰办案的法律空间。第二,《解释》规定国家机关负责人员违法决定、指使其他国家机关工作人员违法作为或者不作为,或者以"集体研究"形式实施的渎职犯罪均需承担刑事责任,有利于切实解决责任追究当中"抓小放大"的不合理现象,防止国家机关领导干部的乱作为问题,促进依法行政、科学决策。第三,对于刑法规定了特别罪名但不符合特别罪名规定的渎职行为,《解释》明确可适用滥用职权罪或者玩忽职守罪两个一般罪名规定追究刑事责任；对于以危害结果为条件的渎职犯罪的追诉期限，《解释》明确自危害结果发生之日起计算，解决了因相关法律规定理解和适用上的偏差而引起的定罪难问题，为依法惩治渎职犯罪编织了更为严密的刑事法网。第四，《解释》明确了滥用职权罪和玩忽职守罪加重量刑情节的认定标准，规定渎职当中收受贿赂应以渎职罪和受贿罪数罪并罚，为加大渎职罪惩治力度提供了规范性根据。

二、关于滥用职权罪和玩忽职守罪的定罪量刑标准

最高人民检察院于2006年制定的《关于渎职侵权犯罪案件立案标准的规定》（以下简称《立案标准》）对滥用职权罪和玩忽职守罪的立案标准作出了规定。实践中对于《立案标准》能否作为人民法院审理渎职犯罪案件的定罪依据存在疑虑，且《立案标准》未涉及滥用职权罪和玩忽职守罪的加重量刑情节的认定标准。为解决这一问题，《解释》第一条第一款结合当前司法实际，对滥用职权罪和玩忽职守罪的定罪标准即"致使公共财产、国家和人民利益遭受重大损失"这一结果要件的认定作出了规定，并于第二款明确了加重量刑情节即"情节特别严重"的认定标准。适用本规定时，需要注意以下几个问题：

1. 滥用职权和玩忽职守的定罪量刑标准应否区分。《立案标准》基于滥用职权罪的主观恶性较玩忽职守罪更大的认识，对两者的入罪门槛分别作了规定，其中滥用职权罪的入罪门槛适当低于玩忽职守罪。《解释》对此进行了调整，将滥用职权罪和玩忽职守罪合并规定，并适用相同的定罪量刑标准。其主要考虑是：(1)刑法将滥用职权和玩忽职守并列规定，并配置了完全相同的法定刑，就刑法规定而言，无从得出滥用职权罪重于玩忽职守罪的立法意图；(2)滥用职权同样可以由过失构成，从办案实践看，玩忽职守罪的主观恶性未必就小于滥用职权；(3)滥用职权和玩忽职守的界限模糊，个案办理实践中很难区分；(4)将滥用职权罪的定罪标准由《立案标准》确定的经济损失20万元上提至30万元，符合当前经济社会发展实际。应当注意到，"两高"将2011年刑法第四百零八条之一新规定的食品监管滥用职权、玩忽职守犯罪的罪名统一确定为食品监管渎职罪，体现了淡化滥用职权与玩忽

职守的不同对于定罪量刑影响作用的司法趋势。同时需要注意,《解释》规定仅涉及滥用职权罪和玩忽职守罪两个主观方面区分不明显的渎职犯罪定罪量刑标准的统一问题,对于其他故意类渎职犯罪如徇私枉法、私放在押人员等,因主观恶性明显不同,定罪量刑标准可以且有必要适当降低。

2. 是否区分直接经济损失和间接经济损失确定不同的定罪量刑标准。《立案标准》区分直接经济损失与间接经济损失,并据此确定了不同的入罪标准。《解释》未再延用《立案标准》区分直接经济损失和间接经济损失分别规定的做法,主要有以下几点考虑:一是《立案标准》有关直接损失是"与行为有直接因果关系"的损失的规定不够准确,损失的直接与间接和因果关系的直接与间接不具有直接对应关系。二是直接经济损失与间接经济损失的认定标准不统一,行政执法与刑事司法不衔接。一方面,一些行政规章对直接经济损失和间接经济损失的规定与《立案标准》确定的标准不一致。例如,《水域污染事故渔业损失计算方法》规定的直接经济损失包括清除污染费和监测部门取证、鉴定等工作的实际费用,为消除、减少环境污染采取的处理、处置以及监测等合理措施而发生的费用;《企业职工伤亡事故经济损失统计标准》规定直接经济损失指因事故造成人身伤亡及善后处理支出的费用和毁坏财产的价值,包括歇工工资、现场抢救费用、清理现场费用等。这些规定中的部分直接经济损失,实际上涵括了《立案标准》规定的间接经济损失,即"正常情况下可以获得的利益和为恢复正常的管理活动或者挽回所造成的损失所支付的各种开支、费用等"。另一方面,在与矿难事故有关的渎职案件中,作为认定经济损失重要依据的事故责任报告往往只是笼统地说明造成多少经济损失,而未对直接经济损失和间接经济损失作出细分。三是间接经济损失的外延不易界定,带有不确定性。渎职危害后果往往会引起连锁反应,造成一连串的损失,在缺乏行之有效的界定标准的情况下,以间接经济损失作为定罪量刑标准有可能影响到案件的公正处理。四是区分直接和间接经济损失确定不同的定罪量刑标准,依据不足。经济损失的认定关键不在于直接还是间接,而在于是否实际发生,直接和间接经济损失的危害性没有明显差异,且刑法只是笼统规定为渎职致使"公共财产、国家和人民利益遭受重大损失"。需要强调指出的是,《解释》未区分直接经济损失和间接经济损失不意味着否定间接经济损失,而是将间接损失有条件地纳入经济损失计算中去。起草过程中有意见认为,将间接经济损失作为认定玩忽职守罪"重大损失"的标准不合理,经济损失应仅限于直接损失;只有直接经济损失才能作为定罪的根据,而间接经济损失只能在量刑时适当考虑。我们未采纳该意见,但该意见对经济损失认定的科学性和确定性的强调,应当予以重视,对于间接经济损失的范围应严格予以限定。据此,《解释》第八条规定,"经济损失"是指渎职犯罪或者与渎职犯罪相关联的犯罪立案时"已经实际造成的财产损失",包括为挽回渎职犯罪所造成损失而支付的各种开支、费用等。

3. 经济损失数额标准应否区分损失对象的不同而有所不同。《立案标准》基于个人和单位对财产损失的承受能力不同的观点,对造成"公民个人损失"与"公共财产"的损失数额作了区别规定,如滥用职权造成公民个人财产直接损失达 10 万元即应追究刑事责任,造成公共财产损失则需达到 20 万元直接经济损失。《解释》未再区分单位和个人规定不同的定罪量刑数额标准,主要有两个方面的考虑:一是不同主体的平等保护要求;二是方便实践操作,以免司法机关在一些同时造成个人和单位经济损失的渎职案件处理中无所适从。

4. 不报、迟报、谎报事故情况宜否作为定罪量刑情节。《解释》起草之初将"不报、迟报、谎报或者授意、指使、强令他人不报、迟报、谎报事故情况,致使损失后果持续、扩大或者抢救工作延误的"分别规定为滥用职权罪和玩忽职守罪的入罪情节和加重量刑情节。征求意见时有单位提出不同看法:一是不报、迟报、谎报行为本身即属于渎职行为,不宜将之作为其他渎职犯罪的定罪量刑情节;二是不报、迟报、谎报行为是否构成犯罪,仍需视危害结果等情节而定,不报、迟报、谎报行为造成的损失后果较轻的,不宜作为犯罪处理。经研究,我们形成了两个结论性意见:一是不报、迟报、谎报事故情况致使损失后果持续、扩大或者抢救工作延误的,可以作为滥用职权罪或者玩忽职守罪的加重量刑情节。首先,这里的不报、迟报、谎报行为仅针对同一行为人的其他渎职行为,而不报、迟报、谎报行为本身不足以单独构成渎职犯罪的情形,故不存在同时构成数个犯罪和数罪以一罪处理的问题。其次,对已经造成损失后果而不履行报告义务,致使损失后果持续、扩大或者抢救延误的行为加重处罚,一方面,因仍以造成危害结果为前提,故不存在处罚依据不足的问题,以往司法解释中不乏通过“损失加情节”确定加重量刑档的做法;另一方面,对此类行为有必要从严处理,以有效发挥刑事司法的预防功能。二是不报、迟报、谎报事故情况致使损失后果持续、扩大或者抢救工作延误的,不宜独立作为滥用职权罪或者玩忽职守罪的入罪情节。首先,滥用职权罪和玩忽职守罪属于结果犯,是否构成犯罪,应统一以是否造成刑法规定的公共财产、国家和人民利益遭受重大损失这一结果要件为准。其次,为从严惩治渎职犯罪,《解释》确定了相对较低的损失标准,在此之外再增加不报、迟报、谎报的入罪情节,易出现行政处罚与刑事司法不相衔接、刑事司法挤占行政处罚空间的问题。据此,《解释》仅于第一条第二款规定,“造成前款规定的损失后果,不报、迟报、谎报或者授意、指使、强令他人不报、迟报、谎报事故情况,致使损失后果持续、扩大或者抢救工作延误的”,属于“情节特别严重”的情形之一。正确适用本规定,需要特别注意,这里的不报、迟报、谎报行为是作为其他渎职行为的情节而存在的,对于单纯的不报、迟报、谎报行为构成渎职犯罪并据此追究刑事责任的,不适用本规定。

此外,《立案标准》还规定了一些其他定罪量刑情节,《解释》基于各种原因未再规定。其中,未就“严重中毒”作出规定,主要是考虑到严重中毒不具有普遍性,与伤亡后果存在一定的交叉,以及实践中严重中毒没有明确的认定依据;未就“公司、企业的停业、停产、破产”作出规定,主要是考虑到公司、企业有大有小,单纯据此判断危害后果不够严谨,统一以经济损失判断更为合理;未就“损害国家声誉”作出规定,主要是考虑到实践认定较为困难,且可为“社会影响”涵括。同时需要注意,《立案标准》确定的这些情节都是实践经验的总结,对于罪责轻重的判断不无重要的参考价值,尽管《解释》未再专门规定,但《解释》保留了兜底条款的规定,这些情节仍是兜底条款的重要判断内容。

三、关于法条适用

刑法分则第九章对于渎职罪的罪名规定采取了“总分结合”的模式,即在规定滥用职权罪和玩忽职守罪两个一般罪名之外,还结合特殊主体、特定领域等规定了35个特别罪名。如何把握一般罪名与特别罪名的关系,实践中存在不同看法,集中体现在两个问题上:第一,同时符合特别罪名规定和一般罪名规定,特别罪名法定刑规定轻于一般罪名的,能否以处罚更重的一般罪名处理?该问题的主要原因是不同渎职犯罪的法定刑规定不够协调,主要表现为一些特别罪名规定了更为严格的构成要件,但法定刑规定反而比滥用职权罪和玩忽职守罪更轻。比如,招收公务员、学生徇私舞弊罪的法定最高刑仅为3年有期徒刑,而具有徇私舞弊情节的滥用职权罪和玩忽职守罪的法定最高刑高达10年有期徒刑。第二,不符合特别罪名规定但符合一般罪名规定的,能否以一般罪名定罪处罚?该问题的主要原因是刑法对于一些特别罪名规定了特殊构成要件,而这些特殊构成要件因立法、司法等原因难以满足。具体表现有三:一是主体要件不符。刑法对于渎职犯罪的主体规定宽窄不一,由国家机关工作人员向负有特定监管职责的工作人员、特定部门的工作人员、特定人员等依次递缩,由此导致部分特别罪名的法定主体范围较窄、与实际发案情况不符的问题。比如,刑法规定徇私舞弊不征、少征税款罪的主体是"税务机关的工作人员",而海关工作人员同样依法负有征收税款的职责,实践中还存在不少地方党政领导在招商引资等活动中违法决定不征、少征税款的情况。二是徇私舞弊要件不符。徇私舞弊在渎职犯罪中的立法定位多元,在滥用职权罪、玩忽职守罪中属于加重量刑情节,而在一些特别罪名中则属于定罪要件,由此导致因不具备徇私舞弊要件而不构成特别罪名的情况下能否以滥用职权罪、玩忽职守罪两个一般罪名处理的问题。三是行为方式要件不符。刑法对于一些特别罪名行为方式的规定过于具体,带有明显的局限性。比如,刑法对于土地监管渎职犯罪仅规定了非法批准征用、占用土地和非法低价出让国有土地使用权两种行为,而实践中还大量存在因监管失职致使土地非法占用、土地资源破坏、土地资产流失等其他情形。

经研究,第一个问题根本上属于立法问题,而且,刑法第三百九十七条第一款和第二款均明确规定"本法另有规定的,依照规定",故该问题最终需要通过修改立法解决。在现有的立法框架下,不管特别罪名的法定刑高于还是低于一般罪名，凡是符合特别罪名构成要件的，应一律以特别罪名追究刑事责任。故此，《解释》第二条第一款规定："国家机关工作人员实施滥用职权或者玩忽职守犯罪行为，触犯刑法分则第九章第三百九十八条至第四百一十九条规定的，依照该规定定罪处罚。"需要指出的是，该款内容既是对特别法优先适用原则的重申，又有防止实践中存在的将符合处罚更重的特别罪名规定的渎职犯罪转适用一般罪名从轻处理的用意。

第二个问题是有着较大争议的一个问题。反对意见的主要理由有两点：一是违反了特别法优于一般法的法律适用原则；二是一些特别罪名的法定刑轻于一般罪名，轻罪不构成的情况下反而以重罪处理不合理。经研究论证，我们持肯定立场。主要理由是：(1)特别法优于一般法原则主要针对的是法条竞合条件下同时构成多个犯罪的罪名选择问题，而这里只触犯了一般罪名规定，不存在法条竞合和罪名选择的问题；(2)从立法角度，特别法优于一般法并非绝对性原则，刑法在生产、销售伪劣商品罪一节中明确规定，不构成特别罪名，但构成一般罪名即生产、销售伪劣产品罪的，以一般罪名定罪处罚；(3)司法解释在法律规定的限度内可以具有一定的补漏功能，对于因不具备徇私舞弊等要件而不构成特别罪名，但造成严重后果、具有严重危害性的渎职行为以一般罪名处理，有其实践需要，也不违反立法本意；(4)以此罪与彼罪的法定刑相比较决定某一行为是否构成犯罪，逻辑上并不严谨，而一些较重的特别罪名较一般罪名的法定刑规定反而更轻，立法的合理性值得商榷。据此，《解释》第二条第二款明确："国家机关工作人员滥用职权或者玩忽职守，因不具备徇私舞弊等情形，不符合刑法分则第九章第三百九十八条至第四百一十九条的规定，但依法构成第三百九十七条规定的犯罪的，以滥用职权罪或者玩忽职守罪定罪处罚。"适用本规定时，需要注意以下两点：

第一，徇私舞弊的理解。对于徇私舞弊中"私"的理解，一种意见认为，徇私仅指徇个人私情、私利，即徇一己之私；私情、私利与单位利益相对应，徇单位之私不能理解为徇私。另一种意见认为，徇私不仅包括徇个人之私，而且包括徇单位、集体之私。在该问题上，"两高"的意见也不尽一致。最高人民法院《全国法院审理经济犯罪案件工作座谈会纪要》(以下简称《经济犯罪纪要》)第六条第四项明确,“徇私”应理解为徇个人私情、私利。最高人民检察院《立案标准》在徇私舞弊不移交刑事案件罪的立案标准中规定,“直接负责的主管人员和其他直接责任人员为牟取本单位私利而不移交刑事案件,情节严重的”应予立案,该立场往前可追溯至1996年的《最高人民检察院关于办理对徇私舞弊犯罪案件适用法律若干问题的解释》(失效)的规定,即“为牟取单位或小集体不当利益而实施第一、二条行为的,依法追究直接负责的主管人员和其他直接责任人员的刑事责任”。我们认为,徇私包括徇单位之私的意见尚缺乏充足的理由:一是从文义解释的角度,“徇私”应是指徇个人私情、私利,将“私”与单位相关联称之为“单位之私”,字面逻辑上存在问题;二是从体系解释的角度,如果“徇私”包括“徇单位之私”,那么《刑法》第一百六十九条规定的徇私舞弊低价折股、出售国有资产罪将陷入自相矛盾的境地,而且,将徇单位之私认定为徇私,一定意义上无异于取消了这一要件。鉴于此,尽管《解释》未对“徇私舞弊”的理解作出明确规定,但通过本条规定,实际上间接回应了徇私舞弊的理解和相关定罪思路,即:在坚持《经济犯罪纪要》确定的原则的基础上,通过转适用一般罪名解决为单位利益实施的渎职行为的刑事责任追究问题。这里需要特别指出的是,在徇私的具体认定上,既要看形式,更要看实质。对于以单位、集体的名义谋取利益的情形,能否认定为“徇私”关键是看为了单位整体利益还是单位中个别人利益。如果行为人为了单位成员的集体福利,一般应认定为单位利益,即便行为人事后按照一定的分配比例从中获取了利益,也不应认定为徇私;如果假借单位、集体的名义,谋取利益后在行为人内部私分的,这种情形与徇个人私利并无实质分别,应以徇私论。

第二,转适用一般罪名的定罪量刑标准的把握。考虑到《解释》关于滥用职权罪和玩忽职守罪的定罪量刑标准未能兼顾到各种特别渎职行为的特殊性,为了给有特别罪名规定但以一般罪名处理的渎职犯罪的定罪量刑提供更为便利的标准掌握,《解释》起草之初还规定,此种情形下滥用职权罪和玩忽职守罪中的定罪量刑标准的认定可以参照特别罪名的规定。讨论中有意见提出该规定在罪和刑的关系处理上明显脱节,有“驴唇对马嘴”之嫌,故《解释》未再规定。但该问题始终存在,我们的初步考虑是,首先,既然以滥用职权罪或者玩忽职守罪定罪,就应当完全适用滥用职权罪或者玩忽职守罪的定罪量刑标准,这是一个基本前提;其次,考虑到滥用职权罪和玩忽职守罪的定罪量刑标准不可能面面俱到的客观实际,《解释》在滥用职权罪和玩忽职守罪的定罪量刑标准中还分别规定了兜底条款,确有必要的情况下,这些兜底条款的具体认定可以适当参考特别罪名的判断标准。

四、关于渎职当中收受贿赂的处理

渎职罪特别是徇私类渎职犯罪,往往与受贿行为相互交织。实施渎职行为并收受贿赂,同时构成渎职犯罪和受贿罪的,是择一重罪处罚还是实行数罪并罚,理论上长期存在争论,实践中各地做法不一。持一重罪处理意见的主要理由是:(1)渎职和受贿之间存在牵连关系,按照牵连犯的一般处理原则应择一重罪处理;(2)刑法第三百九十九条第四款规定,司法工作人员实施徇私枉法,民事、行政枉法裁判,执行判决、裁定失职、滥用职权等行为构成相应渎职犯罪,同时收受贿赂构成受贿罪的,依照处罚较重的规定定罪处罚,该针对司法工作人员的处理规定理当一体适用于其他渎职犯罪;(3)渎职罪通常是轻罪,数罪并罚与一罪处理的判罚结果实际差别不大,一些情况下将渎职后果作为受贿罪的重要量刑情节,反而可以判处更重的刑罚,更易达到严惩目的;(4)出于检察机关侦查管辖的内部分工考虑提出的并罚意见,理据不足,而且,以牵连犯择一重罪处罚本质上并没有否定行为人同时构成两个犯罪,一罪处理所引起的办案效果问题,可以通过改进相关工作措施得到解决;(5)对于司法工作人员之外的其他渎职犯罪规定不同的处罚原则,将导致司法机关工作人员与其他国家机关工作人员渎职犯罪处罚上的不平衡,进而影响到案件处理的法律效果和社会效果。基于这些方面的原因,起草过程中有意见提出,该问题以个案处理为宜,《解释》暂不作一般性规定。

经研究,该问题由来已久,从法律适用的统一性和严肃性的角度亟须规范;当前不同意见的论争已较为充分,就此制定司法解释的条件已成熟。鉴于此,《解释》第三条规定,"国家机关工作人员实施渎职犯罪并收受贿赂,同时构成受贿罪的,除刑法另有规定外,以渎职犯罪和受贿罪数罪并罚。"《解释》持并罚立场的主要考虑是:(1)牵连犯择一重罪处理的理论观点,不具有普遍适用性,刑法和相关司法解释中不乏数罪并罚的规定,而且,原先秉持一罪处理原则的大陆法系国家和地区,当前正在逐步向并罚意见转变,比如,我国台湾地区通过立法修订废除了牵连犯的相关规定。(2)刑法第三百九十九条第四款规定并不当然适用于其他渎职犯罪。学界对该款内容存在"注意规定"与"特别规定"之严重分歧,从立法技术和立法机关早在1998年《关于惩治贪污罪贿赂罪的补充规定》即已明确此类行为实行数罪并罚的规定看,"特别规定"即该款仅适用于刑法第三百九十九条规定的司法工作人员渎职犯罪的主张不无道理。(3)成立受贿犯罪不以实际为他人谋取利益、更不以渎职为他人谋取非法利益为条件,受贿与渎职相对独立,实行并罚不存在明显的重复评价问题。(4)实行并罚具有相关司法解释等规范性司法文件依据。《最高人民法院、最高人民检察院、海关总署关于办理走私刑事案件适用法律若干问题的意见》第十六条规定:"海关工作人员收受贿赂又放纵走私的,应当以受贿罪和放纵走私罪数罪并罚。"该处理意见在其他职务犯罪中也有体现,1998年《最高人民法院关于审理挪用公款罪案件具体应用法律若干问题的解释》第七条规定:"因挪用公款索取、收受贿赂构成犯罪的,依照数罪并罚的规定处罚。"(5)择一重罪处理难以满足从严惩治渎职犯罪的实践需要。一是受贿罪的处罚通常重于渎职罪,加之实践中检察机关对于牵连犯中的轻罪一般不再起诉,择一重罪处理不利于司法上对渎职罪全面、充分地作出评价;二是总体而言数罪并罚的处罚更重,择一重罪处理在严惩效果上存在不足;三是受贿罪和渎职罪在检察机关内部分由不同职能部门侦查,择一重罪处理客观上影响到了全面侦查案件的积极性,不利于案件深挖。

《解释》施行后一些法院提出了"两高"于2010年发布的《关于办理国家出资企业中职务犯罪案件具体应用法律若干问题的意见》第四条规定是否仍需执行的问题,即:国有公司、企业人员实施刑法分则第三章第一百六十八条、第一百六十九条规定的渎职犯罪,同时收受贿赂构成受贿罪的,依照处罚较重的规定定罪处罚。对此,我们的看法是,尽管实质上都属于渎职犯罪,但在刑法区分主体在不同章节作出不同规定的情况下,司法上有必要根据立法原意将之视为不同的犯罪。《解释》针对的仅仅是刑法分则第九章规定的渎职罪，不能据此认为《解释》修改或者取代了《意见》的规定，在《意见》该规定作出明确修改之前以继续执行为宜。

五、关于共同犯罪的认定和处理

渎职犯罪与其他刑事犯罪往往具有对合性、共生性，比如放纵走私罪与走私罪，私放在押人员罪与脱逃罪，徇私舞弊不征、少征税款罪与逃税罪，放纵制售伪劣商品犯罪行为罪与生产、销售伪劣产品罪等。如何认定关联犯罪的共同犯罪，是这类渎职犯罪司法处理当中较为突出的问题。实践中对于负有查禁犯罪活动职责的国家机关工作人员放纵或者帮助他人实施犯罪活动能否构成关联犯罪的共犯，在何种情况下构成关联犯罪的共犯，构成共犯的情况下如何适用罪名等均不无疑问。

我们认为，对于渎职犯罪的共犯认定，首先，应当严格坚持只有共同故意犯罪才构成共同犯罪的刑法规定。典型的过失犯罪如玩忽职守罪等不存在认定共同犯罪的主观前提，但是，滥用职权类渎职犯罪完全有可能是故意犯罪，比如私放在押人员、徇私舞弊不征、少征税款、放纵走私等犯罪具有明显的犯罪故意。所以，渎职犯罪有无共犯不能一概而论，而是应当区分渎职犯罪的类型并根据主观内容进行具体判断。其次，渎职犯罪共犯的认定和处理要注意兼顾渎职犯罪的特点和实践打击需要。为此，《解释》第四条区分情形从三个层面明确了渎职罪的共犯处理意见，分别说明如下：

1. 明知类渎职犯罪的处理。放纵他人犯罪或者帮助他人逃避刑事处罚是渎职罪中较为典型的一类行为，包括徇私枉法、徇私舞弊不移交刑事案件、放纵走私、不征、少征税款、放纵制售伪劣商品犯罪行为、非法办理偷越国(边)境人员出入件证件、放行偷越国(边)境人员、帮助犯罪分子逃避刑事处罚等。此类渎职犯罪均以明知为其主观内容，且多数发生在其他犯罪行为实施过程当中，实施渎职犯罪的国家机关工作人员是否同时构成其放纵或者帮助的犯罪的共犯，实践中存在不同意见。肯定意见认为，此类渎职犯罪兼有渎职犯罪构成要件和其他犯罪的共犯构成要件的双重性质，因行为本身的原因导致一个行为触犯两个罪名，属于想象竞合犯，依照想象竞合犯的处罚原则应当择一重罪处断。该意见还进一步提出,即便被帮助人主观上不知情,根据片面共犯的理论也应认定国家机关工作人员构成其他犯罪的共犯。我们认为,单纯地明知帮助行为宜适用渎职罪的刑法规定定罪处罚。主要理由有二:一是按照共同犯罪的一般理论,此情形确实同时构成了非国家工作人员实施的其他犯罪的共犯,但此情形下触犯数个罪名不是行为的复合性所致,而是法律规定的原因所致,宜认定为法条竞合而非想象竞合,即只要实施了单一的渎职行为将不可避免地同时构成其他犯罪的共犯。此种法条竞合属于特别法(渎职犯罪刑法规定)与一般法(共同犯罪刑法规定)之间的竞合,按照特别法优于一般法的法律适用原则应以渎职犯罪处理。二是所帮助的其他犯罪的法定刑往往都重于渎职犯罪,如择一重罪处理,多数都需以其他犯罪的共犯处理,这将直接导致此类渎职犯罪的刑法规定被实际架空,显然背离了立法初衷。据此,《解释》第一款规定:"国家机关工作人员实施渎职行为,放纵他人犯罪或者帮助他人逃避刑事处罚,构成犯罪的,依照渎职罪的规定定罪处罚。"

2. 共谋类渎职犯罪的处理。国家机关工作人员与他人共谋利用其职务行为帮助他人实施其他犯罪的处理,是《解释》拟重点解决的一个问题。一种意见认为此情形属法条竞合犯,应根据特别法优先适用原则一概以渎职犯罪处理。另一种意见认为应对渎职犯罪和其他犯罪的共犯实行数罪并罚,一方面,有利于与《解释》第三条规定的并罚原则协调一致;另一方面,由于渎职犯罪的处罚偏轻,如择一重罪处理渎职犯罪往往会被其他犯罪所吸收,不利于突出对于渎职犯罪的打击。《解释》持择一重罪处理的立场,主要考虑是:(1)尽管仍只实施了一个行为,但与《解释》第四条第一款规定的法条竞合情形不同,渎职行为人通过与他人的主观共谋已经介入了他人的其他犯罪,同时构成其他犯罪的共犯不单是因为刑法规定,更重要的原因出在行为本身,故整体上属于想象竞合犯。(2)与《解释》第三条规定的同时实施渎职和受贿两个相对独立行为的情形不同,此情形本质上只有一个渎职行为,以一个常见的案情为例,列车乘警与盗窃团伙共谋,在行窃时故意不再现场,以此为窃贼提供作案条件,如对此实行数罪并罚,将不可避免地出现重复评价问题。(3)为突出对渎职犯罪的打击而对本可以判处更重刑罚的行为以处罚更轻的渎职犯罪处罚,其实际效果值得商榷。相比之下,择一重罪处理更有利于体现从严从重打击需要。据此,《解释》第二款规定:“国家机关工作人员与他人共谋,利用其职务行为帮助他人实施其他犯罪行为,同时构成渎职犯罪和共谋实施的其他犯罪共犯的,依照处罚较重的规定定罪处罚。”

《解释》施行后,一些地方对2002年《最高人民法院、最高人民检察院、海关总署关于办理走私刑事案件适用法律若干问题的意见》(以下简称《意见》)第十六条第一款规定提出了不同看法,即:“依照刑法第四百一十一条的规定,负有特定监管义务的海关工作人员徇私舞弊,利用职权,放任、纵容走私犯罪行为,情节严重的,构成放纵走私罪。放纵走私行为,一般是消极的不作为。如果海关工作人员与走私分子通谋,在放纵走私过程中以积极的行为配合走私分子逃避海关监管或者在放纵走私后分得赃物的,应以共同走私犯罪追究刑事责任。”对此,我们的看法是,首先,《解释》第四条第一款、第二款规定与《意见》规定的基本精神是契合的。其次,《意见》关于作为还是不作为、是否分得赃物等具体行为方式的规定,更多是为了给“通谋”的司法认定提供客观判断指引。同时,《意见》对于这些具体行为方式的强调确实带来了一些实践困惑和理论批评,也正是基于此,《解释》在《意见》规定的基础上作了必要的调整和完善,以后相关案件的处理统一适用《解释》规定。

3.参与类渎职犯罪的处理。实践中还存在一种情形,国家机关工作人员除了通过渎职帮助他人犯罪行为之外,还通过非职务行为具体参与实施了他人犯罪。例如,海关工作人员与他人合谋走私,为此提供部分走私资金,之后利用其缉私职务上的便利将走私船只放行;又如,烟草执法工作人员与他人合谋,放纵他人销售假冒劣质卷烟,同时还利用其工作上形成的有利条件为他人提供货源和销路。对此,以往实践中通常择一重罪处理,《解释》作出了调整,明确应实行数罪并罚。其主要考虑是:不同于《解释》第四条第二款规定的共谋类渎职犯罪,此情形往前又走了一步,多出了一个具体的非职务参与实施行为,形成了两个相互独立的渎职行为和其他犯罪行为,任何单一罪名均不足对其作出全面评价,有必要分别定罪处罚。据此,《解释》第四条第三款规定,“国家机关工作人员与他人共谋,既利用其职务行为帮助他人实施其他犯罪,又以非职务行为与他人共同实施该其他犯罪行为,同时构成渎职犯罪和其他犯罪的共犯的,依照数罪并罚的规定定罪处罚。”

此外,需要指出的是,《解释》仅对国家机关工作人员是否构成非国家机关工作人员其他犯罪共犯的问题作出了规定,实践中还存在两个问题:其一,非国家工作人员能否与国家工作人员构成渎职犯罪的共犯?其二,如何处理国家机关工作人员共同渎职犯罪案件?对于第一个问题,《解释》起草时提出了一个初步处理意见,但由于分歧较大,且《解释》主要针对的是国家机关工作人员的渎职犯罪,故未再规定。对此问题,我们的基本考虑是:第一,渎职罪的打击对象应以国家机关工作人员为主,通常情况下不得根据共同犯罪的一般理论追究非国家机关工作人员渎职共犯的刑事责任。第二,确有必要的,可以渎职共犯追究非国家机关工作人员的刑事责任,但必须加以严格限定。必要性限定包括两个方面的内容,一是非国家机关工作人员实施的渎职帮助行为在刑法中没有相应的罪名,如果刑法有相应的罪名规定,则无论法定刑轻重,应一概以该罪名定罪处罚;二是渎职帮助行为在地位和作用上必须达到一定的重要程度,这种重要程度的判断,可以参考《最高人民法院关于审理挪用公款案件具体应用法律若干问题的解释》关于挪用公款罪共犯的认定意见,即:只有当非国家机关工作人员与国家机关工作人员共谋,指使或者参与策划国家机关工作人员实施滥用职权行为的,才可以渎职共犯论处。以吴某等徇私枉法案为例,被告人吴某在办理犯罪嫌疑人陈某、邓某、符某涉嫌抢劫案件期间,认识了邓某的姐夫张某。在张某要求下,吴某将邓某的4份原始讯问笔录抽出,复印并在4份复印件上进行了修改。之后,张某指使被告人钱某模仿办案人员的笔迹重新抄写并交给吴某。吴某趁单独审讯邓某之机将重新抄写的讯问笔录交给邓某签名、捺印后置于卷内。一审法院认为被告人张某构成帮助伪造证据罪,二审法院认为被告人张某构成徇私枉法罪的共犯并据此改判。在该案中,被告人张某指使、授意、策划实施了伪造证据行为,对整个犯罪行为具有深度介入,依照前述第二个限定条件可认定其构成徇私枉法罪的共犯,但刑法对于被告人张某的行为已有专门的罪名规定,不符合前述第一个限定条件,故我们倾向于同意一审法院的定罪意见。对于第二个问题,实践中往往以单独犯罪分别起诉,而对是否构成共同犯罪不置可否。我们认为,从有利于全面查清案件事实和量刑平衡的角度看,对于故意类渎职犯罪,符合共同犯罪刑法规定的,应当认定为共同犯罪并尽可能依照有关规定并案处理。

六、关于责任追究和责任人员的确定

渎职罪的责任认定具有其复杂性。这种复杂性主要有两个方面的原因:一是职务活动具有职权性、阶段性和协作性等特点,一个危害结果往往牵涉不同级别不同部门中的多人多个渎职行为;二是渎职犯罪的因果关系具有多因性、间接性、偶然性等特点,渎职行为有着决定与执行、直接与间接、主要与次要之别。如何确定刑事责任人员范围和区分刑事责任大小,于是成为了渎职案件办理当中颇为棘手的问题。为此,《解释》第五条针对实践中反映突出的三个问题,对渎职罪的刑事责任提出了认定意见,分别说明如下:

1. 国家机关负责人员的责任。很大一部分渎职犯罪系由国家机关负责人员违法决定所致。违法决定的负责人员往往以仅负有间接的"领导责任"为自己开脱罪责,实践中通常只追究一线执行人员的刑事责任,而对于负有更大责任的作出决策的主管领导则不作犯罪处理。这种"抓小放大"的现象,严重背离了问责机制的基本要求,既不公平,也不利于从源头上预防渎职犯罪,同时还是当前渎职犯罪处罚总体偏轻的一个重要原因。为突出刑事打击重点,确保刑事打击效果,《解释》第五条第一款规定,"国家机关负责人员违法决定,或者指使、授意、强令其他国家机关工作人员违法履行职务或者不履行职务,构成刑法分则第九章规定的渎职犯罪的,应当依法追究刑事责任。"起草过程中有意见提出,本规定与刑法第四百零三条第二款有关"上级部门强令登记机关及其工作人员实施前款行为的,对其直接负责的主管人员,依照前款的规定处罚"类似,在刑法仅对滥用管理公司、证券职权罪当中主管人员的处罚作出特别规定的情况下,《解释》将之扩展至所有渎职犯罪,有突破刑法规定之嫌。经研究,不管何种情况下以何种形式实施的渎职犯罪,均应并首先应对负有责任的决策、决定人员依法追究刑事责任,这是权责一致、罪责一致的当然之义,故不存在突破刑法规定的问题。正确适用本规定,需要注意两点:一是负责人员的刑事责任追究具有相对独立性。根据监督过失理论,负责人员的监管过错行为可单独成立渎职犯罪,而无须依赖共犯理论或者其他执行人员的行为。是否同时追究执行人员的刑事责任,不影响负责人员的责任追究。二是这里的负责人员,既包括主要负责人,也包括直接负责的分管领导;既包括本单位的负责人员,也包括上级单位的负责人员。

2. 集体研究的刑事责任。当前在土地资源、生态环境、房屋拆迁、税收征管等领域存在行政主管部门甚至是地方一级党政部门集体研究违法决定的渎职现象,出现危害结果后涉事人员往往以经集体研究为由推诿责任。一些国家机关负责人员还刻意假借集体研究形式掩饰其个人意志。对此,能否依法追究相关责任人员渎职犯罪的刑事责任,实践中存有顾虑。一种意见认为,此种集体研究行为属于单位行为,在刑法未对渎职犯罪规定单位犯罪的情况下,根据罪刑法定原则,既不能以单位犯罪追究直接负责的主管人员和其他直接责任人员的刑事责任,也不能直接以个人犯罪追究相关责任人员的刑事责任。经研究,尽管当前对于刑法未规定单位犯罪能否追究单位行为中负有责任的人员的刑事责任存在争议,但是,具体到渎职犯罪不应该有任何争议。渎职犯罪非但不排斥单位行为,而且还内在地包含着单位行为,只不过对单位行为实行单罚仅追究相关责责人员的刑事责任而已。这一点在《经济犯罪纪要》中有着明确说明,"国家机关工作人员为了本单位的利益,实施滥用职权、玩忽职守行为,构成犯罪的,依照刑法第三百九十七条第一款的规定定罪处罚。"为打消实践中的顾虑,《解释》第五条第二款规定:"以'集体研究'形式实施的渎职犯罪,应当依照刑法分则第九章的规定追究国家机关负有责任的人员的刑事责任。"正确适用本规定,需要注意以下三点:第一,追究集体研究相关人员渎职罪的刑事责任,其直接根据既非单位犯罪亦非共同犯罪,而是相关人员自身的具体履职行为。实践中应当注意区分各参与研究人员的地位、作用合理确定责任人员的范围,对于不负有直接主管职责而只是消极附议的,或者在集体研究当中明确提出反对意见的人员,不宜追究刑事责任。第二,"集体研究"既包括真实意义上的集体研究，也包括假借集体研究行个人之私的情形。《解释》施行之后一些地方认为这里带有引号的集体研究仅限于后一种情形，这是对《解释》规定的误读。正如前述提及的，是否单位行为不影响以渎职罪追究相关责任人员的刑事责任。第三，对于以徇私舞弊为定罪要件的渎职犯罪，需要结合第二点提到的两种不同情形分别定罪。对于确属单位行为的，因单位利益不在徇私认定之列，故应根据前述法条适用原则转适用滥用职权罪或者玩忽职守罪定罪处罚；对于假借集体研究行个人之私的，因属于实质上的个人行为，可以相应的徇私舞弊类渎职犯罪定罪处罚。

3. 具体执行人员的刑事责任。为堵住违法决定人员推诿责任的出口，从根本上解决"抓小放大"的问题，《解释》还根据过错责任原则，对具体执行人员的责任作了规定，即："对于具体执行人员，应当在综合认定其行为性质、是否提出反对意见、危害结果大小等情节的基础上决定是否追究刑事责任和应当判处的刑罚。"该规定主要参考了《公务员法》第五十四条的如下规定，"公务员执行公务时，认为上级的决定或者命令有错误的，可以向上级提出改正或者撤销该决定或者命令的意见；上级不改变该决定或者命令，或者要求立即执行的，公务员应当执行该决定或者命令，执行的后果由上级负责，公务员不承担责任；但是，公务员执行明显违法的决定或者命令的，应当依法承担相应的责任。"鉴于实际情况的复杂性，《解释》仅作了原则性规定，为便于实践具体把握，提出以下几点意见供参考：第一，具体执行行为未明显违反法律规定，或者存在严重性错误但已经提出反对意见或者改正建议的，应由作出决定的人员承担渎职罪的刑事责任，对于执行人员一般不宜作犯罪处理。第二，具体执行行为明显违反法律规定且造成严重危害结果的，执行人员应承担相应的责任。我国刑法未确立执行命令行为全面阻却责任的原则，具体执行人对于其实施的具有严重违法性的行为，不得免责。第三，对于执行人员的责任追究应有别于决定人员，实践中可以结合执行中的具体情况适当从宽处罚，对于执行人员判处的刑罚不得高于决定人员，更不允许以追究执行人员的责任取代对决定人员的责任追究。

七、关于追诉期限的计算

渎职犯罪的危害结果通常具有滞后性，一些渎职犯罪的危害结果甚至在渎职行为实施多年之后才发生。由于多数渎职犯罪属于结果犯，且渎职犯罪的法定刑期普遍不高，实践中反映，渎职行为尚未造成危害结果的，因不构成犯罪不能追究刑事责任；而等到危害结果发生后，往往又因渎职行为已过追诉期限不能追究刑事责任。经研究，造成这种尴尬局面的原因不在于法律规定，而是在于法律规定理解上的偏差，刑法规定追诉期限自“犯罪之日”起计算，以危害结果为条件的渎职犯罪的“犯罪之日”应为犯罪成立即危害结果发生之日。为防止因追诉期限计算不当而轻纵犯罪，《解释》第六条规定：“以危害结果为条件的渎职犯罪的追诉期限，从危害结果发生之日起计算；有数个危害结果的，从最后一个危害结果发生之日起计算。”适用本规定时，需要注意以下几点：

第一，犯罪结果发生之日仅限于结果犯。起草过程中有意见提出，刑法规定的是“犯罪之日”、“犯罪行为终了之日”，《解释》规定的“危害结果发生之日”与刑法规定不符。经研究，对于结果犯而言，只有结果发生了才构成犯罪，结果犯的“犯罪之日”是结果发生之日而非行为实施之日，《解释》规定“以危害结果为条件的渎职犯罪的追诉期限，从危害结果发生之日起计算”与刑法规定的“犯罪之日”并不矛盾。这里需要指出的是，渎职罪除了结果犯之外，还有行为犯和情节犯。对于行为犯，应以行为实施之日或者行为终了之日起计算。对于情节犯，则应区分定罪情节的具体类型分别计算追诉期限，以行为严重程度为情节的，自行为实施之日或者行为终了之日起计算；行为严重程度不足以定罪，以具体危害结果为定罪情节的，自危害结果发生之日起计算。

第二，危害结果发生之日不同于危害结果发现之日。起草过程中有意见建议将“危害结果发生之日”修改为“危害结果发生之日或者危害结果被发现之日”。该意见以私放在押人员罪为例，在该罪中私放之日危害后果即已发生，但私放行为通常情况下很难察觉，往往只有等到被私放人员因其他犯罪被抓获后经倒查才发现私放的犯罪事实，此时时间已过去许久。如以危害结果发生之日来计算，很可能已经过了追诉期限。我们认为，该意见有一定的实践合理性，但是与刑法对于追诉时效的字面规定和精神均不符。按照该意见，刑法对于时效的规定将失去实际意义，故未采纳。同时需要指出,私放在押人员罪属于行为犯,该意见以私放在押人员罪为例不当。

第三,多个危害结果以最后一个危害结果计算追诉期限。渎职罪的危害结果往往具有持续性和连续性,为此,《解释》明确,“有数个危害结果的,从最后一个危害结果发生之日起计算。”对于本规定,应严格依照刑法关于“犯罪行为有连续或者继续状态的,从犯罪行为终了之日起计算”的规定精神来理解。首先,这里针对的是犯罪结果扩大的情形,最后一个犯罪结果的发生与犯罪结果的持续状态不同,不得以某一犯罪结果持续状态的结束之日计算追诉期限。其次,“从最后一个危害结果发生之日起计算”的根据在于结果的延续性,可以在整体上视为单一的渎职犯罪,如果成立渎职犯罪的危害结果已经停止,由于其他行为的介入又产生新的危害结果的,一般应以之前的危害结果计算追诉期限。

八、关于渎职罪主体的认定

刑法对国家工作人员渎职犯罪采取了区分国家机关工作人员和非国家机关的国家工作人员的二元立法模式,刑法分则第九章渎职罪的主体仅为国家机关工作人员。这种立法模式立足于从严治吏的政策精神,意在更好地贯彻罪刑相适应原则的要求,但是,由于国家机关工作人员的构成较为复杂,国家行政管理体制改革尚未全面完成,政企、政事职能交叉现象在一些领域依然存在,实践中对于国家机关工作人员的认定存在诸多问题。集中体现在:依法或者受委托行使国家行政管理职权的公司、企业、事业单位的工作人员能否认定为国家机关工作人员。为此,全国人民代表大会常务委员会2002年制定的《关于〈中华人民共和国刑法〉第九章渎职罪主体适用问题的解释》(以下简称《渎职主体解释》)规定:“在依照法律、法规规定行使国家行政管理职权的组织中从事公务的人员,或者在受国家机关委托代表国家机关行使职权的组织中从事公务的人员……在代表国家机关行使职权时,有渎职行为,构成犯罪的,依照刑法关于渎职罪的规定追究刑事责任。”但是,由于刑法在国家机关工作人员渎职罪之外还于第一百六十八条规定了国有公司、企业、事业单位人员的失职、滥用职权犯罪,实践中对于《渎职主体解释》规定中的“组织”是否包括国有公司、企业、事业单位存在不同意见。一种意见认为,立法解释中的“组织”不包括国有公司、企业、事业单位,国有公司、企业、事业单位人员的渎职犯罪应一概依照刑法第一百六十八条的规定处理,唯有如此,才可以避免立法解释和刑法第一百六十八条规定之间的冲突。我们持不同意见。首先,将从事国家行政管理职责的国有公司、企业、事业单位有条件地纳入“组织”的范围,并不会导致立法解释与刑法规定之间的冲突,前者限于国家行政管理事务,后者限于企业管理事务;其次,国有公司、企业、事业单位人员的失职、滥用职权犯罪仅以经济损失为其结果要件,对于行使国家行政管理事务中造成其他损失后果的,无从以该罪定罪处罚。鉴于此,《解释》第七条明确,“依法或者受委托行使国家行政管理职权的公司、企业、事业单位的工作人员,在行使行政管理职权时滥用职权或者玩忽职守,构成犯罪的,应当依照立法解释的规定,适用渎职罪的规定追究刑事责任。”适用本条规定时,需要注意以下几个问题:

第一,国有公司、企业、事业单位人员渎职犯罪与国家机关工作人员渎职犯罪的关系。一种意见认为,刑法第一百六十八条规定的国有公司、企业、事业单位人员的失职罪、滥用职权罪与刑法分则第九章规定的国家机关工作人员渎职罪属于法条竞合关系。如前所述,两罪的公务内容不同,故我们认为两罪不存在交叉竞合关系。对于依法或者受委托行使国家行政管理职权的公司、企业、事业单位的工作人员,在行使行政管理职权时滥用职权或者玩忽职守构成犯罪的,只构成单一的国家机关工作人员渎职罪。

第二,依法行使国家行政管理职权的公司、企业、事业单位的工作人员的认定。行政处罚法第十七条规定,法律、法规授权的具有管理公共事务职能的组织可以在法定授权范围内实施行政处罚。近年来,随着国家机关机构改革的深入和政府部门权力的下放,一些法律、法规授权某些非国家机关的组织在某些领域行使国家行政管理职权。如根据人民银行法、银行业监督管理法、保险法、证券法等法律规定,国家先后成立了银行业监督管理机构、证券监督管理机构、保险监督管理机构等,负责对银行业金融机构、证券业、期货业、保险业等实行专业化管理。这些机构属于事业单位,但从职权的性质和权限上讲,仍属于国家管理职权的一部分,故应视同为国家机关工作人员。实践中,依法行使国家行政管理职权的公司、企业、事业单位还包括:行使国家电力监管、烟草和食盐专卖等行政管理职权的公司,具有授予高等院校学位证书行政职能的高等院校,以及具有行政管理职权的行业协会等。需要指出的是,依照法律、法规规定行使国家行政管理职权的公司、企业、事业单位从事的不一定都是国家行政管理事务,这些组织中从事公务的人员不是当然的国家机关工作人员,只有在依法行使国家行政管理职权时实施了相关渎职行为的,才适用刑法关于国家机关工作人员渎职罪的规定。

第三,受委托行使国家行政管理职权的公司、企业、事业单位的工作人员的认定。行政处罚法第十八条规定,行政机关依照法律、法规或者规章的规定,可以在其法定权限内委托给符合法定条件的组织实施行政处罚,受委托组织在委托范围内,以委托行政机关名义实施行政处罚。实践中,一些国家行政机关将部分行政处罚权进行了委托授权,如一些地方的卫生行政部门委托卫生防疫站向食品卫生经营企业和食品生产经营人员发放卫生许可证,文化行政部门委托其事业单位文化市场管理办公室负责开办文化娱乐场所的审批等。受委托的公司、企业、事业单位与委托授权的国家机关工作人员拥有的该项行政处罚权完全相同,故可视同为国家机关工作人员。正确把握受委托行使国家行政管理职权的公司、企业、事业单位的工作人员,需要注意以下几点:一是委托的内容必须是行政管理事务,对于行政管理之外的其他事务不应当视为这里的“委托”。国家机关也会有大量的民商事活动,对于接受委托从事民商事活动过程中发生的渎职行为,不能以渎职犯罪处理。二是委托不限于合法委托。生活中经常出现国家机关违反法律规定将由本单位行使的职权委托给其他组织行使,受委托组织工作人员在行使过程中有渎职行为并造成严重后果的情形。对此,我们认为,委托行为是否违反有关规定,不影响渎职主体的认定。

此外,起草过程中还对村民委员会、居民委员会等基层组织人员能否认定为渎职罪主体的问题进行了研究。2000年全国人大常委会《关于〈中华人民共和国刑法〉第九十三条第二款的解释》规定,村民委员会等村基层组织人员协助人民政府从事救灾、抢险、防汛、优抚、扶贫、移民、救济款物的管理,社会捐助公益事业款物的管理,国有土地的经营和管理,土地征用补偿费用的管理,代征、代缴税款,计划生育、户籍、征兵等行政管理工作时,属于刑法第九十三条第二款规定的“其他依照法律从事公务的人员”。据此,肯定意见认为,村民委员会、居民委员会等基层组织人员协助人民政府从事行政管理工作时,应视同为国家机关工作人员。反对意见认为,首先,根据立法解释规定,此类人员属于其他依法从事公务的人员,在逻辑上排除了认定国家机关工作人员的可能;其次,考虑到这类人员没有国家机关工作人员的相关待遇,在具体认定上有必要从严把握。由于不能统一意见,《解释》未对该问题作出明确规定。

九、关于经济损失的认定

经济损失是渎职罪的一个重要定罪量刑指标,直接关系罪与非罪、罪重与罪轻的区分界限。为准确认定经济损失,《解释》第八条在《立案标准》规定的基础上,结合司法实际作了一定程度的调整和完善,明确:本解释规定的“经济损失”,是指渎职犯罪或者与渎职犯罪相关联的犯罪立案时已经实际造成的财产损失,包括为挽回渎职犯罪所造成损失而支付的各种开支、费用等;立案后至提起公诉前持续发生的经济损失,一并计入渎职犯罪造成的经济损失;债务人经法定程序被宣告破产,债务人潜逃、去向不明,或者因行为人的责任超过诉讼时效等,致使债权已经无法实现的,无法实现的债权部分应当认定为渎职犯罪的经济损失;渎职犯罪或者与渎职犯罪相关联的犯罪立案后,犯罪分子及其亲友自行挽回的经济损失,司法机关或者犯罪分子所在单位及其上级主管部门挽回的经济损失,或者因客观原因减少的经济损失,不予扣减,但可以作为酌定从轻处罚的情节。本条规定内容较多,分别说明如下:

1. 经济损失的概念和范围。《解释》对于经济损失的基本定位是已经实际造成的财产损失。具体适用时需要注意以下两点:

第一,经济损失必须是实际造成、确定可计算的财产损失。首先,在犯罪结果的理解上,我们历来坚持客观化的立场,尽管一些渎职案件造成了严重的潜在危险,但危险毕竟不同于结果,如无从确定具体损失的,不宜纳入经济损失的计算范畴。其次,经济损失的认定需有确实的证据支持,而不能是基于大致推断,至于经济损失的具体表现形式则不受限制。

第二,经济损失不限于财产毁损、灭失。《立案标准》规定经济损失是指财产损毁、减少的实际价值。《解释》未再采用这一表述,而是笼统地规定为“财产损失”。主要是考虑到,财产损失不仅包括事实意义上的损失,还应包括法律意义上的流失,相对于权利主体而言,财产流失也是一种损失。据此,渎职犯罪行为人滥用职权将甲的财产所有权违法转移到乙的名下,尽管该财产作为一种物质存在,既未损毁,亦未减少,但同样应认定为损失。

2. 计算经济损失的时间界点。随着诉讼活动的进行,经济损失可能持续扩大,也可能逐渐减少。但是,作为定罪量刑的重要情节,诉讼活动当中又要求经济损失必须是确定的。由此,经济损失的计算时间就显得尤其重要。对此,起草过程中存在多种不同意见。第一种意见主张以终审判决时为准,实事求是地认定经济损失。该意见又可理解为不应设定时间界限的观点,即只有当采取了一切手段,包括行为人本人,行政执法手段甚至是司法手段等,仍无法挽回经济损失的情况下,才能认定为经济损失。第二种意见主张以庭审时为准,认为在案件起诉之后法庭开庭审理之前,行为人所造成的经济损失仍无法挽回,才可以认定为经济损失。第三种意见主张以起诉时为准,认为在法院审理期间即使有证据表明重大损失得以挽回的,也不能改变行为人的犯罪性质,但在量刑上可以酌情考虑。第四种意见认为对犯罪分子及亲友挽回的损失与司法机关等部门挽回的损失应区别对待,不应人为地划定计算时间。不管是案发前后,对犯罪分子及亲友挽回的损失可予扣减;对司法机关挽回的损失或客观原因减少的经济损失则不予扣减,可作为酌情从轻处理的情节。《解释》继续延用了《立案标准》确定的“立案时”时间界点,并在此基础上作了一些调整,即:经济损失是指渎职犯罪或者与渎职犯罪相关联的犯罪立案时已经实际造成的财产损失;立案后至提起公诉前持续发生的经济损失,应一并计入渎职犯罪造成的经济损失;渎职犯罪或者与渎职犯罪相关联的犯罪立案后,犯罪分子及其亲友自行挽回的经济损失,司法机关或者犯罪分子所在单位及其上级主管部门挽回的经济损失,或者因客观原因减少的经济损失,不予扣减,但可以作为酌定从轻处罚的情节。《解释》确定渎职犯罪经济损失的认定原则上应以“立案时”为准,主要有两点考虑:一是以起诉或者审判时经济损失是否挽回作为定罪量刑的依据,将直接影响到刑事诉讼活动的确定性和严肃性。二是一个行为是否构成犯罪,原则上应以行为实施时为准,由于渎职犯罪行为与结果不同步的特征,为方便实践操作才确定以立案时为损失计算基准,但这不意味着损失挽回的就不构成犯罪。适用本规定时,需要注意以下几点:

第一,经济损失的认定以立案时为准,与是否行为人自行挽回没有关系。立案前已挽回或者减少的损失一概不计入犯罪数额。立案后不管是犯罪分子及其亲友自行挽回的经济损失,司法机关或者犯罪分子所在单位及其上级主管部门挽回的经济损失,或者因客观原因减少的经济损失,均不影响经济损失的认定。

第二,渎职犯罪尚未立案但与渎职犯罪相关联的犯罪已经立案的,以关联犯罪立案时已经实际造成的财产损失认定犯罪数额。实践中,有相当一部分渎职案件线索是由办案机关在查办关联犯罪案件过程中发现的。在渎职犯罪案件立案前,办案机关对关联案件可能已侦办多时,办案机关可能已经依职权追回全部或部分赃款,渎职犯罪案件嫌疑人及其亲友或所在单位也可能已经自行挽回了经济损失。此种情形本质上同样属于司法活动进行当中挽回的损失,故《解释》明确关联案件立案后挽回的经济损失部分不予扣除。

第三,立案后至提起公诉前持续发生的经济损失,应一并计入渎职犯罪造成的经济损失。立案后持续扩大的经济损失,是渎职犯罪的构成内容,依法应予追究刑事责任,同时为了保持控审活动的相对稳定,《解释》规定此种情形以提起公诉时作为认定经济损失的时间界点。

第四,立案后挽回的损失可以作为酌定从轻处罚的情节。该规定主要出于两方面的考虑:一是受到损害的社会关系得到了一定程度的修复,客观危害性有所减弱;二是鼓励行为人积极挽回损失。

《解释》施行之后有单位提出这里的"立案"是否包括行政执法、纪律检查部门的"立案",在执法执纪部门立案之后移送司法之前已经挽回的经济损失能否计入损失结果。对此,肯定意见认为,以危害结果为定罪条件的犯罪是否成立,取决于是否造成损失结果,而不在于损失结果是否业已挽回,后者通常仅具量刑意义,而不能影响定罪,将《解释》规定中的“立案”理解为包括执法执纪部门的立案,符合刑事犯罪的一般认定原则。我们认为,根据《解释》规定的精神和文字表述,在相关司法解释明确作出相反规定之前,宜将这里的“立案”理解为刑事立案。首先,如前所述,《解释》规定以“立案时”为准,其目的就是为了对“行为时”的一般司法认定标准作出必要的调整,其中既是行为与结果不同步的客观需要,也有鼓励行为人积极挽回损失、避免损失扩大的政策考虑。其次,从《解释》的语境和相关文字表述看,这里的“立案”指的应当是刑事立案。一是《解释》针对的是刑事案件;二是《解释》规定渎职“犯罪”或者与渎职犯罪相关联的“犯罪”立案,而执法执纪立案调查的是违法违纪行为,难言是犯罪立案。

3. 债权损失的理解。对于表现为债权损失的经济损失,《解释》仅对《立案标准》的规定在文字表述上作了技术处理,两者内容完全一致,即:债务人经法定程序被宣告破产,债务人潜逃、去向不明,或者因行为人的责任超过诉讼时效等,致使债权已经无法实现的,无法实现的债权部分应当认定为渎职犯罪的经济损失。正确适用该规定,需要注意以下几点:

第一,债权本身不是经济损失,只有不能实现的债权才是经济损失。债权损失的认定不适用“立案时”的计算标准。

第二,债权的范围限于民事之债,不能无限扩大。比如,某国有破产企业清算组谎称需补偿工人工资,上级主管单位不认真审核,将补偿款转至工人工资卡上,致使30余万元被工人支走;又如,行政机关在征收各种费用、税费时,以允许缓交、不进行催交等方式,致使实际上截至被查处时长期未缴纳的;再如,行政执法人员、司法工作人员的渎职行为导致他人的不动产被生效法律文书确认为第三人所有的,均属于对财产权的单方或者强制处分行为,不属于债权损失的范畴,其经济损失认定应适用“立案时”标准。

第三,确认债权无法实现的方式可以多种多样。债权是否无法实现,是犯罪事实的内在构成内容,刑事审判可自行认定,不一定都需要经过民事裁判确认。同时,对于生效民事裁判确认无法实现的,行为人是否提出申诉,一般不影响经济损失的认定。

十、关于从严惩处的政策把握

依法从严惩治渎职犯罪是《解释》的一个总基调。应当承认,在过去很长的一段时间里,我们对渎职犯罪的危害性、惩治渎职犯罪的重要性的认识并不到位。随着动辄造成数十人伤亡、成千上百万元经济损失的渎职犯罪以及与渎职犯罪相关联的恶性刑事案件频频发生,对于科学发展、依法治国的日益强调,全社会才逐步形成渎职也是严重腐败的共识。《解释》在突出整体从严惩治渎职罪的同时,还于第 9 条对从严惩处食品、药品监管渎职犯罪予以了特别强调,即“负有监督管理职责的国家机关工作人员滥用职权或者玩忽职守,致使不符合安全标准的食品、有毒有害食品、假药、劣药等流入社会,对人民群众生命、健康造成严重危害后果的,应当依照渎职罪的规定从严惩处。”该规定主要出于三个方面的考虑:一是食品、药品犯罪严重危害人民群众生命健康安全、严重损害党和政府形象,严重影响社会和谐稳定,具有极其严重的危害性;二是当前危害食品安全刑事案件数量大幅攀升,特别是重大、恶性事件时有发生,一些不法分子顶风作案,食品、药品安全形势十分严峻;三是食品、药品安全犯罪易发多发,与有关部门监管不力、有关监管人员包庇纵容有着较大关系,人民群众对此反映强烈。适用本规定时,需要注意以下两点:

第一,严之有据,依法从严。在充分认识严惩食品、药品监管渎职犯罪对于有效遏制食品、药品安全犯罪的重要性的同时,必须严格按照罪刑法定原则在法律规定框架内依法定罪和判罚。以食品监管渎职犯罪为例,刑法区分主体对食品监管渎职犯罪规定了多个罪名,包括食品监管渎职罪、商检徇私舞弊罪、商检失职罪、动植物检疫徇私舞弊罪、动植物检疫失职罪、徇私舞弊不移交刑事案件罪、放纵制售伪劣商品犯罪行为罪等。做到从严定罪,除了对这些罪名要有全面了解之外,还需要重点把握以下两点:一是刑法修正案(八)增设的食品监管渎职罪在构成要件上与滥用职权罪、玩忽职守罪基本相同,不存在不构成食品监管渎职罪反而构成滥用职权罪或者玩忽职守罪的情形,加之食品监管渎职罪的法定刑规定明显更重,故今后不得再以滥用职权罪和玩忽职守罪对食品监管渎职犯罪定罪处罚,这也是立法修正的精神所在。二是食品监管渎职罪与商检徇私舞弊罪、商检失职罪、动植物检疫徇私舞弊罪、动植物检疫失职罪、徇私舞弊不移交刑事案件罪、放纵制售伪劣商品犯罪行为罪在入罪标准上不尽相同,既有结果犯,又有情节犯和行为犯,相互之间不属于严格意义上的一般法与特别法关系,发生竞合时应择一重罪处理。在判处刑罚方面,对于尚无明确的定罪量刑标准司法解释规定的,可以参照适用滥用职权罪和玩忽职守罪的规定,并严格控制缓、免刑的适用。

第二,严之有度,宽严相济。从严惩处不是不加区分地一味从严,为取得好的惩治效果,在食品、药品监管渎职犯罪的惩处当中同样需要注意宽严相济刑事政策的运用,做到区别对待,以宽济严。首先,危害食品、药品安全犯罪猖獗,是多方面因素综合作用的结果,既有食品、药品生产经营现状,食品、药品监管体制机制等客观方面的原因,又有监管人员不作为、乱作为甚至包庇纵容等主观方面的原因,对于前者可适度从宽,对于后者则务必从严。其次,对于多人多环节多行为共同导致的渎职犯罪,应当区分过错责任分别处罚,做到罪责一致,罚当其罪。

十一、关于《解释》的适用

《解释》第十条对本解释的适用效力作了规定,明确“最高人民法院、最高人民检察院此前发布的司法解释与本解释不一致的,以本解释为准”。其主要考虑是,此前“两高”已有多个相关司法解释文件规定,且本解释均作了程度不同的修改。

《解释》施行后一些地方对《解释》与《立案标准》的关系提出了不同看法。一种意见认为,立案标准和审判标准解决的事项不同,公安机关和检察机关的立案标准可以低于法院的定罪标准,因为侦查机关立案后可以继续进行工作,查清尚未掌握的损失。我们认为,司法标准应当是统一的,不存在立案标准与审判标准相分离的问题,对于《解释》明确了定罪量刑标准的罪名如滥用职权罪和玩忽职守罪,其立案和审判均应统一到《解释》确定的标准中来。

此外,需要补充说明的是,《解释》起草之初的想法是制定一个统一的司法解释,一揽子解决渎职罪法律适用当中的共性问题和所有渎职罪名的定罪量刑标准。由于渎职罪的罪名较多,共有37个罪名,且涉及面很广,几乎涵盖了社会生活的各个领域,为便于问题的深入研究,确保质量并提高工作效率,我们对相关问题进行了拆分,将渎职罪法律适用中的共性问题置于本《解释》解决,同时考虑到滥用职权罪和玩忽职守罪属于渎职罪的一般罪名,且渎职犯罪主要集中在玩忽职守罪和滥用职权两个罪名上,本着急用为先的考虑,将滥用职权罪和玩忽职守罪的定罪量刑标准纳入本《解释》一并解决。渎职罪中剩下的35个特别罪名的定罪量刑标准和具体法律适用问题将留待之后的司法解释作出规定,这也是本《解释》取名为"解释(一)"的原因所在。在相关司法解释出台之前,实践当中对于尚未明确的渎职罪特别罪名的定罪量刑标准的掌握,可以适当参考《解释》关于滥用职权罪和玩忽职守罪的规定。

(作者单位:最高人民法院刑二庭)

关于“两高”渎职犯罪案件司法解释(一)的法律方法论思考

牛克乾

内容摘要:

法官在解读司法解释时,不仅要注意其“授人以鱼”的一面,还应关注其“授人以渔”的另一面。本文以“两高”《渎职犯罪案件司法解释(一)》的相关规定为样本,对不确定概念的具体化、体系化思维和体系解释、法律漏洞的填补和法律续造这三种法律方法在刑法领域的适用以及对刑事法官的借鉴意义进行了探讨。

2012年12月7日,最高人民法院公布了《最高人民法院、最高人民检察院关于办理渎职刑事案件适用法律若干问题的解释(一)》(以下简称《渎职犯罪案件司法解释(一)》),自2013年1月9日起施行。该司法解释共计十条,主要规定了八个方面的内容,对于规范渎职犯罪案件的查办和审判、有效惩治和预防渎职犯罪具有重要意义。作为最高司法机关根据刑法有关规定,就办理渎职刑事案件作出的具有普遍法律效力的司法解释,其明确规定的定罪处罚标准和处罚原则,刑事法官自应严格遵循。同时,隐含在该司法解释中的适用法律的方法,对于刑事法官在具体办案中应用刑法亦有重要的借鉴价值。笔者结合该司法解释的相关内容,从法律方法论的角度试作简要评析。

一、关于不确定概念的具体化——“重大损失”和“情节特别严重”的界定

《渎职犯罪案件司法解释(一)》第一条:

国家机关工作人员滥用职权或者玩忽职守，具有下列情形之一的，应当认定为刑法第三百九十七条规定的“致使公共财产、国家和人民利益遭受重大损失”：

（一）造成死亡1人以上，或者重伤3人以上，或者轻伤9人以上，或者重伤2人、轻伤3人以上，或者重伤1人、轻伤6人以上的；

（二）造成经济损失30万元以上的；

（三）造成恶劣社会影响的；

（四）其他致使公共财产、国家和人民利益遭受重大损失的情形。

具有下列情形之一的，应当认定为刑法第三百九十七条规定的“情节特别严重”：

（一）造成伤亡达到前款第（一）项规定人数3倍以上的；

（二）造成经济损失150万元以上的；

（三）造成前款规定的损失后果，不报、迟报、谎报或者授意、指使、强令他人不报、迟报、谎报事故情况，致使损失后果持续、扩大或者抢救工作延误的；

（四）造成特别恶劣社会影响的；

（五）其他特别严重的情节。

不确定概念是与确定概念相对应的法律术语。与确定概念相比，不确定概念具有概念的高度概括性、内涵和外延的不确定性和适用上的开放性等特点。世界各国的法制史都表明，意图制定纯粹由确定概念组成的法典，拒绝法官自由裁量权的立法思想只是一厢情愿的幻想。为克服法律的僵化和滞后性，现代国家的立法机关不得不在立法活动中广泛使用不确定概念，各个层次的立法和各个部门法均是如此。我国的刑法典中同样存在大量的不确定概念，最为典型的就是立法者有意在刑法典中规定的“数额较大”、“数额巨大”、“重大损失”、“特别重大损失”、“情节严重”、“情节特别严重”等模糊性定量因素。

不确定概念的具体化，是指通过法律解释的过程，使不确定概念的内涵和外延得以明晰,从而能够作为裁判的依据,适用于具体个案。[1] 不确定概念的具体化,是法律适用必经的步骤。实践表明,如果缺乏有效的规范和指引,法官很难在不确定概念的具体化时,真正做到公正公平,类似问题类似处理。我国刑法规定的渎职犯罪多为情节犯、结果犯,由于对其中的“情节严重”、“情节特别严重”、“重大损失”、“特别重大损失”等不确定概念的具体理解和认定不一,常常导致相似案件在不同地区甚至在同一地区的处理极不统一。同时,由于普遍存在对职务犯罪“就低不就高”的执法现象,很多地方的司法机关往往将严重情节认定为一般情节、将特别严重情节认定为严重情节,以致将重罪按轻罪处理、轻罪按无罪处理,直接反映量刑轻重的缓、免刑两项指标偏高。

通过最高司法机关制定和发布司法解释,以明确法律条文中的不确定概念,本质上是立法者容忍或者有意授权最高司法机关的“二次立法”,有利于保持基本法律稳定、规范法官自由裁量权和促进司法统一。多年来,最高人民法院出台的关于盗窃、抢劫、抢夺、敲诈勒索、交通肇事、伪造货币、扰乱电信市场等刑事案件的司法解释,其中最主要的内容就是对刑法条文中不确定概念的具体化。《渎职犯罪案件司法解释(一)》第一条对刑法第三百九十七条规定的“重大损失”和“情节特别严重”,从造成人员伤亡的数量、经济损失的数额、社会影响的程度、其他情形或情节四个方面进行了具体界定,明确了滥用职权罪和玩忽职守罪的定罪量刑标准,为纠正该类犯罪查办中的司法偏差,解决渎职犯罪处理偏轻的问题提供了规范基础。《渎职犯罪案件司法解释(一)》第一条的规定,为我们在具体办案中应对不确定概念具体化的难题提供了至少两个方面的有益借鉴:

第一,考量立法目的和立法意图。在不确定概念中,立法者已经做出了一定的价值指引。法官在具体化过程中不能偏离该价值指引,应按照立法者的既定思路来进行解释。[2] 在我国刑法学界,有学者将不确定概念具体化的刑法解释方法概括为想象重构的解释方法,指出,该种解释方法要求法官在适用法律时探求立法者在制定法律时的价值观念,即用立法者的意图来

① 参见王利明:《法学方法论》,中国人民大学出版社2012年版,第414页。

② 参见杨仁寿:《法学方法论》,台北三民书局1986年版,第167页。

解释法律规范的边缘含义。[①] 因此,法官在司法活动中对不确定概念的具体化,必须考量立法目的和立法意图。从严惩处渎职犯罪是党和国家的一贯方针。1997 年刑法修订时将渎职犯罪单列一章,并细化立法,形成了各种具体渎职犯罪的罪刑系列,立法的价值取向正是严厉惩治。《渎职犯罪案件司法解释(一)》明确规定,渎职致人死亡就应定罪,契合刑法的立法精神。相反,以往司法实践中对渎职犯罪处理偏轻,是在适用刑法规定的不确定概念时忽视或者背离了立法精神,以致难以取信于社会,不得不通过最高司法机关的硬性规范加以调整。

第二,注重不确定概念的类型化。从 20 世纪下半叶以来,对于不确定概念的解释方法转向了类型化思考。[②] 所谓类型化,一般是指通过对某一类事物进行抽象、归类,以事物的根本特征为标准对研究对象的类属划分。[③] 由于不确定概念难以进行定义,所以只有借助生活经验进行归类整理,才能在更大意义上克服自由裁量的随意性,避免在裁判案件时临事建制,保障司法的公正和平等。《渎职犯罪案件司法解释(一)》第一条总结司法实践经验,明确列举了"重大损失"和"情节特别严重"的三种类型,即人员伤亡类型、经济损失类型和社会影响类型,并且规定了兜底的其他类型。对于人员伤亡类型,更是按照死亡、重伤和轻伤的排列组合,织就了严密的法网。近年来,不少刑法学者在刑法适用中提倡类型思维。[④] 实践中,最高司法机关在制定司法解释时,不仅注重贯彻概念思维的模式,以定义明确刑法条文的相关规定,而且注重采用类型思维的模式,对刑法条文中的模糊概念进行体系化整理。与此相比,法官在适用刑法的具体办案实践中,类型思维的运用明显薄弱。借鉴司法解释的思路,提倡类型思维与立法意图的结合,正是刑事法官提高办案技能的一个重要切入点。

---

① 参见周光权:《刑法诸问题的新表述》,中国法制出版社 1999 年版,第 313 页;宗建文:《刑法机制研究》,中国方正出版社 2000 年版,第 163 页。

② 参见邱聪智:"回复原状的规范意义",载《民事法学新思维之开展》,元照出版公司(台北)2008 年版,第 330 页。转引自王利明:《法学方法论》,中国人民大学出版社 2012 年版,第 413 页。

③ 参见王利明:《法学方法论》,中国人民大学出版社 2012 年版,第 420 页。

④ 参见齐文远、苏彩霞:"刑法中的类型思维之提倡",载《法律科学》2010 年第 1 期;吴学斌:"刑法思维之变革:从概念思维到类型思维——以刑法的适用为视角",载《法商研究》2007 年第 6 期;陈坤:"刑法解释中的类型思维与立法意图",载《环球法律评论》2012 年第 5 期。

二、关于体系化思维和体系解释——普通法条与特别法条的选择适用

《渎职犯罪案件司法解释(一)》第二条:

国家机关工作人员实施滥用职权或者玩忽职守犯罪行为,触犯刑法分则第九章第三百九十八条至第四百一十九条规定的,依照该规定定罪处罚。

国家机关工作人员滥用职权或者玩忽职守,因不具备徇私舞弊等情形,不符合刑法分则第九章第三百九十八条至第四百一十九条的规定,但依法构成第三百九十七条规定的犯罪的,以滥用职权罪或者玩忽职守罪定罪处罚。

《渎职犯罪案件司法解释(一)》第四条:

国家机关工作人员实施渎职行为,放纵他人犯罪或者帮助他人逃避刑事处罚,构成犯罪的,依照渎职罪的规定定罪处罚。

国家机关工作人员与他人共谋,利用其职务行为帮助他人实施其他犯罪行为,同时构成渎职犯罪和共谋实施的其他犯罪共犯的,依照处罚较重的规定定罪处罚。

国家机关工作人员与他人共谋,既利用其职务行为帮助他人实施其他犯罪,又以非职务行为与他人共同实施该其他犯罪行为,同时构成渎职犯罪和其他犯罪的共犯的,依照数罪并罚的规定定罪处罚。

体系化思维既是法律思维的基本方法,也是保证裁判公正性的有效方法。法律本身就是社会管理体系的组成部分,自身也是完整的体系,决定了体系化思维在法律适用中的重要地位。体系化思维,某种意义上就是整体思维。这种思维方法在司法实践中比比皆是。比如,从整个法律体系着手,寻找案件可供适用的实体法和程序法;以政治效果、法律效果和社会效果的有机统一,来检验办案的质量;在刑事司法活动中,兼顾保障被告人权利和保护被害人权益;在刑民交叉、刑行交叉的案件中,统筹刑事、民事和行政法律的适用;以体系的观念考察刑事个案应适用的法条,统筹刑法总则条文与分则条文的关系,保证裁判的妥当性,等等。总之,没有体系,就没有法律;没有体系化思维,就没有准确的裁判结论。实践表明,很多案件之所以错

判、误判，往往是孤立办案、片面办案造成的。

体系解释是从法律的外在体系的一致性出发，通过法条的位置、法条之间的关系等，来确定法条含义的解释方法①。体系解释方法，是体系化思维在法律解释活动中的具体运用，也是最为古老的法律解释方法之一。在对法律进行体系解释的过程中，法官需要将法律中的规范、制度以及蕴涵其中的立法者价值判断作为一个有机的整体，从一个整体的视角考察法律规范及其所体现的价值判断。在解释过程中，法官不能简单地就条文论条文，也不能完全从条文的字面出发进行解释，而应当根据条文的语境和上下文含义等因素进行整体化理解和把握。② 在立法越来越精密和繁杂，社会矛盾和纠纷越来越错综复杂的情况下，要将案件事实与法律规定妥善连接，就必须更多地自觉运用使法律规定相协调的体系解释方法。

普通法条是指在一般场合普遍适用的法条（款）；特别法条是指在普通法条的基础上附加特定条件、在特别场合适用的法条（款）。③ 我国刑法关于渎职犯罪的规定采取了普通法条结合特别法条的立法方法，即在第三百九十七条规定了国家机关工作人员均可构成的玩忽职守罪和滥用职权罪，同时在第三百九十八条至第四百一十九条规定了36个特定国家机关工作人员才能构成的具体玩忽职守和滥用职权犯罪。司法实践中，适用渎职犯罪的刑法规定，主要存在两个方面的争议或者问题：一是第三百九十七条明确规定“本法另有规定的，依照规定”。由于36个特别罪名规定的一些要件如徇私舞弊、特殊主体等要件往往难以满足，在这种情况下，能否适用第三百九十七条按照普通的玩忽职守或者滥用职权罪追究行为人的刑事责任？二是36个特别罪名规定了较第三百九十七条普通的玩忽职守或者滥用职权罪更为严格的要件，但某些罪名的量刑反而更轻，在行为人的行为同时触犯特别罪名和普通罪名的情况下，能否按照重罪名即普通罪名定罪处罚？《渎职犯罪案件司法解释（一）》第二条明确了渎职犯罪当中一般罪名与特别罪名的法律适用关系，规定刑法有特别规定的渎职犯罪适用特别规定，依法不能适

① 参见王利明：《法学方法论》，中国人民大学出版社2012年版，第667页。

② 参见王利明：《法学方法论》，中国人民大学出版社2012年版，第668页。

③ 参见张明楷：《刑法分则的解释原理》，中国人民大学出版社2004年版，第283页。

用特别规定的可以滥用职权罪或者玩忽职守罪定罪处罚，以解决因特别法规定不周延导致的定罪处罚争议问题。

同时，我国刑法关于放纵他人犯罪或者帮助他人逃避刑事处罚的渎职犯罪规定，与他人实施的普通犯罪相关联，比如放纵走私与走私、私放罪犯与罪犯实施的犯罪、不征少征税款与逃税等。司法实践中，较难处理的情况是，如何把握渎职犯罪与普通犯罪共犯的界限。《渎职犯罪案件司法解释(一)》第四条从三个层面明确了该问题的处理意见：一是国家机关工作人员单纯放纵他人犯罪或者帮助他人逃避刑事处罚的，应以单一的渎职罪处理。二是国家机关工作人员与他人共谋，利用其职务行为帮助他人实施其他犯罪的，应在渎职犯罪和其他犯罪的共犯之间择一重处。三是国家机关工作人员与他人共谋，既利用其职务行为帮助他人实施该其他犯罪，又以非职务行为与他人共同实施其他犯罪的，应以渎职犯罪和其他犯罪的共犯实行数罪并罚。

《渎职犯罪案件司法解释(一)》第二条、第四条的规定，解决了渎职刑事案件中遇到的刑法第九章中的普通法条(第三百九十七条)与特别法条(第三百九十八条至第四百一十九条)的关系如何处理、刑法第九章与其他章节关联条文的关系如何处理的疑难问题。这些关系既可能表现为一个行为同时符合数个法条规定的法条竞合关系，也可能表现为规范关联犯罪行为的法条互补关系。《渎职犯罪案件司法解释(一)》的规定，为我们恰当运用体系化思维和体系解释方法，选择适用刑法规定中的普通法条与特别法条，确立了如下两项原则：

第一，在刑法条文明确"本法另有规定的，依照规定"的情况下，要按照特别法优于普通法的原则，选择适用特别法条。同时，要注意兼顾特别法条与普通法条之间的竞合和补充关系，在不能适用特别法条的情况下，并不一定排斥适用普通法条。理由在于，立法者在普通法条之外又设特别法条，本身就是为了对特定犯罪给予特定处罚，或因为某种犯罪特别突出而予以特别规定。在普通法条与特别法条形成竞合关系，而刑法明文禁止适用普通法条的情况下，基于量刑轻重的考虑而选择普通法条，明显违反罪刑法定原则。同时，在行为因特定要件不具备而不符合特别法条的规定，但完全齐备普通法条规定的犯罪要件时，因普通法条与特别法条之间并非竞合关系，如果以“本法另有规定的，依照规定”为由，对行为作无罪处理，则属于曲解法律。对于行为符合普通法而不符合特别法的情况，如果统筹考虑刑法条文关系和刑事立法“不枉不纵”的价值取向，很容易就应得出此种情况属于本法没有其他规定，应适用普通法条的结论。

第二，在刑法条文并未明确“本法另有规定的，依照规定”的情况下，通常也应依据特别法优于普通法的原则，选择适用特别法条。只有在适用普通法条不至于导致特别法条虚置，而且特别法条的法定刑明显低于普通法条的法定刑，适用特别法条违反罪刑相适应原则的情况下，才可以依据重法优于轻法的原则，决定适用特别法条或者普通法条。以单纯放纵他人犯罪或者帮助他人逃避刑事处罚的渎职犯罪为例，这种情况实际上是为他人犯罪提供帮助，同时构成他人犯罪的共犯，如果按照他人犯罪的共犯论处，将使相关渎职犯罪的条文没有适用的余地。为此，《渎职犯罪案件司法解释(一)》规定，此种情形要适用特别法优于普通法的原则，以渎职犯罪论处。但是对于那些国家机关工作人员与他人共谋，利用其职务行为帮助他人实施其他犯罪的，如果按照放纵他人犯罪或者帮助他人逃避刑事处罚的渎职犯罪处理，则会因为渎职犯罪的法定刑远低于其他犯罪，可能造成明显的量刑失衡，从而使那些积极追求或者支持他人犯罪，其职务行为又在他人犯罪中起到关键作用的人，得不到与其罪行相适应的处罚，背离“从严治吏”的立法旨趣。为此，《渎职犯罪案件司法解释(一)》规定，此种情形要适用重法优于轻法的原则，依照处罚较重的规定定罪处罚。

三、关于法律漏洞的填补和法律续造——牵连犯处断原则的取舍和“集体研究”形式渎职的处断

《渎职犯罪案件司法解释(一)》第三条：

国家机关工作人员实施渎职犯罪并收受贿赂，同时构成受贿罪的，除刑法另有规定外，以渎职犯罪和受贿罪数罪并罚。

《渎职犯罪案件司法解释(一)》第五条：

国家机关负责人员违法决定，或者指使、授意、强令其他国家机关工作

人员违法履行职务或者不履行职务,构成刑法分则第九章规定的渎职犯罪的,应当依法追究刑事责任。

以“集体研究”形式实施的渎职犯罪,应当依照刑法分则第九章的规定追究国家机关负有责任的人员的刑事责任。对于具体执行人员,应当在综合认定其行为性质、是否提出反对意见、危害结果大小等情节的基础上决定是否追究刑事责任和应当判处的刑罚。

法律漏洞是由于立法者未能充分预见待调整的社会关系,或者未能有效协调现有法律之间的关系,或者由于社会关系的发展变化超越了立法者立法时的预见范围而导致的立法缺陷。这种缺陷表现为:调整特定社会关系的具体法律规范缺失,或者既有法律规范之间存在矛盾,或者既有法律规则在今天的适用明显违背法律对公平正义的基本要求。① 时至今日,法律皆有漏洞几乎已经成为共识。然而,针对刑法是否存在漏洞,人们还是有不少分歧。不少学者认为,现代国家刑法一般都严格规定了罪刑法定原则,“法无规定不为罪”,为了维持刑法的安定性,不致侵害“国民可预测性”,即使存在着法律规定的体系违反问题,也不允许法官进行法律补充,故承认刑法存在漏洞意义不大,或干脆说刑法不存在着漏洞。② 笔者认为,刑法与其他部门法一样均存在漏洞,这是不容回避的现实,关键问题不在于是否承认刑法漏洞,而在于刑法漏洞填补的方式以及法官在面对刑法漏洞时应如何实现法律续造。

法律漏洞的填补,又称法律补充或法律续造,它是指存在法律漏洞的情况下,由法官根据一定的标准和程序,针对特定的待决案件,寻找妥当的法律规则,并据此进行相关的案件裁判。③ 在中国的法治体制和语境下,“法官造法”是比较容易引起歧义和非议的说法。作为司法者,法官自然不能超越宪法地位僭取立法权,但法律漏洞的客观存在又需要法官接续立法者的站位,根据立法的目的、精神和原则创制一定的规则,以维护法秩序的一体性,因此,“法官造法”固不可取,“法律续造”则是法官自由裁量权必不可少的一

---

① 参见王利明:《法学方法论》,中国人民大学出版社2012年版,第426页。

② 参见杨高峰:“论刑法漏洞——以偷税罪立法为视角”,载《法学论坛》2004年第6期。

③ 参见王利明:《法学方法论》,中国人民大学出版社2012年版,第435页。

项重要内容。尤其需要指出的是，全国人大常委会赋予了“两高”司法解释权，这项特殊司法任务的实际运作，包含着大量法律续造的内容。以刑法司法解释的内容为例，不管是对刑法典中“定量因素”的具体化、“空白罪状”的填补，还是突破刑法条文的字面含义对立法原意进行适当扩大，均属于在刑法规定的基础上超越法条的“法律续造”。

漏洞填补的方法可以分为两大类：一类为法律体系内的填补。它是指借助于现有法律体系内的规则来进行相关漏洞填补，如类推、目的性扩张解释、目的性限缩解释。另一类为体系外的填补。它是指在现有法律体系外寻求相关规则来填补漏洞，如基于习惯法和比较法填补漏洞等。[①] 刑法在整个法律体系中具有独特的地位和性质，其解释和适用包括漏洞填补，均与其他部门法有明显区别，主要体现在受罪刑法定原则制约，应符合“法无明文规定不为罪，法无明文规定不处罚”的要求。无论是“两高”制定司法解释，还是法官裁判具体案件，当遭遇刑法漏洞，尤其需要注意不得违背罪刑法定原则的价值取向和具体要求。无论是体系外的漏洞填补方法还是体系内的漏洞填补方法，适用于民事法律属于创制保护民事权益的规则，一般不作具体限制，但在适用于刑法时则必须考虑保障公民的预测可能性，避免不当扩大犯罪圈和不教而诛，一般仅限于有利于被告的情况下才能适用。《渎职犯罪案件司法解释（一）》第三条、第五条的规定，均有填补刑法漏洞的借鉴意义：

第一，对于刑法条文未明确规定的事项，可参考其他法律规定、理论界通说等适度创制相应规则。

《渎职犯罪案件司法解释（一）》第五条主要解决以集体研究为托词规避法律责任和实践中较为突出的“抓小放大”问题。司法实践中，一些国家机关工作人员明知自己的行为背离职责要求，但迫于组织或者主管领导的压力，未能正确履行职责，导致国家和人民利益遭受重大损失，在这种情况下查处的往往是一线工作人员，而未把做出决策的主管领导作为查处对象。为此，《渎职犯罪案件司法解释（一）》第五条规定，国家机关负责人员违法决

① 参见王利明：《法学方法论》，中国人民大学出版社2012年版，第437页。

定,或者指使、授意、强令其他国家机关工作人员违法履行职务或者不履行职务,或者以"集体研究"形式实施渎职犯罪,应依法追究负有责任人员的刑事责任。值得注意的是,对于渎职案件中的具体执行人员,《渎职犯罪案件司法解释(一)》第五条指出,应当在综合认定其行为性质、是否提出反对意见、危害结果大小等情节的基础上决定是否追究刑事责任和应当判处的刑罚。该规定实际上明确了执行上级命令的职务行为在一定情况下可归属为正当行为,具有明显的刑法漏洞填补的性质。

关于正当行为,我国刑法总则中仅规定了正当防卫和紧急避险两类,并未明确执行上级命令的行为是否属于正当行为。刑法学界的通说认为,执行上级命令的行为属于依照法令实施的正当行为的一种,即使形式上符合犯罪构成要件,也应考虑不以犯罪论处。在上级命令本身的内容具有社会危害性,执行该命令会造成危害社会的结果,但下级国家机关工作人员有义务服从该项命令的情况下,他一般不对执行命令产生的危害后果负责,而由发布命令的上级国家机关工作人员承担法律责任。[①]《渎职犯罪案件司法解释(一)》第五条在遵循理论通说的基础上,主要参考了《公务员法》第五十四条的规定:"公务员执行公务时,认为上级的决定或者命令有错误的,可以向上级提出改正或者撤销该决定或者命令的意见;上级不改变该决定或者命令,或者要求立即执行的,公务员应当执行该决定或者命令,执行的后果由上级负责,公务员不承担责任;但是,公务员执行明显违法的决定或者命令的,应当依法承担相应的责任。"

第二,对于既有刑法规范之间存在的矛盾,要综合考虑司法实践中的操作现状和现实需要,在平衡打击犯罪和保障被告人权益的基础上作出取舍。

刑法第三百九十九条规定,司法工作人员犯徇私枉法、民事、行政枉法裁判等罪,同时构成受贿罪的,依照处罚较重的规定定罪处罚。这种犯罪形态在刑法理论上称为牵连犯。刑法总则中对于牵连犯的定罪处罚原则并没有明确规定,在刑法分则具体条文中的有关规定并不协调一致。有的规定"择一重罪处罚",除了刑法第三百九十九条,还有如刑法第一百七十一条第

① 参见王政勋:《正当行为论》,法律出版社2000年版,第327页。

三款规定，伪造货币并出售的，以伪造货币罪定罪从重处罚；刑法第一百九十四条的规定，使用伪造、变造的委托收款凭证、汇款凭证、银行存单等其他银行结算凭证进行诈骗的，以金融凭证诈骗罪定罪处刑。也有规定“数罪并罚”，即刑法第一百五十七条规定，以暴力、威胁方法抗拒缉私的，以走私罪和妨害公务罪并罚。那么，在刑法规定的定罪处罚原则存在矛盾的情况下，对于实践中发生的实施徇私枉法、枉法裁判之外的其他渎职行为并收受贿赂，同时构成渎职犯罪和受贿罪的，是择一重罪处罚还是实行数罪并罚？

既有法律规范之间存在矛盾，属于碰撞漏洞，其特点表现为，法律对相关事项有比较明确的调整规则，但该调整规则并非唯一，在数项调整规则之间存在冲突关系，导致裁判者无法确定对纠纷处理的大前提。[①] 在刑法关于牵连犯的处罚原则出现碰撞漏洞的情况下，《渎职犯罪案件司法解释（一）》第三条对渎职罪和受罪罪的牵连犯采取了不同于刑法第三百九十九条的处罚原则，规定：“国家机关工作人员实施渎职犯罪并收受贿赂，同时构成受贿罪的，除刑法另有规定外，以渎职犯罪和受贿罪数罪并罚。”之所以如此规定，具体考虑是：首先，近年来的司法实践越来越倾向于对牵连犯实行数罪并罚，不仅有“两高”司法解释的明确规定，而且有相当多的案例。其次，对受贿罪和渎职犯罪的牵连犯择一重罪处断，难以适应当前惩治渎职犯罪的需要。由于受贿罪的法定刑重于渎职犯罪，按择一重罪处断将导致最初立案查处的渎职案件最后成为受贿案件，影响社会对渎职犯罪的认知，也会带来侦查机关重查处受贿犯罪忽视渎职犯罪侦查的后果。有的司法机关对一些同时具有渎职和受贿行为的犯罪嫌疑人，只要查实了受贿问题后就不再追查渎职问题，致使造成的严重渎职后果被掩盖。还有个别地方为了确保能以渎职罪名判决，在深挖受贿上积极性不高，造成重罪轻判，大案查小，影响打击效果。最后，受贿罪和渎职罪的犯罪构成具有一定的相互独立性，不存在明显的重复评价问题。

结语

司法的目的是要实现法律的正义，而离开了方法，司法的目的就难以实

① 参见王利明：《法学方法论》，中国人民大学出版社2012年版，第434页。

现。司法实践中,尽管大量的裁判者并没有系统思考和掌握通向正义的方法,但不可否认的是,任何一个裁判者都会自觉或不自觉地运用方法。[①] 的确,法律方法在司法活动中的重要性毋庸置疑。法官群体自觉自主地掌握和运用法律方法,是提高司法裁判的公正性和权威性的重要环节。“两高”为规范司法活动所制发的司法解释,在很多情况下,不仅为类型化的疑难问题给出答案,同时也提供解决疑难问题的方法和索引。法官在解读司法解释时,不仅要注意其“授人以鱼”的一面,还应关注其“授人以渔”的另一面。只有这样,才能用足用好司法解释,更加准确地理解和适用法律条文,更好地服务于审判实践。

(作者单位:最高人民法院中国应用法学研究所)[②]

---

① 参见王利明:《法学方法论》,中国人民大学出版社2012年版,第3页。

② 作者系最高人民法院刑二庭法官,现挂职西藏自治区高级人民法院,同时,攻读中国应用法学研究所博士后。

DNA证据的基本原理、独特证明功能以及审查判断DNA证据应当注意的问题*

刘静坤

DNA证据作为新科学证据的代表,给刑事司法领域带来了深远的、变革性的影响。在强调DNA证据特殊证明价值的同时,也要关注其自身出现错误以及对其进行错误解读的风险。在司法实践中,DNA证据的应用已经暴露出诸多技术、管理和程序等方面的疑难问题,有必要加强对DNA数据库比对、混合DNA分型、DNA检材污染以及鉴定书文书等的审查,确保DNA证据在诉讼过程中发挥预期的正向功能,避免司法错误发生。

一、DNA证据的基本原理、独特证明功能及风险

作为法庭科学领域的"利器",DNA证据不仅使一些被告人经常提出的"不在犯罪现场"的辩解大打折扣,而且凸显了生物物证的重要作用,切实有效地纠正了一批存在生物证据的错案。① 值得注意的是,由于DNA证据具有很强的技术性,给司法人员的审查判断带来了一定的挑战。唯有熟悉

---

* 本文涉及的专业技术问题,中文资料主要参考侯一平主编:《法医物证学》(第二版),人民卫生出版社2005年版;英文资料主要参考National Research Council Committee on DNA Technology in Forensic Science(1992)。文中不再另加注释。

① 例如,美国学者萨缪尔·格罗斯教授等人2012年发布的美国最新错案报告显示,从1989年1月至2012年2月,美国有873个案件的被告人被改判无罪。其中大部分错案都是基于DNA证据而被纠正。具体参见刘静坤、张倩:"美国最新错案报告(1989年-2012年)",载《人民法院报》2013年10月18日第8版。

DNA证据的基本原理,才能对其独特的证明功能有深入了解,进而切实把握其存在的独特风险。

(一)DNA证据的基本原理

DNA证据是以遗传学规律为基础,采用科技手段对生物检材进行鉴定,进而达到个体识别目的的产物,其实现了法医物证鉴定意见由排除到肯定的质的飞跃。为了解DNA证据的产生原理,有必要了解基本的遗传规律和DNA鉴定的遗传学依据。

1.遗传规律

对于遗传规律,遗传学上主要分为孟德尔定律和其他遗传规律。孟德尔定律包括分离律(law of segragation)和自由组合律(law of independent assortment)两个方面。

所谓分离律,涉及的是同一个基因座(locus)上的成对等位基因。体细胞核中的基因以成对形式出现并决定着遗传特性,在生殖细胞通过减数分裂形成配子时,成对的等位基因彼此分离,分别进入不同的配子。每个配子中就只含有亲代一对基因中的一个,进而完成不同遗传性状的独立传递。例如,父亲的精细胞等位基因是MN,母亲的卵细胞等位基因是AB,上述等位基因分离后进入不同的配子,就会形成子代的基因[MA,MB,NA,NB]。

所谓自由组合律,涉及的是不同基因座上的非等位基因。基因传递时,不同基因座上的非等位基因在形成配子过程中自由组合、随机配对、机会均等,形成子代基因。例如,父亲精细胞的基因是[MA,MB,NA,NB],母亲卵细胞的基因是[MA,MB,NA,NB],上述非等位基因分离自由组合,就会形成子代的基因[MMAA,MMAB,MMBB,NNAA,NNAB,NNBB,MNAA,MNAB,MNBB]。

自由组合律是个体识别统计学中乘积定律(product rule)的计算基础。[①]一般情况下,不在同一条染色体上的基因相互是独立的,位于同一染色体上

① 在法医物证鉴定领域,通常需要检测多个遗传标记来计算相应的概率,并且力争达到极小的概率,进而支持个别识别的结论。一般的方法是对一组遗传标记进行测定后,采用统计学中的乘积定律将各个单独的遗传标记组合成为一种具有极小概率的分型组合。

物理距离大于10Mb以上的基因也相互独立,没有连锁关系。[①] 个体识别鉴定应当选择符合自由组合律的遗传基因,只有使用那些没有遗传连锁关系、可以独立遗传的基因,个体识别的乘积定律才有效。

需要指出的是,生物体内有一些基因不遵循孟德尔定律。与个体识别相关的其他遗传规律主要是母系遗传和父系遗传。

母系遗传的典型例子是线粒体DNA(mtDNA),它是唯一的核外基因组DNA,通过卵细胞将遗传信息传递给子代。实践中,线粒体DNA适合于解决毛干、指甲等无核生物组织和降解、微量检材的DNA分析,但因其鉴定技术要求较高,且呈母系遗传,故一般不作常规使用。线粒体DNA在缺乏父方的亲子鉴定、隔代祖母/孙或同母兄弟姐妹间的亲缘关系鉴定方面有特殊证明价值。

不同的实验室对线粒体DNA鉴定意见的表述存在差异,实践中需要准确理解,避免对原本科学的鉴定意见作出错误的解读。一般而言,如果两个样本的线粒体DNA序列不一致,一般可排除来源于同一个体或同一母系,但两个线粒体DNA单倍型之间仅有个别碱基不同时[②],要考虑线粒体DNA的突变率比核DNA高很多,同时还存在胞质异质性现象,故不能认定二者就是来源于不同个体或不同母系。当结果显示检材与样本的线粒体DNA序列一致或者表述为"不排除"时,也不能轻率地认定二者就是源自同一个体或相同母系。此时要考虑线粒体DNA单倍型在群体中的频率,因为不同的母系家族也可能拥有相同的单倍型。所以,"不排除"绝不等于"能够认定"。简言之,线粒体DNA序列一致并不代表已经作出同一认定,不能据此认定被告人与案件事实的关联,实践中曾出现过此类错误,应当引起高度重视。

相比之下,父系遗传的典型例子是Y染色体DNA,因Y染色体大部分

---

① 在遗传过程中,如果不同基因座上的等位基因没有按照孟德尔自由组合定律的随机原则组合,这些基因座上的遗传就处于一种连锁不平衡状态,表明各个遗传标记之间有相关性,具有一同遗传的趋向,基因座不具有独立性。因此,在上述情况下,分析累计概率时就不能运用乘积定律。

② 单倍型是指连锁基因座上等位基因的组合,构成单倍型的等位基因呈连锁遗传。确定常染色体上遗传标记的单倍型需要进行家系调查,而线粒体DNA和Y染色体遗传标记可以根据个体分型的结果直接确定单倍型。

(除拟常染区外)不与X染色体重组,这些非重组部分的遗传基因直接由父亲遗传给儿子。Y染色体DNA在性犯罪案件中的个体识别及亲子鉴定中有重要作用。Y染色体DNA的鉴定,也达不到同一认定的水平,因此,对Y染色体DNA鉴定意见的审查与运用,应当遵循前述与线粒体DNA相似的规则。

2. DNA鉴定的遗传学依据:DNA的多态性

不同个体间的遗传差异表现为不同的等位基因组成。等位基因之间的差异可能是点突变引起的基因序列不同,也可能是碱基的插入或缺失引起的基因片段长度不同,这些都属于具有个体识别特征的DNA遗传标记,具有遵循孟德尔定律和终身不变等特征。这种由不同碱基结构的等位基因所形成的多态性被称为DNA“多态性”(polymorphism)。

根据DNA遗传标记的结构特征,DNA多态性可以分为“长度多态性”和“序列多态性”两类。司法实践中通常是基于长度多态性进行DNA鉴定。

DNA长度多态性,是指同一基因座上各等位基因之间DNA片段长度的差异所构成的多态性。

在实验中,将基因组DNA用适当的方式打断,形成约10kb大小的片段,然后在特定的溶液中进行超速离心操作,形成密度梯度,就会在DNA“主谱带”附近形成浮力密度不同的其他几条“辅谱带”,这些辅谱带被形象地称为“卫星带”。通过序列分析发现,这部分卫星带DNA呈串联重复形式,即以相对恒定的短序列为重复单位,首尾相连,串联连接形成。在人类基因组中,串联重复序列约占10%。这些串联重复的DNA序列就被称为“卫星DNA”。按照重复序列的长度和序列特征,可将卫星DNA进一步分为大卫星DNA、小卫星DNA和微卫星DNA。

在法医物证鉴定领域,DNA长度多态性的分析主要涉及小卫星DNA中的“可变数目串联重复序列”(VNTR)以及微卫星DNA中的“短串联重复序列”(STR)。

对于小卫星DNA中的VNTR长度多态性特征,其重复长度单位为9~24个碱基对(bp),所有的重复单位都有一个共同的富含G/C或者A/T碱基的核心序列。以小卫星DNA的核心序列作为筛选条件(俗称探针),可以与多个 VNTR 序列进行匹配,进而检测到多个 VNTR 基因座的等位基因,这是利用多基因座 DNA 探针进行 RFLP(限制性片段长度多态性)分析的理论基础。①

在目前已经发现的 VNTR 基因座中,等位基因频率多在 0.1% ~10% 之间,如果用一种探针作 RFLP 分析,在某个体中检出一个等位基因,它的频率为 0.05,那么同时用 5 种探针检测出 5 个这样的等位基因,在人群中的概率就只有 $0.05^5 = 3.125 \times 10^{-7}$,即相当于在 300 万人中只有一个人同时有该 5 种基因。小卫星 VNTR 基因座的显著多态性是个体识别的重要依据。

关于微卫星 DNA 中的 STR 序列长度多态性特征,其重复单位为 2 ~6 个碱基对。STR 序列在人类基因组中占 5% 左右,估计有 20 万 ~50 万个,其中约一半具有遗传性。法医物证鉴定常用四核苷酸 STR 基因座,最常见的基因排序(即作为重复单位的碱基组成形式)是[AGAT]和[GATA]。②

3. 检测 DNA 长度多态性的 PCR - STR 分型技术

早期,DNA 分析主要采用 RFLP 技术(限制性片段长度多态性)对人类基因组中的 VNTR(多次重复串联序列)基因座进行分型,从中筛选出小卫星序列,然后选择特异性不同的探针,在不同的匹配条件下检出相应的多个 VNTR 位点,进而达到个体识别的目的。

随着法医物证鉴定技术的发展,目前,由于常染色体 PCR - STR(短串联重复序列)分析技术已经非常成熟③,具有快速、灵敏、自动化程度高、能复合扩增等优点,因此在实践中应用最为广泛。

STR 的核心序列(重复单位)短,多为 2 ~6 个 bp(碱基),长度多态性来源于核心序列重复次数的个体差异。STR 基因座在基因组中分布广泛,其

---

① RFLP(限制性片段长度多态性)是一种传统的分子生物学检测技术,主要对人类基因组中的 VNTR 基因座进行分型,实验步骤分为:对生物检材基因组的 DNA 进行提取,使用"限制性核酸内切酶"进行消化酶切,将酶切片进行电泳分离,将分离后的 DNA 片段转移到尼龙膜上(印迹转移),针对小卫星 DNA 的核心序列串联重复选择探针并进行标记,分子匹配后显示探针标记和谱带显示等。

② A 代表腺嘌呤,G 代表鸟嘌呤,C 代表胞嘧啶,T 代表胸腺嘧啶。上述都是 DNA 中的含氮碱基,嘌呤总含量与嘧啶总含量相等:A + G = C + T。

③ PCR(聚合酶链反应,polymerase chain reaction)是一种体外扩增特异性 DNA 片段的技术,可在数小时内获得近百万个 DNA 片段的拷贝。

等位基因片段长度多在400bp以下,扩增成功率高,阳性率和检测灵敏度大约比VNTR高出10倍,尤其适用于陈旧、降解和腐败的生物检材的分型鉴定。经过筛选的STR基因座,扩增条件基本相同,可以在同一个PCR体系中扩增多个基因座。目前的复合扩增体系已可同时扩增9~16个STR基因座,个体识别能力很强。

PCR-STR分型技术原理主要分为以下几个步骤:第一,模板DNA提取。第二,PCR扩增。第三,电泳分离,DNA双链在电泳过程中呈单链状态,可以分辨1个bp的片段长度差异。STR等位基因分型标准物(allelic ladder)在电泳后形成彼此相差一个重复单位的等距离阶梯图谱。第四,显示基因图谱,参照等位基因分型标准物确定检材的基因型。

在PCR-STR基本分型技术的基础上,还可以进行多基因座复合扩增,即在一个PCR体系中同时扩增多个基因座,提高单次检测的信息量。实践中,复合STR分型技术具有高度的灵敏度和鉴别能力。复合扩增10余个STR基因座,累计匹配概率基本上可以达到同一认定的目的。目前,实践中大多数实验室是以15个或者16个STR基因座作为DNA鉴定的数量基准。

对于个体识别而言,法医统计学通常倾向于使用似然率(likelihood rate,LR)来评估遗传分析提供的证据强度。例如,现场血迹的DNA与被告人的DNA分型均为X,就需要考虑以下两种假设:假设1不利于被告人,即现场血迹是被告人所留;假设2有利于被告人,即现场血迹是与案件无关的随机个体所留。似然率是指“假设1条件下现场血迹与被告人的DNA分型都是X”的概率与“假设2条件下现场血迹与被告人的DNA分型都是X”的概率之比。似然率越大,支持假设1的证据强度越大。如果用频率来计算概率,以P(X)代表DNA分型X在群体中的频率,则LR=1/P(X),因此,似然率通常视为群体中某种DNA分型频率的倒数。例如,现场血迹与被告人的13个STR分型都相同,则LR=1/P(X)=1/0.000000000001=1000000000000。

实践中,如果似然率数值小于1,则支持假设2,即现场血迹是与案件无关的随机个体所留。如果似然率超过1,我们就可以说证据支持假设1,即现场血迹是被告人所留。就统计学上“支持”的程度而言,似然率数值大于1000的,属于“极强有力支持”,当然,文字表达只是帮助理解似然率的辅助手段。

(二)DNA 证据的独特证明功能

与传统的指纹、足迹等鉴定证据相比,DNA 证据具有诸多优势,这也使其在诉讼领域发挥着独特的证明功能。

首先,传统的指纹、足迹等鉴定意见虽然在实践中得到了普遍的应用,但在理论基础方面尚有欠缺。而 DNA 证据表现为以数据为支撑的概率结果,具有统计学上的理论基础。这与传统的符合/不符合二分法形式的鉴定意见相比是一个明显的进步,同时也显示出 DNA 证据具有更强的科学性。

其次,对于指纹、足迹等痕迹,只有在检材细节特征明确的情况下才能得出符合性结论。而 DNA 证据对检材的要求并不十分严格。根据洛卡德物质转移原理,犯罪行为人通常会在犯罪过程中遗留血迹、毛发、体液、人体组织等多种类型的生物证据。只要从现场提取了行为人的生物检材,即使是微量检材或者陈旧、降解和腐败检材,一般也能够获得行为人的 DNA,进而通过数据库搜索查找被告人,或者与已知被告人的 DNA 进行比对。

再次,DNA 证据的应用更加系统化、规范化。从现场获取检材 DNA 后,被告人可能并未被抓捕在案,无法获得被告人的 DNA 样本进行比对,此种情况下,可以将检材 DNA 输入 DNA 数据库进行搜索比对,如果被告人此前因为违法犯罪被提取 DNA 输入数据库,就可以通过数据库搜索查找到被告人;即使 DNA 数据库并不包含该被告人的 DNA,也可以将检材 DNA 输入数据库备案,留待日后进行搜索或者比对。目前我国的 DNA 数据库建设日趋规范化,数据库内 DNA 数量庞大,总数已超过 2000 万人,位居世界第一,并且增速很大。相比之下,指纹、足迹的数据库建设并没有 DNA 数据库那些发达。

最后,在一些特殊类型的案件中,例如杀人、强奸等案件,现场遗留的被告人血迹、精斑等证据,能够有力地建立被告人与被害人及犯罪事实之间的关联。对于指纹、足迹等证据,被告人则可能会提出自己只是偶然出现在现场、触摸特定物品等辩解,对于此类辩解,往往需要进一步提供证据予以反驳。

在审判阶段,由于被告人的身份已经确定,公诉机关提交的 DNA 证据能够证明现场检材与被告人的关联，该证据往往是定案的关键性证据。实践中，DNA 鉴定意见的证明力部分取决于专家对其意见的确信度，部分取决于该意见内在的统计基础。当然，专家一般不会声称某个 DNA 证据具有独特性，也不会说只有被告人才是现场 DNA 的唯一来源，进而绝对排除其他人。但是合格的专家基于充分的统计基础，可以指出，基于合理的科学确信度，被告人是现场 DNA 的来源。

（三）DNA 证据的特殊风险

在司法实践中，每种证据都有其内在的错误风险。证人可能作伪证，被害人可能说谎，与上述证据相比，DNA 证据的错误风险更加特殊。

一方面，尽管 DNA 证据比传统证据更加可靠，但仍然存在着错误率问题。随着 DNA 证据的应用越来越多，错误也可能随之增多。同时，DNA 证据涉及的数据库建设、检材收集、操作过程、数据录入等环节都可能出现错误，此类错误不仅可能导致个案出现偏差，而且可能影响诸多相互关联的案件。①

另一方面，尽管 DNA 证据的错误率比传统证据低，但其证明力较强，往往更加容易被轻信；同时其技术性较强，普通人很难对其进行有效的审查判断，甚至可能对其作出错误的解读。因此，一旦 DNA 证据出错，就有可能直接导致错案。对于那些主要凭借 DNA 证据定案的案件，情况更是如此。

下文围绕实践中与 DNA 证据相关的一些疑难问题，从技术和法律等层面入手，对 DNA 证据的审查判断方法和要点提出初步的意见。

二、DNA 数据库搜索比对得出的符合结论的审查判断

近年来，各地公安机关积极推动 DNA 数据库建设。实践证明，DNA 数据库搜索比对，对于锁定被告人尤其是查破积案具有重要的作用。在“清网行动”中，公安机关通过 DNA 数据库搜索比对查破了大量积案。

① 国外有学者对类似问题进行了专门研究。如有研究报告显示美国休斯顿市警察局犯罪实验室此前在生物证据储存领域问题丛生，涉及的领域包括生物证据数量过多产生的证据堆积问题，以及不按照规定储存生物证据，有些证据甚至遭到了老鼠的破坏。参见［美］威廉·奇泽姆等：《犯罪重建》，刘静坤译，中国人民公安大学出版社 2010 年版，第六章。

如在被告人王某、武某抢劫杀人案中,2000 年,王某、武某携带刀具来到某公园内伺机抢劫,当二被害人途经此处时,王某、武某分别持刀杀死二被害人,其间武某持刀误伤王某左前臂,武某的手也在作案过程中被划伤。公安人员现场勘查时从现场各地提取了多处血迹,从中发现两种嫌疑血迹,随即将嫌疑血迹的 DNA 数据输入公安部全国 DNA 数据库。因当时没有其他线索,故该案一直未能侦破。2009 年,王某因打架被警方提取 DNA 样本。2010 年,警方将王某的 DNA 信息录入全国 DNA 数据库,经比对发现王某的 DNA 与前述抢劫案现场可疑血迹的 DNA 吻合,据此认定其有重大作案嫌疑,并将王某抓获归案。王某归案后如实供述了其伙同武某抢劫杀人的犯罪事实。公安机关根据其供述将武某抓获归案。此案得以破获。

（一）如何判断 DNA 数据库搜索比对结论的证明价值

需要指出的是,DNA 数据库搜索比对得出的符合结论,与常规的 DNA 检材、样本直接进行比对得出的符合结论,在产生过程上并不相同,那么,这两类鉴定意见的证明价值是否存在差异?

美国 DNA 技术国家研究顾问委员会的一项研究报告指出,在现场检材与被告人样本之间得出 DNA 符合结论,与在现场检材与 DNA 数据库中的某个样本之间得出 DNA 符合结论,两种情形的证明价值存在很大的差异。DNA 证据的证明价值与可能性概率密切相关。基于数据库搜索得出的 DNA 符合结论,其证明力高于因被告人被锁定后直接比对检材与被告人样本得出的 DNA 符合结论。理由在于,检材与单个样本之间的比对只需验证或者证伪某个假说,而检材与数据库的比对则需要排除多个假说。

例如一个案件中,某人因为某个并不十分可靠的证人指认而被确定为犯罪嫌疑人,随后进行的 DNA 鉴定确定其 DNA 与现场血迹的 DNA 符合。在另外一个案件中,DNA 数据库搜索发现了某人与现场血迹之间的关联,进而将该人确定为犯罪嫌疑人,随后某个并不十分可靠的证人指认该人是作案人。假定上述案件中的 DNA 证据是相同的,证人证言和辨认结论也是相同的,那么面对上述证据,一般会认为 DNA 数据库搜索比对相对于单个被告人样本比对的证明价值更大。上述观点有一定的统计学上的依据,不过这种概率与 DNA 证据的证明力本身并无关联。

(二)为避免随机性错误,应当对DNA数据库搜索比对结论进行复核

尽管DNA数据库搜索比对结论的证明力较强,不过,由于数据库自身的特殊性,这种搜索比对结论也可能出现随机性错误,甚至可能因数据库信息录入错误而导致搜索比对结论错误。

为了避免随机性错误发生,确保DNA数据库搜索比对得出的符合结论具有可靠性,实践中,如果被告人的检材与DNA数据库中的某个样本符合,接下来应当通过辅助的DNA位点(loci)进行确证。在美国的司法实践中,最初通过DNA数据库搜索比对得出的符合结论可以被用作从被告人处提取血样的法律依据。只有进一步通过复核DNA鉴定,基于其他位点得出概率更高的符合结论,才能作为审判证据使用。这种做法无疑能够避免在数据库搜索过程中存在选择性偏见等问题。

同时,复核DNA鉴定还有助于避免因DNA数据库录入错误导致结果错误。实践中,如果登记入库的样本DNA录入错误,哪怕只是一个基因座甚至一个等位基因分型错误,都将产生错误的搜索比对结果,进而导致错误的结论。而且DNA分型数据一旦登记入库,使用中很难发现分型数据的错误。通过复核DNA鉴定,能够有效避免上述问题。

基于上述考虑,为了确定DNA数据库搜索比对得出的符合结论具有可靠性,一般需要在被告人归案后将现场检材与被告人的DNA样本进行复核DNA鉴定。

三、混合DNA分型结论的审查判断

在一些案件中,可能涉及多名被告人,或者被告人与被害人存在直接或者间接的接触,导致现场生物检材经过DNA鉴定后得出混合分型结论。

如在被告人赵某抢劫杀人案中,赵某经预谋后抢劫出租车司机,其在持刀杀害被害司机的过程中,曾与被害人发生打斗。赵某杀死被害人后将被害人的出租车销售。公安机关在现场勘查时从死者左手提取了几根毛发,经鉴定,送检的毛发中检出混合DNA分型,其中包含死者的DNA。通过排查被害人出租车的销售渠道,公安机关锁定赵某具有重大作案嫌疑,并将其

抓获归案。经鉴定,从被害人左手提取的毛发所检出的混合 DNA 分型不排除包含赵某 DNA 的可能性。此案得以破获。

(一)如何判断混合 DNA 分型可能涉及的人数

现场的生物检材经 STR 分型检测,在某一基因座发现 3 个或 3 个以上等位基因时,可确认为混合斑。每一个体的 STR 基因座有两个等位基因,混合斑出现的等位基因数,可有效提示其中涉及的人数。一个基因座中,两个个体最多有 4 个等位基因,如果出现 5 个或 6 个等位基因,则提示至少有 3 个人的 DNA 混合。

实践中,混合 DNA 分型既可能是被害人与被告人的 DNA 混合,也可能是多名被告人的 DNA 混合,还可能涉及案外其他无关人员的 DNA 混合。具体需要结合案情和在案证据作出进一步的判断。

(二)如何判断混合 DNA 分型的证明价值

在一些案件中,生物检材经过鉴定后可能发现混合的 DNA 分型,例如现场可能存在两个或者更多人的血液。通常情况下,需要将各种可能的基因型组合与被害人和/或被告人的基因型进行比对,判定是否与两个样本有一致的等位基因。实践中,一些鉴定机构在鉴定书上仅注明案件中存在混合 DNA 分型,但不列明混合分型的具体 DNA 数据,以至于无法对混合 DNA 分型的证明价值进行准确的判断。对于此种情形,应当让鉴定机构补充相关材料。

在我国,通说观点认为,如果在混合 DNA 分型中能够找到被害人的等位基因,而被告人的基因与混合 DNA 分型中其余的基因组合不符,则可以排除其嫌疑;如果被告人的基因与混合 DNA 分型中其余的基因组合一致,则不能排除其嫌疑,此时需要结合多个 STR 基因座的分型结果进行进一步的似然率分析。

相比之下,美国 DNA 技术国家研究顾问委员会的一项研究报告指出,以 VNTR 为例,如果混合 DNA 分型有 4 个等位基因,且可以确定这些等位基因来自两个人,那么,如果被告人与被害人的等位基因已知,并且分别对应混合分型中 4 个基因数值的情况下,通常就可以认为,其中 2 个基因数值符合其中一人,另外 2 个基因数值符合另外一人。

需要指出的是,对于强奸或者轮奸案件中的混合 DNA 分型,可以使用 Y 染色体 STR 基因座进行分析。Y 染色体为男性所特有,且大多数的 Y-STR 在一个男性仅有一个等位基因,因此,在被告人归案的情况下,可以对强奸案件中被害人与被告人的混合体液,或者轮奸案件中多个体混合精斑,或者多个体男性混合血迹,基于 Y-STR 分析进行个体识别认定。

由于常见 Y-STR 基因座的多态性程度不高,实践中通常需要联合检测多个 Y-STR 基因座。同时需要注意的是,同父系 Y-STR 序列结构相同,因此,生物检材的 Y-STR 分型相同不能作为同一认定的依据,但能有效缩小涉案人员的群体范围。在生物检材具备条件时,可在 Y-STR 分析的基础上进行常染色体 STR 分析。

四、DNA 证据污染的审查判断

一些案件中,现场生物物证经 DNA 鉴定除发现被告人、被害人的 DNA 之外,还可能发现其他人的 DNA。上述情况之所以出现,很可能是由于现场生物检材受到了污染。

如在被告人金某故意杀人案中,金某到卖淫女姚某的出租房进行交易。二人发生性关系后产生争执,金某将被害人掐死后逃离现场。公安人员从现场提取了大量生物物证。经鉴定,现场地面上提取的三个烟蒂、一个水杯、两个桔子核均检出混合 DNA 分型,现场地面上提取的两个避孕套内侧均检出混合 DNA 分型,上述混合 DNA 分型均包含金某与另一男子徐某的 DNA。公安机关将金某抓获后,其供认在现场有吸烟、喝水、吃桔子等行为,承认现场提取的避孕套是其使用后丢弃,并称自己系单独作案。后经排查,混合 DNA 分型中涉及的另一男子系现场房间的前承租人,不具备作案时间条件,故排除其参与作案的可能性。对于现场生物物证经 DNA 鉴定检出混合分型的问题,公安机关称是现场生物检材遭到污染所致。

(一)如何判断 DNA 证据是否遭到污染

DNA 证据是对现场的血迹、毛发、精斑等生物检材进行鉴定所得出的科学证据。因此,所谓 DNA 证据污染主要是指生物检材在形成、提取和鉴定过程中遭到了污染。实践中,如果现场生物物证经 DNA 鉴定存在混合分型,混合分型中又出现了被告人、被害人以外其他人员的DNA,就意味着生物检材可能被其他生物物质所污染。

生物检材污染既可能是生物检材在产生过程中受到现场其他生物物质的污染,也可能是因取证乃至鉴定不规范而受到其他生物物质的污染。例如美国《西雅图邮政——情报者报》的一项调查发现,华盛顿巡逻机构的犯罪实验室出现多起DNA证据污染的案例。在调查处理的至少23个案件中,鉴定人员在处理DNA检材的过程中都产生了错误,其中有8个案件是鉴定人员自己的DNA污染了生物检材,有3个案件是不相关案件的DNA污染了生物检材,有1个案件是同一案件中的其他证据污染了生物检材,还有多个案件未能查明生物检材遭到污染的原因。[①] 现阶段我国的鉴定机构管理已经相对比较规范,但也不排除在鉴定过程中可能出现生物检材遭到污染的问题。

(二)对DNA证据污染应当如何处理

如果DNA鉴定意见反映出现场生物检材可能遭到污染,就需要判断污染的成因,并在此基础上对DNA证据污染作出合理的解释。

如在前述金某故意杀人案中,公安机关对现场生物检材得出的混合DNA分型出具说明称,现场地面有多处明显水迹,DNA检材有明显被水浸泡的现象,DNA检材通过地面上的水遭到徐某此前遗留的生物物质的污染,所以导致混合DNA分型的出现。该案中,因徐某刚搬离现场出租屋一个月,现场很有可能留有其生物物质,现场的水迹可能导致DNA物质的扩散,进而对生物检材造成了污染。当然,该案中也不能排除公安人员在取证时操作不规范而造成生物检材污染。

如果DNA鉴定意见反映出生物检材可能受到污染,如涉及其他人员的DNA,那么,在分析生物检材污染原因的同时,还需要排除其他人涉案的可能性。再如前述金某故意杀人案中,该案DNA鉴定意见反映,现场生物检材除检出被告人金某的DNA外,还检出另一男子徐某的DNA,经查,徐某某此前曾在现场房间居住,案发前早已离开,并不具备作案时间,据此可以对

① 参见[美]威廉·奇泽姆等:《犯罪重建》,刘静坤译,中国人民公安大学出版社2010年版,第六章。

现场检出徐某DNA的情况作出合理解释,并且排除徐某参与作案的可能性。

五、DNA鉴定书文书的审查判断

除上述专业问题外,实践中还应加强对DNA鉴定书文书的审查判断。《最高人民法院关于适用〈中华人民共和国刑事诉讼法〉的解释》第八十四条规定:"对鉴定意见应当着重审查以下内容:(一)鉴定机构和鉴定人是否具有法定资质;(二)鉴定人是否存在应当回避的情形;(三)检材的来源、取得、保管、送检是否符合法律、有关规定,与相关提取笔录、扣押物品清单等记载的内容是否相符,检材是否充足、可靠;(四)鉴定意见的形式要件是否完备,是否注明提起鉴定的事由、鉴定委托人、鉴定机构、鉴定要求、鉴定过程、鉴定方法、鉴定日期等相关内容,是否由鉴定机构加盖司法鉴定专用章并由鉴定人签名、盖章;(五)鉴定程序是否符合法律、有关规定;(六)鉴定的过程和方法是否符合相关专业的规范要求;(七)鉴定意见是否明确;(八)鉴定意见与案件待证事实有无关联;(九)鉴定意见与勘验、检查笔录及相关照片等其他证据是否矛盾;(十)鉴定意见是否依法及时告知相关人员,当事人对鉴定意见有无异议。"尽管许多法官并未接受过DNA证据领域的专业培训,不了解相关技术问题,但通过认真审查DNA鉴定书文书,也能够有效发现DNA鉴定意见可能存在的问题。实践中尤其要注意以下问题。

(一)检材来源不明的情形应当如何处理

对任何鉴定而言,检材来源明确,都是确保鉴定意见可靠性的前提,DNA鉴定尤为如此。《最高人民法院关于适用〈中华人民共和国刑事诉讼法〉的解释》第八十五条规定,送检材料、样本来源不明的鉴定意见不得作为定案的根据。

如在被告人罗某抢劫案中,公安机关根据罗某指认查获了凶器锄头,在该锄头上检出的血迹经DNA鉴定为被害人所留。该DNA鉴定意见对证明案件事实具有关键作用。但该鉴定意见存在着检材来源不明的问题。鉴定书记载的检材(即锄头上的血迹)送检时间为2011年8月25日,而公安机关现场勘验、检查笔录记载的查获该锄头的时间为2011年8月29日,检材送检时间竟然在查获检材时间之前，该矛盾直接影响到 DNA 鉴定意见的客观性。如公安机关不能对此作出合理解释，该 DNA 鉴定意见就不能作为定案的根据。

实践中，对 DNA 鉴定书，要认真审查生物检材的来源。通常要有规范的提取笔录、扣押物品清单等材料证实生物检材的提取时间、地点等情况。同时要认真审查 DNA 鉴定书中记载的送检检材的名称、特征、数量，是否与现场提取的生物检材符合，避免张冠李戴。如果经审查发现 DNA 鉴定书中提到的送检检材来源不明，或者与其他证据材料存在矛盾，就需要取证机关作出合理的解释。否则，检材来源不明的 DNA 鉴定意见，不能作为定案的根据。

（二）DNA 数据与最终意见不符的情形应当如何处理

对 DNA 鉴定而言，DNA 数据与最终的鉴定意见之间，在统计学上应当具有直接对应关系，即基于特定的 DNA 数据，能够得出最终的鉴定意见。否则，就表明该 DNA 鉴定意见存在内在的矛盾，其可靠性缺乏保障。

如在被告人金某故意杀人案中，DNA 鉴定书的最终意见部分指出，送检的现场提取的三处血迹为被害人所留。经审查，该鉴定书记载的三处血迹 DNA 分型的 16 项数据中，后 8 项与前 8 项重复，且与被害人血样 DNA 分型的后 8 项数据不符，也就是说，根据鉴定书记载的 DNA 数据，根本无法得出最终的符合性意见。针对该问题，鉴定机构出具书面说明称系笔误，并予更正。

又如在被告人罗某故意杀人案中，DNA 鉴定书记载的 DNA 数据显示，检材 DNA 的各项数据均与被害人血样符合，但最终的鉴定意见却称该检材未检见有效基因分型，该意见与 DNA 数据存在明显矛盾。针对该问题，鉴定机构重新出具鉴定书，表明该检材的基因分型与被害人一致。

上述案例反映出，实践中应当强化对 DNA 鉴定书文书的审查。如果发现 DNA 数据与最终的鉴定意见之间存在矛盾，就应当由鉴定机构作出解释。如系笔误，可由鉴定机构更正或者重新出具鉴定意见。如系实质性错误，且无法做出合理解释的，则有必要进行重新鉴定。否则，可靠性缺乏保障的 DNA 鉴定意见，不能作为定案的根据。

（作者单位：最高人民法院刑三庭）

专家审阅意见

随着PCR技术和毛细管电泳技术的普及及进步,DNA检测朝着多位点复合扩增和高通量的方向发展,在刑事司法领域的应用越来越多,作用越来越大,被西方学者称为“法庭科学有史以来最大的进步”,DNA也被誉为“新一代证据之王”。目前,我国DNA数据库总数已超过2 000万人,为世界第一,并以每年500万人的速度在增加,大大提高了办案审判的效率。

DNA作为证据具有准确性高,稳定性、客观性强等优势,但仍只是证据的一种,具有其局限性。本文从DNA检验技术的理论基础及作为证据的统计学基础出发,在肯定DNA证据优势的同时,客观的从方法学角度分析了DNA证据的局限性。如DNA证据“似然率”的表述方式与“同一认定”的区别,又如其发现、提取、保管、送检、鉴定等环节的人为因素均会导致结论错误。并针对这些可能造成审查判断错误的因素提出了相应的处理办法。

本文对法庭科学领域DNA检测技术的阐述和应用分析专业,条理清楚,切入点准确,所述内容对审判阶段处理DNA证据具备重要参考价值。

审阅人:公安部物证鉴定中心副主任法医师　白　雪

青海藏区"赔命(血)价"习惯法调查研究

——以司法审判为视角

青海省高级人民法院课题组*

解放前,在我国西藏、青海等藏族同胞聚居的地区,受传统文化、宗教习俗等原因影响,当地群众对发生死伤冲突的案件往往以"赔命(血)价"的方式来解决。解放后,随着我国法制的统一和发展,这种解决冲突的方式一度受限。近年来,无论是学界还是司法实务界,都对"赔命(血)价"的解决方式进行了反思和整合。青海省高级人民法院专门成立了课题组,对近五年来该省辖区适用"赔命(血)价"的刑事案件进行了抽样调查,撰写了本调研报告。

一、青海藏区"赔命(血)价"习惯法的历史沿革

(一)"赔命(血)价"习惯法的概念、内容

"赔命(血)价"习惯法是藏族习惯法的重要组成部分,是指在发生杀人、伤害案件后,被害人亲属向加害人或者其亲属索赔命价、血价的一种习惯法。"赔命(血)价"是藏族历史上形成并发展起来的,曾经对解决藏族当地矛盾和维护当地稳定起到了重要作用。藏族之间发生杀人、伤害致死、致伤案件后,双方当事人为缓解或者消除矛盾,由加害方主动提出赔偿或者被害方要求赔偿,然后由原部落头人、千百户、宗教人士等出面调解,

* 课题组成员:青海省高级人民法院董开军、余慧琳,河北大学苏永生。

结合被害人的死因(伤因)、身份等因素,根据惯例裁定加害方向被害人或者其亲属赔偿相当数额的财产,以达到惩罚与定分止争的社会效果。值得强调的是,藏族习惯法对谋反、投毒、内部抢劫、杀害多人和影响很大的乱伦等案件同样执行死刑,只有对一般的杀人和伤害案件适用“赔命(血)价”习惯法。

根据资料记载,“赔命(血)价”习惯法中的“命(血)价”分为三部分,依次为“调头费”、“正额”和“煞尾费”,而且三种赔偿金额一般由部落首领按顺序逐一裁定。

第一部分为“调头费”。设立“调头费”的原因在于防止被害方复仇亲族闹事。“调头费”的支付,又称为“退兵之项”,可以使加害方和受害方从势不两立的境地调转回头,一般是支付给部落首领或者活佛,让其介入调解,迫使加害方对被害方的复仇言行不作反应。“调头费”的本质是罚而非赔,其数额因复仇方的势力和部落首领控制局面的能力的不同而存在差别。

第二部分为“正额”。“正额”才是真正的“命(血)价”。一般只有“正额”才是交付给被害人或者其亲属的“命(血)价”款项。“命(血)价”的正额部分直接与被害人身份挂钩,不同等级的人享有不同的“命(血)价”。关于“命(血)价”,各部落内部有传统的定制,各部落之间同时也存在一定的差别。由于在大多数情况下,“赔命(血)价”大大超过了加害人的经济承受能力,如果完全由加害人亲属赔偿,通常会导致加害人亲属倾家荡产,这样便会对本来稳定有序的生产、生活造成较大冲击,给社会秩序增添新的不稳定因素,故通常部落内各个群体成员按照其与加害人亲疏远近也分担一定的财产责任。可见,“赔命(血)价”习惯法具有很强的连坐色彩,与近现代以来罪责刑自负的刑法理念之间存在严重的冲突。

“正额”一般包括以下几项内容的费用:(1)丧葬项,其中包括若干子项,如停尸铺垫、盖尸布、驮尸牛及鞍绳;(2)悔罪或者认罪项,包括的若干子项有兄弟失膀、本家失亲、寡妇拭泪、孤儿捶胸等;(3)服法或者洗手项,其意义在于使加害人服从审判(面对部落首领)和往后不犯同一罪行(面对部落属民),这都可认为是加害人的一种反省和不再犯此罪的表态;(4)审酬项,包括处理期间伙食费、文书笔墨费用等。上述几项都必须以财产罚的形式表现出来。

第三部分为“煞尾费”。煞尾费通常为一头犏牛或者白尾犏牛，尾巴上栓一把扫帚，表示尽除怨恨，永不再犯。煞尾费中还包括“善末”，即给寺院买经书、超度亡灵、刻石板经文等费用。煞尾的本质在于善后，包括宗教性的安慰和补偿性的安慰，同样也是落实到具体的物质赔偿。

（二）“赔命（血）价”习惯法的历史发展

藏族是生活在青藏高原上的古老民族，雅砻河谷为其发祥地。据史料记载，松赞干布时期依照佛教“十善法”的精神制定了吐蕃王朝的基本法律《法律二十条》。其中，第一条（争斗者罚款，杀人者以大小论抵）即遵循了“十善法”中第一条（不杀生）的要求。当时古老的藏族人还制定《狩猎伤人赔偿律》。《狩猎伤人赔偿律》明文规定：“行为人在狩猎过程中因过失致人死亡的，勿需以命相抵，赔偿一定数量的金钱即可。”行为人如果赔偿了“命价”，可以免除处罚。不过，《狩猎伤人赔偿律》规定的“命（血）价”只适用于过失行为，[①]并且仅限于狩猎当中，而不包括故意行为。随着历史的发展，赔偿“命（血）价”不仅适用于过失行为，而且逐渐适用于故意行为引发的命案、伤人案。到元末帕主政权时期，《法律十五条》中“杀人命价律”明文规定：“杀人者不再偿命，而是以经济赔偿的方式加以抵偿。”该法还对此条作了如下注解：“此法是为了避免用杀人偿命的形式处理命案会同时杀害两条生命从而犯下双重罪孽而制定的。”之后，五世达赖喇嘛时期制定的《十三法》、18世纪中期青海果洛地区阿什羌部落制定的《红本法》、海南黄科部落制定的《部落秩序维护法》、海北刚察部落制定的《赔罚法》都有“赔命（血）价”的规定。虽然这些部落习惯法的名称不同，但对于杀人者、伤害者所规定的刑罚规范是大致相同的，即“杀人者赔命价”，“伤人者赔血价”。

吐蕃以后的藏区，“赔命（血）价”习惯法不仅没有消亡，而且得到了全面发展。分裂割据时期，各割据政权的制定法中都继承了这一传统制度，部落习惯法基本都承认和沿袭“赔命（血）价”的习俗。元朝时期，中国历史上出

① 这里的过失不同于现代刑法上的过失，还包括不可抗力、意外事件等无罪过的情形。

现了第一部适用于全国的赔偿"命(血)价"的法律,即至元二年(公元1265年)创设的"烧埋银"制度,具体内容为"凡杀人者虽偿命论,仍征烧埋银五十两。若经赦罪者,倍之"。到了明清时期,《大明律》、《大清律例》及其他法律形式没有认同"烧埋银"制度的合法性地位,但因"习惯难以尽革,官法难以尽行",统治者不得不"因俗而治"。明、清两代中央政权统治时期,统治者虽欲以通行汉区的法律治理藏区,力图渗透到藏区民间秩序的管辖范围内,但种种尝试均以失败告终。因此,明代的统治者开始改变策略,用"因俗以论,用僧徒化导"的方式加强对藏区的治理。清代统治者更是在吸收民族习惯的基础上制定了《番律》、《西宁番子治罪条例》。在"修其教,不易其俗;礼其政,不易其宜"思想的指导下,清政府在一定程度上认可了"赔命(血)价"这一习惯法制度。起初,《番律》具有临时性质,规定只实行五年,但实行后多次展限。西宁办事大臣在奏请展限文件中称:"细查青海蒙古番子,大约重财轻命,习俗尚同,向来命盗等案一经罚服,两造欣然完结,即深仇夙怨,亦皆冰解。若按律惩办,不特犯事之家仇隙相寻,即被害之家,亦以不得罚服心怀觖望。此种积习,不可化诲。"①清末、民国时期,中央政权在藏区的统治势力相对薄弱。藏民之间发生人命或者伤害案件后,由活佛出面调停而不依官法进行审理,"赔命(血)价"习惯在藏区的广泛流行,最终引起了当时中央政府的关注。清末时期,清政府开始对危害社会公共秩序的聚众抢劫行为的首犯施以枭首示众的刑罚,而不允许凶手以"赔命(血)价"的方式与苦主私了,以彰国典。但对于自相残杀或者盗窃的案件,出于维护藏区稳定的考虑,清政府也只好对依据"赔命(血)价"习惯法进行处理的做法选择默认。

新中国成立以后,废除了部落制度,藏区基本采用内地的治理模式进行管理。但是,这种废除仅限于表面上的废除,对部落组织赖以滋生的文化土壤并没有根本上的触动,广大藏民的人生观、价值观也没有发生根本性的改变。改革开放以来,农村牧区相继实行了土地/草场家庭联产承包责任制度,原来的公社、大队、小队三级基层组织整合、管理逐渐减弱,致使这一些

① 转引自钱应学、顾建华:"革除赔命价、罚服等陈规陋习是历史发展的必然",载张济民主编:《诸说求真——藏族部落习惯法专论》,青海人民出版社2002年版,第228页。

偏远农牧区处于无序状态，原来的宗族、部落势力又逐渐崛起，逐渐成为基层社会的控制力量。[①] 与之相应，作为藏族习惯法重要组成部分的“赔命（血）价”习惯法也重新兴起。

二、青海藏区“赔命（血）价”习惯法的适用现况

（一）“赔命（血）价”习惯法在青海藏区刑事冲突解决中的地位

20 世纪 90 年代后，“赔命（血）价”习惯法出现了反弹与扩张趋势，在故意杀人、故意伤害等刑事犯罪案件中起着越来越重要的作用。特别是在以下几种情形中：（1）案件发生后，不管司法机关如何处理，被害人亲属非要“命（血）价”不可；（2）如果“命（血）价”已经赔偿，加害人亲属或者被害人亲属往往会到司法机关要求放人；（3）直接向司法机关提出只要“命（血）价”，无须其他法律制裁的要求；（4）有的杀人、伤害案件在未报案前就按习惯法调解处理了，致使司法机关取证困难或者无法调查案件事实，有的案件因无法取证而不了了之；（5）案发后被告人畏罪潜逃的，其亲属便通过民间调解支付了“命（血）价”，以避免报复；（6）为索要“命（血）价”，部落、村落经常发生闹事的情形，严重扰乱了社会治安；（7）随着人们物质生活水平的提高，“命（血）价”的数额越来越高。

（二）青海藏区法院审理“赔命（血）价”案件的基本情况及特点

青海省高级人民法院对近年来审理的 255 件“赔命（血）价”案件进行了调研，发现“赔命（血）价”案件具有如下特点：1. 从地域分布来看，适用“赔命（血）价”习惯法的地区范围广，且牧区比农区更明显，具有较强的地域性特点；2. 从适用比例来看，在青海省审结的刑事案件中适用“赔命（血）价”习惯法案件占绝大多数，并主要集中在故意杀人、故意伤害、故意伤害致死、过失致人死亡等罪名上，在藏族聚居地，对盗窃、强奸等案件也适用该法；3. 从罪犯年龄来看，在适用“赔命（血）价”习惯法的刑事案件中，犯罪人趋于年轻化；4. 从罪犯文化程度来看，在适用“赔命（血）价”习惯法解决的刑事案件中，犯罪人的文化程度均偏低；5. 从案件的判决结果来看，适用“赔命（血）

① 杨士宏：《藏族传统法律文化研究》，甘肃人民出版社 2004 年版，第 262 页。

价”后对案件量刑有较大影响；6. 从赔偿数额来看，诉前通过“赔命（血）价”习惯法赔偿数额悬殊很大。

（三）青海藏区法院审理“赔命（血）价”案件的具体做法

从调研情况看，青海藏区法院对涉及“赔命（血）价”案件的做法不尽相同，大致分为以下几种情况：

1. 严格适用刑法规定，抵制适用藏区习惯法。在青海藏区法院审理“赔命（血）价”案件过程中，有些法官严格依据刑法规定审理“赔命（血）价”案件。其结果是，案件的处理在法律效果的理解上没有问题，但社会效果差强人意。

2. 在不违背现行刑法规定的情况下，同时适用“赔命（血）价”习惯法。在青海藏区，故意杀人、故意伤害等案件发生后，适用“赔命（血）价”习惯法调解解决的案件占该类审结案件总数的80%以上，部分偏远地区甚至存在命案或血案发生后被害人家属不报案而请部落、村调解会进行调解，诉前私了或者进入审判程序后要求减轻或免除处罚的现象。法院在审理中对案前依据“赔命（血）价”习惯法达成赔偿协议的案件，在不违反国家法律、法规的前提下，认可双方当事人达成的调解协议，并对罪行较轻的犯罪人逐步加大缓刑等非监禁刑的适用力度。

3. 刑法与“赔命（血）价”习惯法相互妥协。在刑法规定难以强制实施的情况下，妥协适用“赔命（血）价”习惯法。在青海藏区，一些司法机关依据刑法规定审理故意杀人、故意伤害案件，效果并不理想。为了使案件审理获得更好的社会效果，一些地区创新矛盾化解机制，以司法审判为主导，在不违背宪法和法律的前提下，综合运用制定法和习惯法，根据案件的差异灵活掌握，以案结事了为目的进行审理，目前社会效果反映良好。① 例如，黄南藏族自治州专门成立了县、乡、村三级矛盾纠纷调解中心网络，覆盖每个乡镇村落，吸收了村中德高望重的长者、村长、部落头人的子女以及部分司法人员为成员，并制定了预防制度、排查制度、包案制度、调处制度、督查制度、回访制度、报告制度、培训制度、追究制度、奖励制度及重大矛盾纠纷研究组工作

---

① 2010年黄南矛盾调解中心年度总结报告。

制度，逐渐用国家刑事制定法来影响“赔命（血）价”习惯法。自2007年成立矛盾纠纷调解中心以来，主动参与调解工作。截至2010年8月，共排查矛盾纠纷486件，调解451件，调解率高达92.8%。

三、青海藏区“赔命（血）价”习惯法的评价

（一）青海藏区“赔命（血）价”习惯法影响深远的原因分析

“赔命（血）价”习惯法之所以能在藏族地区世代相传、根深蒂固，有其历史文化、宗教信仰、经济生产等多面的原因。

1. 藏族同胞全民信奉藏传佛教，相信“生死轮回”和“因果报应”。（1）人的灵魂不灭，死了可以再转回再生，所以即使判处死刑也不算最重的刑罚；（2）加害人及其家属认为“业力无穷，所经行为，确定其自果”，即加害人会遭到因果报应这番最严厉的惩罚，加害人在六道轮回中必然坠入最低、最痛苦的地狱。若将杀人者杀掉，无疑是让被害人又生罪孽。相反，若能留着这副“臭皮囊”，让其悔过从善，虔诚修持，还能消解恶业；（3）佛教慈悲为怀的观念使双方当事人都从慈悲的心境出发，希望案件的解决“利乐众生，饶益有情”，所以多请活佛出面调解人命纠纷。

2. 藏民同胞多有息讼、厌讼心理。藏民同胞多从事牧业和农业，牧民们虽然没有形成固定的居所，但相互之间都很熟悉了解；农业区则是典型的熟人社会，因此藏区的人们发生刑事冲突后，不愿意诉诸国家司法，认为打官司伤害感情，而在绝大多数情况下选择“赔命（血）价”习惯法进行调解解决。

（二）不同群体对“赔命（血）价”习惯法是否应当适用的认识

随着20世纪80、90年代国家对于“赔命（血）价”习惯法予以限制，大大压缩了该习惯法的生存空间。在经济发达的青海北部，该习惯法已不再适用，同为藏族的农民也基本不适用该习惯法解决纠纷。但是在经济不发达的牧区，随着近年强调社会和谐的目标，该法的适用又有了蔓延趋势。针对这种现象，青海省高级人民法院分别对人民群众、理论工作者、实务工作者三类群体就“赔命（血）价”习惯法是否值得提倡或者继续适用的问题进行了问卷调查：

1. 当地人民群众的认识

调研组在青海省黄南州发放了200份调查问卷。结果显示,黄南地区90%的群众倾向用赔偿习惯法来解决刑事冲突。倾向的原因主要是认为习惯比较方便,比适用刑法解决得更好;而果洛州的100份问卷调查中竟有93%的群众倾向用习惯法解决纠纷。可见,在青海藏区,当地人民群众对"赔命(血)价"习惯法的认同度较高,这对国家刑事司法活动的正常开展造成了很大障碍。

2. 理论工作者的认识

理论界对青海藏区"赔命(血)价"习惯法的认识,在20世纪90年代和进入21世纪之后有所不同。20世纪90年代,在依法治国的语境下,学界对青海藏区"赔命(血)价"习惯法采取了严厉的批判态度,即"赔命(血)价"习惯法有违法理,与国家刑事制定法冲突,应当通过立法和司法活动对其进行改革、禁止乃至破除。进入21世纪以来,随着构建社会主义和谐社会目标的提倡,青海藏区"赔命(血)价"习惯法不但没有被禁止,反而有所反弹。在这种情况下,有学者撰文提出应当正确对待"赔命(血)价"习惯法。可见,进入21世纪以来,部分理论工作者对青海藏区"赔命(血)价"习惯法的认识逐步理性化。

3. 实务工作者的认识

通过对黄南、果洛地区的100名法官进行问卷调查和访谈,结果显示:83%的法官认为其所在法院通过和解来解决刑事冲突的情况比较普遍;96%的法官对适用该习惯法达到和解的持认可态度;90%的法官认为适用习惯法会影响到国家制定法的适用;46%的法官认为习惯法更有利于化解社会矛盾;42%的法官认为应当将刑法规定与习惯法结合适用会更有利于化解社会矛盾;所有法官都承认依据"赔命(血)价"习惯法的赔偿额度远高于法定的刑事附带民事的赔偿额度,且赔偿后一般都在量刑上予以从轻,只有这样才能有效化解矛盾,确保被害方不会复仇闹事。

(三)"赔命(血)价"习惯法的利弊分析

1. "赔命(血)价"习惯法优点。从以上不同群体对"赔命(血)价"习惯法的认识分析,"赔命(血)价"习惯法具有以下优点:(1)有利于社会矛盾的彻底解决;(2)有利于被害人得到赔偿,尤其是对被害人系家庭的主要生产力的,依据习惯法给予的赔偿将会使被害人生前的扶养对象得到较好的生活保障;(3)有利于死刑的限制适用。一般情况下,只要依据习惯法作出赔偿后,被害方均会出面请求对被告人从轻处罚,从而起到限制和减少死刑的作用;(4)有利于社会和谐稳定。藏区同胞一般经部落首领出面调解,双方达成协议赔偿了"命价"或"血价"之后便消除仇恨,言归于好,这对维护社会和谐稳定具有积极作用。

2."赔命(血)价"习惯法的弊端。在看到"赔命(血)价"习惯法所具优点的同时,又应看到"赔命(血)价"习惯法存在的一些弊端:(1)不利于实现公平正义。从青海藏区"赔命(血)价"习惯法的基本情况看,无法实现形式上的平等,主要表现为两个方面:一是赔偿数额上的不平等。赔偿数额没有统一的标准,而且赔偿额也不是全部给付被害方,被害人身份等级越高赔偿额就高,违背法律面前人人平等的基本原则。二是不同区域间刑法适用上的不平等。发生在青海藏区的故意杀人罪可以主要通过赔偿来解决,而发生在其他地区的故意杀人罪主要通过刑法第二百三十二条来解决,这也会导致同一身份内不同区域间在刑法适用上的不平等。(2)不利于法制的统一性和专门化。"赔命(血)价"习惯法是非制定法意义上的法,常把刑事与民事混合在一起,实体与程序也混杂不清。因而"赔命(血)价"习惯法的盛行,对该地区刑事领域法制统一性和专门化造成很大的障碍。(3)不利于罪刑法定原则的实现。青海藏区的边远地区发生犯罪行为后,一般都用"赔命(血)价"习惯法来处理,致使犯罪行为没能够依法定罪处罚,刑法在当地无法有效适用。而在有的地区,加害人在被依法定罪量刑后,还要承担"赔命(血)价"习惯法的高额制裁。罪刑法定原则很难体现。(4)不利于法院审判职能的发挥。"赔命(血)价"习惯法通常由部落首领、宗教领袖出面解决,致使该地区法院审判职能难以发挥。(5)不利于基层政权的建设。部落首领、活佛在"赔命(血)价"习惯法所起的作用显示了其当初势力的重新回归,基层组织的管理职能被部落头人或者宗教人士的权威替代,不利于基层政权的稳定。(6)容易对加害方与被害人造成再次伤害。加害方支付高额的赔偿数额相当一部分成为宗教活动费用,被害方所得的款项也相当一部分以审酬(审理期间伙食费、文书笔墨费用等)、善末(给寺院买经书、超度亡灵、刻石板经文等费用)的方式进入了寺院。而加害方往往因此倾家荡产、流离失所,特别是有的部落按其与加害人的亲疏远近来分担财产责任,具有很强的连坐色彩,这些都将造成新的不和谐因素。

四、"赔命(血)价"习惯法的完善与适用

对于"赔命(血)价"习惯法的适用,应当始终贯彻以下两个基本原则:一是维护国家法制统一原则;二是要促进民族团结和社会和谐原则。在这两个原则的指导下,我们认为在具体案件中,应当在适用刑法规定的大前提下,兼顾藏区历史传统、风俗习惯等特殊情况,从以下几个方面进一步对"赔命(血)价"习惯法进行完善与适用:

(一)将"赔命(血)价"习惯法与宽严相济刑事政策相结合

宽严相济刑事政策是我国当前施行的基本刑事政策。在青海藏区的"赔命(血)价"习惯法适用地区,完全可以将该刑事政策与当地的习惯法结合适用。具体而言,在"赔命(血)价"习惯法适用的青海藏区,发生致人死亡、伤害等刑事案件后,加害方依据"赔命(血)价"习惯法进行了赔偿,并得到了被害方谅解的,司法机关可以依据宽严相济刑事政策从轻处理,可判可不判的一般不判,可轻判可重判一般轻判,可缓刑可实刑的一般缓刑,可杀可不杀的坚决不杀。

(二)将"赔命(血)价"习惯法与刑事附带民事诉讼相结合

对于提出附带民事诉讼的案件,冲突双方已经根据"赔命(血)价"习惯法作出赔偿的,鉴于依据"赔命(血)价"习惯法所赔偿的退兵费(调头费)、正额和煞尾费三部分中只有正额是用于被害人及其家属,审理时,人民法院应当对正额部分予以审查,达到或者高于法定赔偿标准的,法院应当予以确认;未达到法定赔偿标准的,可以让加害方补足;被害方因获得"赔命(血)价"而提出的对加害人从宽处理的请求,人民法院应当予以考虑。

(三)将刑事和解制度与"赔命(血)价"习惯法相结合

在青海藏区,刑事冲突的解决方式主要有三种:法律外和解、法律内和解与法律内非合意性解决。在第一种解决方式下,虽然社会矛盾得到了一

定化解,但其遵循的是“赔命(血)价”习惯法所设定的冲突解决过程,而非刑事司法过程,而且在很多情况下与刑事司法的基本理念相悖,与刑事司法之间形成了消极冲突。第三种解决方式中,由于解决的依据仅仅是国家刑事制定法,“赔命(血)价”习惯法没有得到充分考虑,因而难以真正实现案结事了。在第二种解决方式中,一方面刑法规定得到了适用,另一方面也考虑了“赔命(血)价”习惯法的基本要求,因而在一定程度上缓和乃至消除了“赔命(血)价”习惯法与现代刑事司法之间的冲突。但令人遗憾的是,这种方式目前尚未得到相关法律制度的确认,只是一种实践。因此,我们建议建立和完善以下两种制度:

1. 建立诉讼外和解确认制度。在青海藏区,有相当一部分刑事案件属于轻罪案件。[①] 如故意轻伤害案件、过失伤害案件、情节较轻的过失致人死亡案件等。如果将这些案件完全交由当地基层组织或者权威人士、组织来解决,势必出现违反国家刑事制定法基本精神的情形;如果将这些案件完全纳入国家刑事司法管辖之下,则会激起“赔命(血)价”习惯法适用地区的群众反感。因此,我们认为,可以建立诉讼外和解确认制度,即对这些刑事案件,应当成立由当地基层组织、权威人士共同组成的调解组织依据“赔命(血)价”习惯法进行调解解决,人民法院则对该调解协议内容是否符合法律规定的基本原则和精神进行审查,确认后发生法律效力。

2. 建立诉讼内和解制度。从青海藏区的司法实践看,刑事诉讼内和解既包括重罪的和解,也包括轻罪的和解。因而,在审判阶段应当依据不同的和解对象建立不同的和解制度。具体而言,对轻罪案件既可以是罪的和解,也可以是刑的和解。具体包括两种情况:一是对检察机关移送的和解案件进行审查后对和解结果予以确认,并在判决时作为从宽判处的情节。二是公诉阶段没有和解的刑事案件移送至法院后,被告人及其家属或者被害人及其家属要求依据“赔命(血)价”习惯法进行和解的,人民法院应当采纳并主持和解。和解后,应当依据和解程度作出无罪判决或者从轻、减轻、免除处罚以及宣告缓刑。对重罪的和解只能是刑的和解,同样包括两种情况:一

① 从我国刑法的相关规定看,轻罪案件是指法定刑在3年以下有期徒刑的犯罪案件。

是对检察机关移送的和解案件审理后对和解结果予以确认,并在量刑时作为从宽处理的情节。二是检察阶段没有和解的刑事案件移送至人民法院后,被告人及其家属或者被害人及其家属要求依据“赔命价”习惯法进行和解的,人民法院应当采纳并主持和解,并将和解程度作为从宽量刑的情节予以考虑。

（作者单位:青海省高级人民法院、河北大学）

赵某交通肇事逃逸案[①]

——无证人员驾车肇事逃逸，雇主将车辆驶离并藏匿的行为如何认定

一、据以探讨的案例

被告人赵某购买一辆无牌证重型自卸货车后，雇用无驾驶资格的被告人典某从事交通运输经营。2012 年一天，典某驾驶货车行驶在某路段时，与同向行驶被害人李某驾驶的摩托车发生交通事故，致李某当场死亡。典某弃车逃逸，在逃逸途中将事故情况电话告知了赵某。赵某赶到现场后将肇事货车开离现场藏匿。当地交警支队认定典某负此事故的全部责任。

二、分歧意见

该案处理过程中，对赵某的行为如何定性形成了三种意见。

第一种意见认为，赵某的行为构成包庇罪。理由如下：

其一，本案典某负事故的全责，其交通肇事致一人死亡的行为已构成交通肇事罪。刑法第二十五条规定"共同犯罪是指二人以上共同故意犯罪。二人以上共同过失犯罪，不以共同犯罪论处；应当负刑事责任的，按照他们所犯的罪分别处罚。"交通肇事罪是指违反交通运输管理法规，因而发生重大交通事故，致人重伤、死亡或者公私财产遭受重大损失的行为，通说认为交通肇事罪是过失犯罪，不存在共同犯罪，赵某不因为和典某之间的雇佣关

① 本文由河南省平顶山市卫东区人民法院周刚、最高人民法院刑一庭李晖供稿。

系而亦构成交通肇事罪。赵某作为车辆所有者,其不是驾驶人员,既没有指使,也没有强令典某违章驾驶,赵某的雇佣行为与被害人死亡之间不存在刑法上的因果关系,其也不单独构成交通肇事罪,只承担作为车辆所有人的民事赔偿责任。

其二,案发后赵某藏匿肇事车辆的行为符合包庇罪的构成要件。包庇罪是指明知是犯罪的人而为其提供隐藏处所、财物,帮助其逃匿或者作假证明包庇的行为。包庇罪的客观方面有以下几种形式:为犯罪人提供隐藏住所、财物,帮助犯罪人逃匿;作假证包庇犯罪人,主要是通过伪造证据、隐藏证据等方式对犯罪人进行包庇。本案,赵某在得知典某交通肇事后,到现场将肇事车辆开走藏匿,由于其本身不构成交通肇事罪,无须为己隐匿罪证来逃避处罚,其藏匿车辆的目的之一是为典某逃避处罚提供帮助,构成包庇罪。

第二种意见认为,赵某的行为构成交通肇事罪和包庇罪,应对其数罪并罚。理由如下:

其一,赵某指使无驾驶资格的典某驾驶无牌证车辆与此后发生的交通事故之间具有刑法上的因果关系。刑法上的因果关系是指犯罪实行行为与危害结果之间引起与被引起的合乎规律的联系。实行行为具有引起危害结果发生的实在可能性,且合乎规律地引起了危害结果的发生,才能认定该行为与结果之间存在因果关系。通常情况下,无证驾驶引发交通事故的可能性远远高于有证驾驶,因此,无证的典某驾驶无牌证车辆引发交通事故是符合自然判断规律的。赵某作为货车运营者,主观上明知其雇用无驾驶资格人驾驶无牌证车辆违反了法律的禁止性规定,因此,赵某的雇佣行为与交通事故的发生存在刑法上的因果关系。

其二,根据最高人民法院《关于审理交通肇事刑事案件具体应用法律若干问题的解释》(以下简称《解释》)第二条、第七条明确规定,机动车辆所有人指使他人无驾驶资格或明知是无牌证的机动车辆而驾驶的,以交通肇事罪定罪,处三年以下有期徒刑或者拘役。显然,无驾驶资格的典某系根据赵某的意图驾驶无证车辆营运,赵某的雇佣行为就是上述解释中的"指使"行为。因此,其行为构成交通肇事罪。

其三,事故发生后典某为逃避法律追究而弃车逃跑,其行为构成交通肇事逃逸,但赵某不因此也构成交通肇事逃逸。赵某与典某之间并不存在共同的逃逸犯意,不因典某具有逃逸的加重情节而当然构成交通肇事逃逸。赵某事后开走车辆藏匿,改变了案发现场的状态,阻挠了公安机关侦破案件,查获典某的侦查工作,为典某逃避法律追究提供了帮助,有包庇行为,故对其指使他人无证驾驶无牌证车辆发生交通事故的行为及此后隐匿车辆的行为均应处罚,应以交通肇事罪和包庇罪对赵某数罪并罚,也符合罪刑相适应原则。

第三种意见认为赵某的行为构成交通肇事逃逸。理由如下:

首先,基于第二种意见的理由,赵某构成交通肇事罪。

其次,赵某的行为不构成包庇罪。理由是,行为人在本人涉嫌犯罪后,隐匿罪证,意图逃避处罚的行为不属于包庇,不能成为包庇罪的主体。本案中,赵某虽不在交通肇事现场,但其在得知发生事故及典某逃离现场后,即赶到现场将肇事车辆开走,并予以藏匿,意图干扰公安机关通过车辆破案,切断自己与事故之间的联系,以免承担刑事和民事责任。虽然其隐匿车辆的行为客观上起到了帮助典某逃避处罚的作用,但因其本人同时也是交通肇事罪的主体,其隐匿车辆的主观目的是使本人免受处罚,只是其构成交通肇事罪的后续行为,而不是为了使典某免受刑事追究,其主观上不具有包庇典某的意图,因此,其行为不构成包庇罪。赵某的指使行为及典某的违章驾驶行为和交通事故之间是多因一果,如果典某驾驶车辆未发生事故致人死亡,赵某的指使无证人员驾驶无牌照车辆的行为亦不会构成交通肇事罪。割裂开来分别认定赵某和典某的犯罪事实,就忽略了两者行为之间的内在联系。赵某和典某作为同一案件的共同犯罪人,虽然由于不是故意犯罪而构成共同犯罪,但一人隐藏证据的后续行为,对公安机关追究二人的刑事责任均有影响,如若赵某藏匿车辆构成包庇罪,那么典某逃逸的行为相对于赵某来讲,也有阻挠了司法机关追究赵某责任的作用,典某的行为又构成包庇罪,对同一行为的双重评价,势必加重了被告人的刑事责任。

公安部《道路交通事故处理程序规定》第八十五条规定:“交通肇事逃逸是指发生道路交通事故后,道路交通事故当事人为逃避法律追究,驾驶车辆或者遗弃车辆逃离道路交通事故现场的行为。”《解释》第三条规定:“交通运输肇事后逃逸是指行为人具有本解释第二条第一款规定和第二款第(一)至(五)项规定的情形之一,在发生交通事故后,为逃避法律追究而逃跑的行为。”根据上述法律法规的规定,认定行为人是否构成交通肇事逃逸,应当从以下几个方面来把握:(1)行为人必须是道路交通事故的当事人,与事故有着法律关系,应当依法承担一定的法律责任。本案的赵某系肇事车辆的所有人,其应当承担法律责任。(2)行为人已经构成交通肇罪,如果行为人本身都不构成交通肇事罪,则谈不上交通肇事逃逸。前面已经分析,赵某在本案中也构成交通肇事罪。(3)行为人事后驾车逃离现场、弃车逃离现场或者在等待处理时逃跑。这里要求逃逸的主体并不要求一定是肇事司机本人,而是该起交通肇事犯罪的任何行为人均可。赵某在肇事时虽然不在现场,但由于其与典某之间的雇佣关系,其亦构成犯罪,属于交通肇事犯罪的行为人,在其知晓犯罪后,亲自驾驶肇事车辆逃离现场,当然是交通肇事逃逸的行为人。(4)行为人逃跑具有逃避法律追究的目的,如果没有逃避法律追究的目的,则不构成逃逸。比如行为人不知道发生交通肇事而继续行驶驶离了现场;行为人在发生交通事故后报警,但在等待警察的过程中为躲避被害人亲属的殴打而逃离现场等,均不具有逃避法律追究的目的,不应认定为肇事逃逸。本案中,赵某得知发生交通事故后,赶到现场将肇事货车驶离现场,目的是为了逃避法律对其本人的追究,对此,其也一直供认不讳。因此,应认定赵某的行为系交通肇事逃逸。

欢迎各位读者对此问题发表意见

来信地址:北京市东城区北花市大街9号最高人民法院刑二庭

收件人:《刑事审判参考》编辑部刘晓虎

邮编:100062

Email - longfan2001@163.com

聂磊等犯组织、领导、参加黑社会性质组织等罪案

——山东省青岛市中级人民法院刑事判决书点评

张向东

中华人民共和国
山东省青岛市中级人民法院
刑事附带民事判决书

（2011）青刑一初字第48号

公诉机关山东省青岛市人民检察院。

（附带民事诉讼原告人、诉讼代理人基本情况略）

被告人聂磊，曾用名张泷、王鑫，男，1967年7月17日出生于山东省青岛市，汉族，初中文化，无业，户籍地青岛市市南区宁夏路139号3号楼1单元201户，住所地青岛市市南区山东路1号滨海花园海景楼20楼E、F户。1983年9月24日因犯抢劫罪被青岛市市北区人民法院判处有期徒刑六年，1985年被改判拘役六个月；1986年7月14日因斗殴被劳动教养三年；1992年8月28日因犯抢劫罪被青岛市中级人民法院判处有期徒刑五年，刑期至1996年9月20日期满。因涉嫌犯寻衅滋事罪于2010年9月1日被刑事拘留，同年10月1日因涉嫌犯组织卖淫罪被逮捕。现羁押于山东省胶州市看守所。

辩护人钱列阳,北京市大成律师事务所律师。

辩护人张宇鹏,北京市威宇律师事务所律师。

(其他31名被告人及辩护人基本情况略)。

山东省青岛市人民检察院以青检刑诉[2011]50号、青检刑追诉[2011]2号、3号、4号起诉书指控被告人聂磊、姜元、任昊、李岩、卢建强、史殿霖、王群力、刘峰国、安俊宇、王滨、马成文、石刚、王健、李方强、陈瑞军、杜欣、杨天施、张传波、刘伟、王述勤、王晓冬、宋振旗、陈旭忠、王冬、刘联民、王守芝、徐鑫、张弘强、冷俊江、刘亚俊、欧杰、董杰分别犯组织、领导、参加黑社会性质组织罪、故意伤害罪、组织卖淫罪、协助组织卖淫罪、开设赌场罪、赌博罪、寻衅滋事罪、强迫交易罪、贩卖毒品罪、妨害公务罪、非法买卖枪支罪、非法持有枪支罪、敲诈勒索罪、包庇罪、窝藏罪,于2011年4月15日、5月17日、6月30日、7月15日分别向本院提起公诉和追诉。期间,被害人王军的亲属王某青、那某霞,被害人胡玉海的亲属胡某发、于某春、胡某琳,被害人房金海、刘中信、韩章雷、孙文华、盛伟国、安宝山分别提起附带民事诉讼。本院依法组成合议庭,对涉及个人隐私的部分犯罪事实进行了不公开开庭审理,对本案其他犯罪事实公开开庭审理。山东省青岛市人民检察院指派检察员盛瑞策、何京阳,代理检察员王芳、宋展、王春、马洪斌、吕强、崔灿、李曦出庭支持公诉。被告人聂磊及其辩护人钱列阳、张宇鹏,(其他被告人及辩护人略)到庭参加诉讼。现已审理终结。

山东省青岛市人民检察院指控:(略)

公诉机关为证明上述犯罪事实,当庭宣读、出示了物证,书证,证人证言,被害人陈述,被告人供述和辩解,鉴定结论,勘验、检查笔录等证据。公诉机关认为,被告人聂磊的行为触犯了《中华人民共和国刑法》第二百九十四条第一款、第二百三十四条、第三百五十八条第一款、第二款、第三百六十一条、第三百零三条第二款、第二百九十三条、第二百二十六条、第二百七十七条第一款、第一百二十五条第一款、第一百二十八条第一款、第三百一十条之规定,应当以组织、领导黑社会性质组织罪、故意伤害罪、组织卖淫罪、开设赌场罪、寻衅滋事罪、强迫交易罪、妨害公务罪、非法买卖枪支罪、非法持有枪支罪、窝藏罪追究其刑事责任;被告人姜元的行为触犯了《中华人民共和国刑法》第二百九十四条第一款、第二百三十四条、第三百零三条第二款之规定,应当以领导黑社会性质组织罪、故意伤害罪、开设赌场罪追究其刑事责任。

(对其他被告人的指控罪名略)。

被告人聂磊及其辩护人的辩解、辩护意见是,聂磊对指控犯组织、领导黑社会性质组织罪无异议。辩护人认为聂磊团伙不具备黑社会性质组织的组织特征、非法控制特征,聂磊不构成组织、领导黑社会性质组织罪。伤害王军致死案中没有持械殴打王军,仅打了耳光,不是组织者和主要实施者,案发后积极赔偿;伤害胡玉海致死案中其没有授意抓回胡玉海,未到案发现场组织实施伤害行为,被害人死亡系伤害行为和未及时有效治疗复合原因造成,事后积极赔偿;房金海、丛磊、杨聚财轻伤害案,或已调解处理完毕,或已过追诉时效,不应再追诉;实施胡崇君轻伤案、打砸陈平赌场案的目的不是为了打击竞争对手;丽晶大酒店追车案、王衍生轻伤害案、王剑重伤害案、牟妍寻衅滋事案、团岛早市滋事案、王健、王滨非法持有的枪支及马成文持有的一支手枪,均与聂磊或者聂磊团伙无关;购买冲锋枪非聂磊本意,该枪从未使用,未造成严重后果;经营新艺城夜总会没有以招募、雇用、引诱、容留等手段纠集、控制他人从事卖淫行为,不构成组织卖淫罪;指控赌场的获利数额过高,证据不足;指控强迫交易与事实不符,不构成强迫交易罪;指使第二次去中湾洗浴中心不是恶意滋事;指使抓孙立飞时未让打砸酒店;没有纠集多人采用暴力手段抗拒执法检查;没有指使他人打砸雾之花夜总会;窝藏案中,曾劝聂斌投案。对指控的大部分犯罪当庭认罪,多数故意伤害、寻衅滋事案已调解处理,并进行了赔偿,悔过态度真实、诚恳,请求从轻处罚。

(其他被告人及辩护人的辩解、辩护意见略)。

经审理查明:

一、组织、领导、参加黑社会性质组织的事实

1983 年至 1992 年间,被告人聂磊曾因抢劫、斗殴,两次被判刑,一次被劳动教养。1995 年起,被告人聂磊以狱友、邻居、亲属等关系,先后纠集被告人姜元、卢建强、史殿霖、王群力、安俊宇、刘峰国及刘峰玉(另案处理)、吕传

波、钟东、钟方、钟伟(均在逃),成立青岛群力置业有限公司、祥隆置业有限公司、青岛明珠房地产开发有限公司等开发房地产,在青岛市中山路、南京路等处开办红星游乐城、震泰游戏厅、福满多娱乐城等游戏、赌博场所,聚敛了大量财富。

1998年后,被告人聂磊等为维护组织利益,扩张势力范围,以其经营的游乐城、赌场为依托,吸纳、招募部分社会闲散人员、劳改劳教人员、被开除公职人员进入开办的实体。被告人任昊、李岩、卢建强、王滨、马成文、石刚、王健及谢龙(在逃)、熊新、崔朕、邹文翰(均另案处理)等人觊觎聂磊黑社会性质组织的影响力,先后聚集于聂磊身边,逐步形成了人数较多、成员基本固定、内部层级分明、组织结构较为严密的黑社会性质组织。被告人聂磊是组织者、领导者,刘峰玉、被告人姜元、任昊、李岩、卢建强、熊新为领导者,被告人史殿霖、王群力、刘峰国、安俊宇、王滨、马成文、石刚、王健、李方强、陈瑞军、杜欣、冷俊江、刘亚俊、欧杰及钟东、钟方、钟伟、吕传波、薛宗辉(已死亡)、丁健等为积极参加者,被告人杨天施等为参加者。被告人聂磊为组织规定了明确的纪律,对外统称"聂磊公司"。

被告人聂磊及其黑社会性质组织为取得经济支撑,成立全濠实业有限公司,由刘峰玉负责经营管理。先后开发、购置如意大厦、明珠花园等多处房地产,攫取了巨额经济利益;开设新艺城夜总会,由被告人李岩负责经营管理,组织妇女异性陪侍、卖淫,被告人杨天施、蔡淼淼(另案处理)等协助,非法经营夜总会获利数千万元;开设地下赌场,由被告人姜元、卢建强负责并纠集钟东、谢龙,组织刘勇、王群量、沈国栋、赵德善等人进行管理,牟取暴利。

被告人聂磊及其黑社会性质组织,以暴力、威胁或者其他手段有组织地多次进行违法犯罪活动。成立暴力团伙,由被告人任昊、熊新负责,组织、纠集崔朕、邹文翰等数十人大肆实施故意伤害、寻衅滋事等违法犯罪活动,为组织提供暴力保护。10多年来,被告人聂磊及其黑社会性质组织实施违法犯罪活动40余起,致2人死亡、1人重伤、13人轻伤、8人轻微伤,非法买卖枪支1支,非法持有枪支13支。

被告人聂磊及其黑社会性质组织,为树立非法权威,实现"聂磊公司"在社会上长期称霸一方，以给组织成员购买高档车辆、分配住房股份、发放工资报酬、装备通信工具、购置枪支弹药、给予经济补偿等手段，笼络人心，强化控制；通过拉拢、腐蚀国家工作人员（另案处理），打压竞争对手，疏通关系，包庇、纵容违法犯罪的组织成员逃避法律制裁，在青岛市部分区域或行业形成了非法控制和重大影响，严重破坏经济秩序、社会生活秩序，社会危害性大。

上述事实，有经庭审质证，确认的下列证据证实：

1. 被告人聂磊供述，我与钟伟、钟东、钟方、吕传波、安俊宇、史殿霖、王滨、刘亚俊等人是邻居，从小一起长大。我和周新国、王青曾同案被劳动教养，1993 年后，相继认识了刘峰玉、刘峰国、姜元。1993 年开始个体经营，1996 年与刘峰玉成立祥隆置业有限公司投资房地产，并带领钟伟、钟东、钟方、安俊宇、史殿霖、刘峰山、刘峰国、周新国等人以电子游戏室名义投资经营赌博游戏机、龙虎斗赌博台。任昊、姜元、王群力、吕传波、薛宗辉、李方强、陈瑞军、杜欣、刘亚俊、丁健、冷俊江等人先后加入。吕传波、安俊宇、钟东、钟方各自有一批手下，他们称我为大哥，当时社会上流行公司的说法，我们这伙人被称为“聂磊公司”。1998 年起先后在青岛市多处地点开设百家乐赌场，与安俊宇、史殿霖、姜元、卢建强、刘峰国、任昊、刘亚俊等人管理经营赌场。为避免公司人员私自在外面做事带来麻烦，规定“聂磊公司”人员不准擅自插手拆迁项目，不准参与赌球、吸毒，不准打着公司旗号私自在社会上办事等纪律。吕传波、钟伟、钟东、钟方、安俊宇、王青、王海等人因违反公司纪律等原因先后离开了公司。2004 年起把刘峰玉独立出来成立全濠实业有限公司经营房地产，并利用公司名义出面联系处理各种关系。2006 年与李岩共同出资在青岛市香港中路经营新艺城夜总会，每月能分到 100 余万元，李岩将我的分红转账到山东省房地产管理公司或者全濠实业有限公司。我让任昊、熊新、马成文、王滨等人办了一些打打杀杀的事情。为防止有人打公司成员、办事时震慑对方，提高公司的社会地位，陆续存了一批枪。2008 年起与卢建强合作开设百家乐赌场，由卢建强、姜元共同管理。公司赚的钱给陈平、钟伟、钟东、钟方、安俊宇、史殿霖、王海、吕传波、姜元、卢建强、谢龙、刘峰国、任昊、冷俊江等人分红、发福利、购房买车，支付公司员工工资、奖金以及公司房租、水电费,购买通讯工具、枪支费用,给受害人支付医疗费、丧葬费、抚恤金、买房子等,以及为疏通政府部门关系花费。我分的钱用于我和家人买房子、买车及日常生活费用等,有的亲友和朋友买车、投资做生意也是公司出钱。2000年给姜元明珠花园小区的一处套三房居住,2002年为安俊宇在青岛大公海岸小区花200万元购买了一套房子,2008年给任昊如意家园的一处套三房居住,曾许诺给公司的冷俊江房子但还没有给他。2008年,公司从赌场出钱给卢建强购买了宝马740型车、给姜元购买了宝马730型车、给任昊和谢龙分别购买了宝马X6型车、给石刚购买了丰田汉兰达车,由任昊出面给熊新50万元购买了一辆丰田汉兰达车。

2. 被告人姜元供述,1995年我与聂磊之妹聂卉结婚。同年4、5月至2000年6月,我帮助聂磊管理红星游乐城,开始加入"聂磊公司"。聂磊脑子活、社会上什么挣钱就干什么,在年轻人中比较成功,有钱、讲义气,聂磊身边聚集了安俊宇、吕传波、钟方、钟伟、王青、谢龙和钟东等人。当时社会上流行公司的说法,这伙人自称"聂磊公司",聂磊是老大称大哥,公司事情都是他做主。2003年或者2004年,聂磊使用我的名字注册了全濠实业有限公司。2003年5、6月起,聂磊在青岛市多处地点开设百家乐赌场,谢龙、钟东负责管理,我管理财务,期间分得四五十万元。2007年7月聂磊派我到韩国首尔市聂磊与他人合伙开的赌场中学习。2008年12月,聂磊和卢建强合作在青岛市多处地点重新开设百家乐赌场,卢建强、谢龙负责管理,我负责管理财务,赌场获利四五千万元。

3. 被告人任昊供述,1999年我到青岛市震泰游戏厅做保安工作,由安俊宇负责,之后是王群力和我负责。2000年6月在聂磊赌场做保安。2002年劳动教养被释放后,开始担任聂磊司机。2004年起,与薛宗辉负责保管"聂磊公司"的枪支、弹药。2007年聂磊有了新司机,我除开车外,平时在他身边服务、跟着办事。近几年,安俊宇、钟东等人离开公司后,聂磊安排我去处理社会上的事情,以及在聂磊授意、默许下实施了寻衅滋事等很多违法犯罪活动,我都是找熊新和他手下人帮助办理。我们这些人是以聂磊为中心的一个组织,社会上称"聂磊公司",老大是聂磊。"聂磊公司"第一层级人员是李岩、卢建强、安俊宇、钟东、钟方、钟伟、刘峰玉、吕传波、王青、谢龙、姜元、史殿霖、王滨等人,第二层级人员是我和石刚、薛宗辉、王健、李方强,第三层级是陈英、程祥生等人,我们组织中的第一、第二层级人员都有各自的手下。"聂磊公司"中,最初由钟东、钟方、钟伟、安俊宇负责经营游戏厅,后由卢建强、安俊宇、谢龙、姜元、吕传波负责经营赌场,李岩负责经营新艺城夜总会,刘峰玉负责经营房地产。聂磊为约束公司人员,规定不准给别人要账,不准涉足土石方工程,不准收保护费,不准借助公司的名声做私人事情。2008年之后,我从聂磊赌场三次分得149万元,从姜元处每月领7万元工资并报销办事花费,聂磊给我如意家园的一处套三房居住。2009年,聂磊公司买了一批车,给我一辆黑色宝马X6车,为了收买熊新等人,拿出50万元让我给熊新购买了一辆丰田牌汉兰达越野车。

4. 被告人李岩供述,2006年6月,我受到安俊宇、吕传波、张新强威胁,与青岛黑社会老大聂磊合作经营夜总会,同年12月18日新艺城夜总会开业,至2010年聂磊共分得2 000余万元,我分得1 200余万元。我负责经营夜总会,不在夜总会时由先后担任总经理助理的杨天施、蔡淼淼等人负责全面工作。新艺城夜总会是青岛市档次最高的,对外称是聂磊开的,没有人敢来找事。聂磊还经营房地产,曾在丽晶大酒店开设赌场。"聂磊公司"主要有刘峰玉、谢龙、王滨、任昊、石刚、卢建强等人,前期还有张新强、安俊宇、吕传波、钟东等人,公司的人称聂磊为大哥。刘峰玉负责经营房地产,谢龙负责处理社会关系,任昊和石刚负责开车、当保镖,卢建强、王滨经常和聂磊一起,安俊宇、吕传波、钟东等负责处理社会上的事,后期离开了"聂磊公司"。

5. 被告人卢建强供述,1991年与聂磊相识,1992年和聂磊与他人打架被判刑,后二人关系开始亲近。1994年,聂磊认识刘峰玉后,开始经营房地产。聂磊赚钱后,逐渐壮大自己的势力,安俊宇、吕传波、钟东、钟方、史殿霖等人跟着他打打杀杀。1998年我和聂磊合伙经营震泰游戏厅,不久我从震泰游戏厅撤出。之后,聂磊经营三个游戏厅获利八千万元至一亿元,聂磊有了强大的经济实力,就不断招收了任昊、丁健、张新强等人,这些人又发展自己手下。聂磊有几十个兄弟,对外称"聂磊公司",并垄断经营青岛游戏厅。2001年开始,聂磊先后在青岛市多处地点开设百家乐赌场,其他游戏机厅、赌场因聂磊投资大而无法和他竞争,聂磊还通过许多公安机关和政府部门的工作人员采取查处等方式对竞争对手进行打压,同时其手下使用暴力、威胁等手段排挤竞争对手,逐步垄断了青岛市赌场,他的势力、名气更大了。2006年左右,聂磊又经营青岛市档次最高的新艺城夜总会。2008年底,聂磊与我合伙在青岛市多处地点开设赌场,我和姜元负责经营,我三次分红得到500余万元。“聂磊公司”的核心人物有谢龙、任昊、史殿霖、安俊宇、吕传波、王青、李岩、石刚、刘峰玉、姜元、宋振旗、王滨、钟东、钟伟、钟方等人,他们是聂磊身边亲近的人,都有自己的手下。聂磊是公司老大称大哥,刘峰玉是老二、军师,聂磊不让其手下相互联系,所有人只受他的控制、单线联系,不让手下介入拆迁。刘峰玉负责房地产,任昊和石刚给聂磊开车,李岩负责新艺城夜总会,姜元负责赌场账目,谢龙负责处理社交关系及赌场保安,安俊宇、吕传波等人是聂磊手下的打手,主要负责打架、处理纠纷,钟东负责赌场、游戏机厅、处理社交关系。任昊手下有熊新,吕传波手下有丁健等,安俊宇手下有冷俊江等,钟东手下有林伟等。因我在社会上有一定的名气以及我和聂磊的关系,“聂磊公司”的人称我强哥或者卢总,姜元、谢龙地位与我相当。聂磊的直接手下在赌场、游戏机厅有股份,给组织成员安俊宇、钟东、钟方、吕传波、刘峰玉购买房子,给安俊宇购买保时捷吉普车,给吕传波购买凌志吉普车,给钟东、钟方购买宝马吉普车,给谢龙购买宝马X6吉普车,还给我购买了宝马750轿车。

6.被告人史殿霖供述,与聂磊是邻居。1994年起经常交往,后不在一起了。我委托一家中介公司成立了群力置业有限公司,从胶州信用社贷款8 000余万元在青岛市东部开发了一处住宅楼。2001年被劳动教养一年后,再未见到聂磊。

7.被告人王群力供述,与聂磊、钟伟、钟东、钟方、安俊宇是邻居,一起长大。1998年底,聂磊、安俊宇为主与钟东、史殿霖等四五个人合伙经营震泰游戏厅,安俊宇负责管理。一两个月后聂磊让我担任楼层值班经理,有事向安俊宇汇报。胡玉海被伤害致死案发生后,我离开了“聂磊公司”。

8.被告人刘峰国供述,1998年7月,聂磊在青岛市红星电影院地下室经营红星游乐城。经刘峰玉介绍,我在红星游乐城担任值班经理,负责日常管理。王军被殴打致死案发生后,我离开了“聂磊公司”。

9. 被告人安俊宇供述,1990 年,与聂磊殴打他人致重伤被判刑。1998 年被释放后,聂磊让我参与经营震泰游戏厅,之后跟着聂磊干了。聂磊是老大,称他为聂总或者大哥,先后跟着聂磊干的手下有我和吕传波、史殿霖、王青、谢龙、任昊、姜元、李岩、刘峰玉、钟东、钟方、钟伟、卢建强、王群力、王滨、宋振旗、马先忠、马成文、薛宗辉、丁健、张新强、石刚、李方强、刘亚俊等人,对外称"聂磊公司",直接听命于聂磊,手下各自还有一伙人。聂磊是第一层级,第二层级人员有我和谢龙、任昊、王青、吕传波、卢建强等人。我曾负责震泰游戏厅,后与王青、吕传波、史殿霖等负责丽晶大酒店赌场的保安工作,聂磊还安排我参与打架、去公安机关处理善后事情,以及与谢龙负责接待客人等。刘峰玉负责经营祥隆置业公司,后改名为全濠实业有限公司,与聂磊是搭档,聂磊处理"黑道"上的事情,刘峰玉处理政府机关"白道"上的事。李岩负责经营新艺城夜总会,姜元、卢建强负责经营赌场,谢龙还负责为聂磊处理关系,任昊、石刚、李方强是聂磊的贴身保镖,平时负责给聂磊开车,钟东、钟方、钟伟三兄弟和王群力、薛宗辉都为"聂磊公司"经营电子游戏室或赌场,王滨、宋振旗主要陪着聂磊吸毒、嫖娼等娱乐,吕传波、史殿霖、王青、马成文、丁健、刘亚俊等人为"聂磊公司"从事打架看场子等。其间姜元、钟东曾从聂磊赌场分得 80 万元,我仅分得 30 万元,因此与聂磊产生矛盾。2008 年初,我因聂磊未给自己钱而分给其他人,就和聂磊闹矛盾彻底离开了。

10. 被告人王滨供述,聂磊原是混社会的,后经营房地产有了经济实力,又开设赌场、经营夜总会。期间,聂磊公司发生了几次违法犯罪的事情都被他妥善处理了。2005 年聂磊就成为青岛市黑社会公认的老大,他有钱有势,出事能摆平,出去做事都会给他面子。我们跟着聂磊是一种资本,也不用聂磊发工资,自己出去做生意都给面子,挣钱很容易。2005 年后,"聂磊公司"有安俊宇、吕传波、谢龙、钟东、王青、任昊、李岩等人。2008 年至今,公司有我和谢龙、任昊、卢建强、李岩、石刚、刘峰玉等人,上述人员都是大哥级的人物。公司中聂磊是老大、称大哥,刘峰玉是老二,李岩是老三,之后是卢建强、谢龙和任昊等人,我排位在谢龙和任昊之下,对外办事称"聂磊公司"或者新艺城的人。刘峰玉负责房地产,任昊和石刚给聂磊开车,卢建强负责赌场,李岩负责新艺城夜总会,谢龙负责处理社交关系,我和宋振旗、刘元洲负责陪聂磊娱乐。聂磊安排打打杀杀的事一般找任昊、熊新。我们这个层级的手下各有10至20人,任昊手下有熊新等人,卢建强手下有20余人在赌场看场子,我手下有宋金宝、张志强、栾震、虎子等人。我是聂磊的最后保留地,聂磊什么也没有了也是我的老大。聂磊从不组织全部人员开会安排事,都是单独安排事情,也不让互相打听,让手下之间互相猜疑,以确保他的威严。公司人员出去办事,必须向他汇报。他安排的事必须办好,否则就会挨骂。2009年底,聂磊给我55万元买了一辆宝马X5车。

11. 被告人马成文供述,2000年聂磊是社会上大哥级人物,手下有很多小弟,对外称“聂磊公司”。我和青岛市另一个老大“湛山大伟”(即孙立飞)有仇,但我实力不如孙立飞。聂磊也和孙立飞有矛盾,准备教训他,我便借助聂磊的势力打击孙立飞,为自己报仇。2004年下半年,聂磊安排我和马先忠带人到青岛市香港东路顺峰酒店抓孙立飞,聂磊通过此事把孙立飞赶出了青岛市,真正成为了青岛市黑社会大哥,之后我和聂磊联系密切,经常一起娱乐、聊天。“聂磊公司”最初有王青、安俊宇、吕传波、钟东等人,后李岩、卢建强、任昊、石刚、谢龙等人也跟着聂磊,其中卢建强、安俊宇、吕传波、钟东地位仅次于聂磊。“聂磊公司”经营夜总会、赌场、房地产,卢建强负责管理赌场,李岩负责夜总会,刘峰玉负责房地产经营,任昊是聂磊的保镖,石刚是司机,马先忠负责打打杀杀的事。我不是“聂磊公司”的人,不在公司领工资。

12. 被告人石刚供述,2006年7月经钟东介绍给聂磊开车,后兼保镖并帮聂磊处理家庭琐事。2008年前,“聂磊公司”有安俊宇、吕传波、王青、钟东三兄弟、谢龙、刘峰玉、任昊等人。2008年之后,除刘峰玉、谢龙、任昊外,其他人都离开了,李岩成为新股东。聂磊经营全濠实业有限公司,由刘峰玉负责,听从聂磊的领导,还替聂磊与一些政府部门的官员疏通关系;经营新艺城夜总会,由李岩负责,李岩等人听从聂磊的领导;在青岛市开设赌场,由卢建强负责,听从聂磊的领导;在青岛市崂山区经营会所,由程祥生负责。会所是聂磊接待朋友、客户的场所,聂磊下面的高层领导刘峰玉、李岩、谢龙、卢建强等人也可以安排接待。谢龙负责接待兼顾赌场生意,主要负责为聂磊接待各种合法、非法生意上的客户、关系人和各个方面的私人朋友。任昊主要是保护聂磊的人身安全，防止聂磊的仇家打击报复，组织人员与社会上的人进行暴力对抗，采用威胁、暴力等手段处理损害聂磊利益或让聂磊不满的人，任昊人手不够就联系熊新带手下一起参加。我是聂磊的司机、保镖，防止聂磊的仇家打击报复，还负责照顾聂磊的家人，有时也会根据聂磊的安排，组织人恐吓、殴打损害聂磊面子或利益的人。我和任昊把聂磊给的钱作为报酬、治伤、躲藏和安家费，发给办事的人。聂磊从没有开过会，他有事时就找刘峰玉、李岩等人单独商议，最后由聂磊决定。聂磊规定不能以公司名义办个人的事，不能打着聂磊的旗号获取利益等。王滨是聂磊的好朋友，他有很多手下，聂磊需要时，他也带人参加。

13. 被告人王健供述，1999 年 8 月起到聂磊经营的福满多娱乐城干保安。2003 年 5 月，我到聂磊在青岛市中山路经营的游戏厅干保安，钟东和姜元负责管理。之后，又到聂磊在青岛市多处开设的赌场干保安或监台。2004 年底与薛宗辉一起给安俊宇开车，2006 年初单独给安俊宇开车，同年 12 月薛宗辉被人打死。安俊宇离开“聂磊公司”后，我又跟着聂磊。2009 年 3 月又给聂磊开车，其间参与实施了多起违法犯罪。

14. 被告人李方强供述，1999 年夏应聘到聂磊经营的青岛市南京路福满多娱乐城干保安，同年 12 月调到聂磊的青岛市震泰游戏厅干保安。2000 年 7 月左右，在聂磊妻兄周新国负责的青岛市“即墨路鞋城”干保安，之后我一直在“聂磊公司”干，先后在海天大酒店、银都花园赌场干保安。2005 年底回原籍照顾有病的母亲。2006 年春节后又回到“聂磊公司”，2007 年到聂磊在韩国的赌场工作。同年从韩国回来给母亲办丧事后，再未回“聂磊公司”。聂磊是青岛市黑社会老大，有钱有势，名气大，能摆平事，跟着他干经济上有奖励，他手下刘峰玉身份最高，第二层是安俊宇、吕传波、钟东、钟方、王青、史殿霖、姜元、任昊、刘亚俊、马成文、谢龙等，之下是丁健、范雷、石刚，再下是赌场保安等人员。姜元、卢建强、谢龙经营赌场，李岩经营新艺城夜总会，钟伟经营赌球庄家。

15. 被告人陈瑞军供述，1991 年因犯强奸罪在看守所关押期间认识了聂磊。2000 年通过聂磊安排在他经营的震泰游戏厅干保安，吕传波总负责，任昊是经理,冯青波是保安经理,薛宗辉也是负责人。震泰游戏厅停业后,薛宗辉还给保安发工资,2001 年 11 月,薛宗辉安排我到"即墨路鞋城"干保安。2002 年春,我先后在银都花园、木槿花宾馆赌场干保安。2003 年或者 2004 年 4、5 月,被聂磊开除。

16. 被告人杜欣供述,1999 年 11 月,通过招聘到聂磊经营的震泰游戏厅干保安。2000 年 6 月,在青岛市丽晶大酒店赌场干保安。同年 10 月,任昊安排我到"即墨路鞋城"干保安。2002 年,因家人极力反对我在"聂磊公司"工作,就主动离开了。

17. 被告人杨天施供述,2003 年我到青岛市打工时,听说聂磊是青岛市黑社会老大。2007 年 5 月,应聘到聂磊的新艺城夜总会干服务员。新艺城夜总会内有小姐有偿陪侍、出台卖淫,为大客户提供包间吸毒。2008 年总经理助理李艳琴被开除,同年 9 月李岩和聂磊让我担任董事长助理,负责给客人安排房间。2009 年 3 月,聂磊之妻周新萍到新艺城夜总会玩时,因没有服务好,李岩说聂磊让我离开,之后我便辞职了。我在新艺城夜总会工作时认识了石刚,后和石刚成为情人,石刚出事后躲藏在我的住处。

18. 被告人冷俊江供述,1999 年 5 月,经钟伟介绍到聂磊、钟伟等人合伙经营的红星游乐城工作,同年 9 月开始担任值班经理,钟伟、钟方、姜元具体负责。1999 年 7 月我在红星游乐城参与了殴打王军等 3 名男青年。2006 年 7 月,受聂磊、钟伟指使,替在台湾花园打伤警察的人到公安机关投案顶罪,钟伟付给报酬 20 万元。安俊宇曾说,"聂磊公司"给我每月 15 000 元的工资。释放后,"聂磊公司"花 30 万元给我买一辆车,又给现金 12 万元。聂磊是社会大哥,钟伟是我大哥,"聂磊公司"有钟东、钟方、安俊宇等人。

19. 被告人刘亚俊供述,1985 年我和聂磊相识,之后经常帮着聂磊打群架。其间,聂磊与我、王青和王群力等人,先后与刘宁、滕俊、杨军、刘裕团伙打仗,聂磊慢慢打出了名气。1986 年至 1995 年,我因打架先后三次被劳动教养。1997 年被释放后,到聂磊房地产公司给他开车,后因受到其他人排斥就离开了。2000 年之后,我因没有事情干,有时和聂磊一起玩。2001 年我参与中湾洗浴中心打架,2003 年被劳动教养,2005 年被释放后再没有回"聂磊公司"。我被劳动教养期间,聂磊和钟东、安俊宇、王青、刘峰玉、吕传波等人经常去看我,送钱和食品。出狱后聂磊等人对我帮助很大,给了很多生活用品,我很感激他们,聂磊等人有事我就去帮忙。我到"聂磊公司"时,有王健、王群力、钟东、钟方、钟伟等人,后安俊宇、吕传波、史殿霖、任昊等人加入"聂磊公司"。

20. 被告人欧杰供述,1999 年底通过张弘强在劳动市场招工到聂磊经营的震泰游戏厅干保安,由任昊、张弘强、薛宗辉安排工作。游戏厅有赌博机,保安人员有杜鑫、陈瑞军、李方强、丁健、任昊等人。2000 年夏薛宗辉安排我到"即墨路鞋城"干保安,鞋城经理是周新国。2001 年春节后我从原籍回到青岛市,没有具体工作但仍领工资。2002 年春节前,薛宗辉安排我到聂磊的银都花园赌场干保安,保安还有冯青波、李方强等人,赌场于三四个月后转移,其就回到原籍。2006 年春节后,薛宗辉让我从原籍回到青岛市,安排我给聂磊手下吕传波接送孩子。另供述,聂磊是青岛市的社会大哥,吕传波、任昊、薛宗辉、李方强、丁健、杜欣等人都是"聂磊公司"人员。

21. 被告人宋振旗供述,1986 年在青岛市西镇帮聂磊打仗被劳动教养,释放后二人经常联系。1993 年聂磊经营震泰游戏厅和红星游乐城,游戏厅内有赌博机,后聂磊逐渐有钱了。聂磊又从胶州信用社贷款 1 亿元开始经营房地产,开设百家乐赌场、经营夜总会等。2001 年前后,为了抓青岛市另一个黑社会老大孙立飞,聂磊安排人带枪包围了东顺峰酒店,后把孙立飞的势力赶出了青岛市。之后,聂磊在青岛的名声越来越响,跟随聂磊的人越来越多,对外称"聂磊公司"。聂磊有钱有势,出去做事都会给他面子,开赌场很安全,夜总会也没人敢去捣乱,如果公司出事他会通过关系很快妥善处理,成为公认的青岛市黑社会老大。2008 年底,我开始跟着聂磊,主要是联系购买冰毒、陪聂磊吸毒,帮他处理琐事等。"聂磊公司"主要有刘峰玉、卢建强、李岩、王滨、王青、任昊、谢龙、钟东、钟方、史殿霖、安俊宇、吕传波、刘亚俊、石刚等人,这些人手下还有小弟,其中任昊手下有熊新等人,谢龙手下有任帆等人。刘峰玉主要帮聂磊经营房地产,挣了很多钱。卢建强主要帮聂磊管理赌场,李岩主要负责新艺城夜总会,谢龙负责接待。任昊是聂磊的贴身保镖,还去办打打杀杀的事。石刚是聂磊司机,王滨、王青、钟东、钟方、史殿霖、安俊宇、吕传波、刘亚俊主要是跟着聂磊干事,我和刘元洲主要负责陪聂磊娱乐。刘峰玉、卢建强、王青和聂磊平起平坐，在“聂磊公司”地位很高，他们说话公司其他人都听。钟东、吕传波、安俊宇等人是和聂磊从小一块打天下的，在公司地位仅次于卢建强等人。其后是谢龙、任昊、王滨等人。聂磊明确规定公司人员不准擅自插手拆迁，公司人员出去办事必须向他汇报，他安排的事必须办好否则肯定挨骂。聂磊都是单独安排事情，公司人员之间不能互相打听。“聂磊公司”所得利益由聂磊分配，给卢建强配了一辆黑色宝马轿车，给谢龙配了一辆黑色宝马X5车，给王青配了一辆黑色奥迪A6轿车，给任昊配了一辆黑色凌志350吉普，给刘元洲配了一辆黑色途锐吉普车，给王滨配了一辆黑色宝马X5吉普车。聂磊曾给我5万元装修钱、四五万元婚宴钱。

22. 同案人熊新供述，1991年，我和任昊在青岛市特警支队工作时相识，1994年二人因酒后滋事均被开除，2001年任昊到“聂磊公司”给聂磊开车。我和聂磊及“聂磊公司”没有直接来往，任昊找我为“聂磊公司”办些打打杀杀的违法事情时，我就联系手下崔朕、“二宝”，再由二人安排手下的人参加。2009年8、9月，任昊用“聂磊公司”的50万元给我买了一辆鲁B666丰田汉兰达吉普车使用。“聂磊公司”是以聂磊为首的一帮势力的统称，从经营游戏厅开始的，后来又经营房地产、开设赌场、夜总会，逐渐发展起来。聂磊是青岛市黑社会大哥级的人物，没人比得上他，他有钱有势，出事能摆平，出去做什么事都会给他面子。聂磊手下有很多得力干将，刘峰玉是聂磊房地产公司的老总，负责公司房地产业、接待及在青岛、北京等地协调各方关系等；谢龙、任昊、卢建强、姜元是公司副总，李岩是新艺城夜总会总经理，卢建强负责公司赌场生意，谢龙负责联系、协调公司在青岛方面的社会关系。姜元是聂磊的妹夫，负责公司财务。任昊主要帮聂磊处理私事和社会上打打杀杀的事情。石刚在公司时间长，和陈英是聂磊的司机。聂磊为了约束公司的人，不准手下人打着公司的旗号在外做生意，不准抢工地，不准去帮别人要账。

23. 同案人刘丽丽证实，新艺城夜总会现金收入一部分是夜总会内部人员上交公司的现金总数，每年共约120万元。另一部分是夜总会营业收入的现金总数，每年共约1 500万元。还有客人使用银行卡消费，每月银行转入我公司账户，每年共约1 300万元。聂磊和李岩的每月分红分别交给聂磊全濠公司会计的杨淑荣、李岩德宝夜总会的会计。

24. 同案人张美玉证实，新艺城夜总会每年约3 000万元收入中，纯盈利约1 500万元。新艺城夜总会收入主要是酒水利润，价格一般是市场三四倍，最多10倍。聂磊分成交给全濠房地产公司杨淑荣，李岩分成交给曲菁华。

25. 同案人王淑娥供述，2000年到2004年，我是聂磊赌场的财务人员，赌场每年收入二三百万元，四年共收入约1 000万元。

26. 同案人王群量供述，2003年起我担任聂磊赌场财务人员。2005年赌场生意不好，盈利八九百万元，2006年盈利2 000万元，2007年不满一年盈利1 000万元。2000年到2007年，赌场共盈利5 000余万元。

27. 同案人梁安庆供述，2008年至2009年3月，聂磊的赌场每天筹码兑换现金收入约20万元，盈利约10万元。2009年4月以后，聂磊赌场的客人每天换筹码现金约30万元至50万元。2008年至2010年6月，赌场收入约5 000万元，纯收入约3 500万元。

28. 证人周新萍供述，其系聂磊之妻。不参与"聂磊公司"的事情，没有出资成立或参股公司。

29. 证人史殿霖之妻李博证实，1996年前后史殿霖说和他人在青岛市东方饭店附近经营一个公司，青岛市中山路一个游戏厅是公司开的。1999年前后的一天，史殿霖拿回家数千元现金，说因他在公司创业时出过力，公司平时不定期给生活费。2001年，史殿霖为公司在青岛市崂山区返岭村附近管理海参、鲍鱼池。2004年前后，史殿霖驾驶公司的一辆鲁BU2563号绿色本田奥德赛车。其间，史殿霖说他在"聂磊公司"创业时出过力，因没有文化，现已不适合在公司干具体工作。史殿霖曾拿回家公司发的40万元现金和内有100万元的工商银行卡。

30. 证人青岛凯惠物业管理有限公司经理孙荣荣证实，刘峰玉是青岛全濠实业公司的实际经营人，青岛全濠实业公司是青岛凯惠物业管理有限公司的实际拥有和管理者。青岛市宁夏路139号如意小区地下一层商业房产，由刘峰玉操作使用。

31.证人青岛全濠实业有限公司出纳杨淑荣证实,青岛全濠实业公司有三套财务账,一套公司内部账,两套对外账。其制作的内部账处理了包括东祥园置业有限公司、新艺城夜总会等往来资金。全濠公司为了避税和工商、审计等,在公司基本账户外以个人名义开立了一些个人账户。其掌管的全濠公司内部账记载,从2005年3月4日至2009年7月21日期间,一共收到聂磊钱款8次共200余万元;从2005年2月4日至案发,聂磊从全濠公司内部账中借款34笔共人民币83余万元及2万欧元。从2001年10月8日至2010年3月9日期间,内部账共收取刘峰玉款59笔3 236余万元;从2001年12月13日至2010年5月17日共支付给刘峰玉1 783余万元。2001年,全濠公司开发如意大厦项目共计获利收3 034余万元,包括用于经营和借给周新萍300万元、钟东60万元、刘峰玉之妻逄梅200万元等共计2 960余万元。2007年6月8日至2010年5月27日,内部账记载全濠公司共收到售房款150笔共计8 680余万元。2010年1月至6月间,杨淑荣掌管的账外资金账户上共存放资金3 953余万元。

32.证人全濠公司财务部经理吴杰敏的证言及购省房房款明细证实,2002年至2006年,全濠公司分别和青岛地铁公司、青岛东祥园公司分别合作开发了如意大厦、如意家园项目;单独开发了青岛市崂山区崂山路翡翠花园会所。2007年,新艺城夜总会成立之后每月都有资金打入全濠公司账户,这些款项大部分用于支付全濠公司的贷款利息。全濠公司开发的如意家园项目盈利约1 890余万元,购买深圳路14号地项目支付近5 000万元,购买青岛市崂山翡翠花园两块地支付160余万元。新艺城夜总会和SOS(原babyface酒吧)项目房款共计4 894.5万元,已付款2 137余万元;澳门花园和地下室项目房款共计1 904余万元,已付款794余万元。

33.证人王杰民、马洪国、孙荣荣证实,祥隆公司和全濠公司曾与青岛变压器厂合作开发建设的徐州路专家公寓,获利超过1 000万元;与青岛重汽公司合作开发建设如意小区项目,盈利2 000万元至3 000万元;明珠房地产公司开发明珠新村项目,销售额1.1亿元;转卖祥隆宾馆地块、明珠花园项目地块,获取了差价;祥隆公司与青岛地铁公司在2001年至2003年合作开发如意大厦项目,其间全濠公司接手后与地铁公司合作成立了悦海置业项目公司，销售获利3 000万元；2001年或者2002年转让青岛市崂山区悦海豪庭项目地块，获利1.3亿元；2001年开始和青岛市午山实业总公司、省房三家合作项目，投资2 000余万元；为青岛市崂山区返岭村和王山口村旧村改造项目，支付300万元定金；2008年购买了青岛市崂山区深圳路项目，支付近5 000万元；转卖青岛市市南区燕岛国际项目地块，获利约3 000万元；在青岛市崂山区翡翠花园处有2块地，一块地已建别墅会所；从青岛市开发区购买了50亩地，已建办公楼和仓库。2007年年初全濠公司与青岛市东祥园房地产公司合作开发延安三路如意家园项目，盈利2 000余万元。全濠公司还有如意家园地下一层2 990平方米网点房、澳门花园的全濠公司办公楼、香港花园新艺城的房产等。

34. 青岛祥隆置业有限公司工商登记材料、企业法人营业执照等证据证实，青岛祥隆置业有限公司成立于1996年3月7日，法定代表人王群力，股东聂卉（聂磊之妹），注册资本300万元，住所地青岛市市北区市场二路33号振业大厦1219室。1997年4月16日法定代表人变更为刘峰玉；2001年5月8日法定代表人变更为吕传波，股东变更为薛宗辉；2002年11月22日该公司注销。

35. 青岛全濠实业有限公司工商登记材料证实，2001年6月13日青岛全濠实业有限公司成立，住所地青岛市香港东路374号，法人代表先后为刘峰玉、刘峰山、姜元，股东有刘振生、姜元、赵信恩、周新萍，注册资本700万元，后增资至2 000万元。

36. 青岛群力置业有限公司、青岛坤泰投资有限公司、青岛海岸明珠置业有限公司、青岛明珠房地产开发有限公司、青岛悦海置业有限公司、青岛汇海通讯系统有限公司、青岛如意汽车销售有限公司工商登记材料，以及青岛国有土地使用权出让合同书、营业执照等资料证实，1995年至2003年，聂磊组织分别成立了上述公司经营房地产。

37. 证人马薇生、崔建平的证言及青岛市变压器厂与青岛康业场地产公司合同书等资料证实，1993年青岛酿造总公司法人代表兼总经理马薇生与聂磊、刘峰玉签订转让蓝天宾馆的协议，聂磊方支付转让总价款300万元；1995年青岛变压器厂与聂磊、刘峰玉签订协议，合作开发徐州路专家公寓。

38. 悦海豪庭项目资料、国有土地使用权出让合同、合作开发协议、房地产项目开发合同,及证人徐永霖、孙嘉林的证言,销售房款明细表、往来账目明细等资料证实,2000 年青岛祥隆公司与青岛地铁公司联合开发青岛火车站东侧 如意大厦项目,2006 年全濠公司销售房产获利 4 500 万元;2000 年鲁邦房地产公司因祥隆公司退出悦海豪庭房地产项目,退还及支付补偿款 6 789.8万元;2002 年青岛弘信地产公司因全濠公司退出燕岛国际公寓项目,支付先期投资 1 000 万元;2006 年 4 月青岛东祥园置业有限公司与青岛全濠实业有限公司合作开发如意家园小区项目,2009 年全濠公司销售得款 1.1 亿余元;2007 年全濠公司购买青岛市崂山区深圳路附近 20 亩土地使用权,缴纳土地出让金 4 839 万元。

39. 国有土地使用权出让合同、解除《土地预约协议》、青岛市崂山区中韩街道午山社区居委会证明、返岭村旧村改造合作协议书、全濠公司与青岛市崂山区王哥庄街道王山口居委会签订的合作协议书,及相关账目、财务凭证,证人王喜胜、刘元革、王孝渊的证言证实,2003 年 4 月 2 日青岛保税区全濠国际物流有限公司成立,法人代表周新萍,股东聂森,同年该公司出资 548 万余元,购得黄岛区 3 万余平方米土地使用权;2006 年因解除开发午山村土地协议,午山村退还全濠公司预付金及补偿金共计 644 万余元;2003 年全濠公司签订崂山区返岭村旧村改造协议,先行支付了赞助款 200 万元;2005 年全濠公司签订崂山区王山口村合作协议,支付定金 100 万元。

40. 合同资料、收款凭证、银行票据等资料证实,聂磊组织购买青岛市崂山区澳门花园房产总价为 1 904 余万元,累计付款 794 余万元;购买 SOS 迪厅及新艺城夜总会房产总价为 6 548 余万元,累计付款 1 596 余万元。

41. 全濠公司内部账记录的收新艺城夜总会款项汇总表、新艺城收入明细表、同案人杨淑荣供述及记账凭证、银行凭证复印件证实,2007 年 10 月 11 日至 2010 年 5 月 12 日,全濠公司收取新艺城夜总会钱款共 41 笔合计 2 922 余万元。

42. 公安机关出具的搜查、扣押物品清单证实,案发后,公安机关从聂磊组织及其组织成员处共扣押各类款项人民币 3 100 余万元、美金 5.6 万余元、港币 300 余万元、欧元 2 万余元等现金;共冻结人民币 3 700 余万元、美金28万余元、港币21万余元、欧元1.5万余元、英镑1 500余元等资金；共查扣房产62处、地产5处，分别位于崂山区崂山路6号翡翠花园、同安路882－4号、青岛保税区17小区；共查扣车辆64辆、游艇1艘及黄金饰品、象牙等物品一宗。涉案枪支物品照片证实，聂磊组织实施非法持有枪支13支的犯罪事实。

关于被告人聂磊的辩护人所提聂磊团伙不具备黑社会性质组织的组织特征、非法控制特征，仅是黑恶势力团伙的辩护意见，经查，被告人聂磊、任昊、卢建强、李岩、王滨、马成文、宋振旗、安俊宇、王滨的供述及同案人陈平及被害人胡崇君、崔文、李力等人的陈述证实，“聂磊公司”具有明确的组织分支机构，组织层级清晰，结构严密，人数众多，既有较早参加的人员又有后期加入的，骨干成员基本固定，并有一定的组织纪律。由刘峰玉负责开发房地产谋取巨额经济利益，与卢建强开设地下赌场向赌博业延伸，与李岩开设新艺城夜总会向色情业扩展，由任昊、熊新成立暴力团伙为组织提供暴力保护，实施违法犯罪数十起，在一定区域和行业内形成了非法控制和重大影响。“聂磊公司”符合刑法规定的黑社会性质组织的组织特征、非法控制特征。对三辩护人的该项辩护意见不予采纳。聂磊的辩护人所提指控的部分组织犯罪事实与其无关，不应承担刑事责任的辩护意见，经查，所提与其无关的部分犯罪事实，均系其组织成员基于组织意志、为组织利益实施的犯罪，聂磊作为黑社会性质组织的组织、领导者，依法应对黑社会性质组织所犯全部罪行承担刑事责任。辩护人的该项辩护意见不予采纳。

……

二、聂磊黑社会性质组织实施的具体犯罪、违法事实

（一）故意伤害的事实

1.1998年，被告人聂磊与钟东、钟方、钟伟在青岛市中山路合伙开办红星游乐城，聂磊安排被告人刘峰国、姜元与钟伟、钟东、钟方共同负责经营管理。1999年7月16日下午，被害人王军、刘中信、赵剑锋携带安俊宇经营的龙山游戏厅的广告宣传单至红星游乐城。当日17时30分许，刘峰国发现赵剑锋持广告单在红星游乐城内，认为赵剑锋在游乐城内拉客，即上前拳击赵

面部,并强行将赵带至游乐城办公室内,与钟方、姜元一起对赵进行殴打。后被告人刘伟、王述勤受刘峰国指使在游乐城卫生间内找到王军,将王军推搡并踹进办公室内,钟方、刘峰国、姜元分别对王军进行殴打,刘伟、王述勤在办公室外的走廊处对赵剑锋进行看管。不久,刘中信被带至办公室内,钟方、刘峰国、姜元、冷俊江等人对刘中信进行殴打,其间,钟伟等人到现场后也参与殴打。当日18时30分许,聂磊得知情况后,与被告人史殿霖等人来到红星游乐城,聂磊、史殿霖、钟方、刘峰国、姜元、冷俊江等人在办公室内持木棍、铁管再次对王军及刘中信身体多个部位进行殴打。安俊宇被叫到红星游乐城后,被聂磊训斥并打耳光,聂磊、史殿霖又持棍殴打了王军,后安俊宇将王军、刘中信、赵剑锋送往医院救治。同年7月19日,王军经抢救无效死亡。经法医鉴定,王军符合钝器多次打击造成颅脑损伤及血气胸致死;刘中信之伤属轻伤;赵剑锋之伤属轻微伤。经司法鉴定,被害人刘中信右腓骨骨折系伤残十级。

案发后,聂磊为使自己及其组织成员逃避法律追究,指使钟东安抚被害人亲属,为王军购买墓地,并提供住房一套供王军父母居住,每月付给王军父母人民币5 000元至2010年6月。

上述事实,有经庭审质证,确认的下列证据证实:

(1)被告人聂磊在公安机关曾供述,1998年与钟东、钟伟、钟方三兄弟合伙开设红星游乐城,钟东等人负责管理,我让姜元和刘峰国与钟东一起经营。案发当天,接钟东电话得知安俊宇派人到游乐城发广告拉客被扣住,我和史殿霖赶到游乐城,看到了刘峰国、姜元。冷俊江、钟东、钟方、史殿霖在经理办公室正领着两三个保安对两个青年(王军、刘中信)拳打脚踢,其中有人用铁棍、木棍朝他们身上乱打。史殿霖拿铁制水管打这两个青年,我持木棍各打了王军、刘中信腿部两三下,踹了他们腿部几脚。出办公室后,钟东、钟方、史殿霖等人继续殴打王军和刘中信。安俊宇到现场后被我训斥并踹了几脚。离开游戏厅时还碰到过钟伟。其中一个被打的人死亡后,我让钟东负责处理此事,不论花多少钱把事情摆平就行。钟东找了死者家属,每月给5 000元,还买了一套房子给家属居住,为死者买了一块墓地。

(2)被告人刘峰国供述,我在聂磊与钟东、钟方、钟伟合伙开设的红星游乐城干值班经理。1999 年 7 月 16 日 18 时左右，在红星游乐城发现两个青年发传单，我和两个保安先后把他们抓到办公室。我与钟方、姜元、冷俊江还有两个保安，分别打了这两个青年，并问是谁让他们来的。我们把那个年龄较大的矮胖青年（王军）带到里间打，我和钟方、冷俊江、姜元、禚春民（另案处理）拿木棍或铁棍朝他腿、后背打，我用的是铁棍。当时每个人都打了。我问王军说来了三个人，我让保安出去抓另一个，我们又打了王军几分钟。后到外屋打年龄较小的（赵剑峰），朝他的后背和腿上打了几下，有人用脚踢赵剑峰。保安把第三个发传单的人（刘中信）抓进来，我们又打他。我让保安看住赵剑峰和刘中信，与姜元、钟方、冷俊江在里间屋继续打了王军。钟伟来后，从地上拿起棍子朝王军身上打。钟东来后也打了王军，我又打了刘中信几巴掌。钟东来后几分钟，聂磊带着史殿霖还有几个震泰保安也到了办公室。聂磊、史殿霖各拿起一根自来水钢管朝王军头上、身上打。后安俊宇被叫来，聂磊骂了安俊宇，还打了他一巴掌。辨认笔录证实，被告人刘峰国对钟方、姜元、冷俊江、聂磊、史殿霖、钟东、钟伟、禚春民的照片进行了辨认，确认参与了红星游乐城伤害案。

（3）被告人姜元在公安机关曾供述及亲笔供词证实，1999 年 7 月的一天，两个发传单的青年（赵剑峰、王军）先后被抓到红星游乐城办公室，我与钟方、刘峰国拳打脚踢过赵剑峰、王军。冷俊江抓第三个青年（刘中信）到办公室并打了他。聂磊和史殿霖到现场后，聂磊打了领头的王军几巴掌，史殿霖和钟方用铁制水管打了王军的胳膊和腿，钟方、史殿霖用棍子打王军胳膊时，很可能打在他头上。当时这个青年蹲在地上，双手抱头，鼻子被打得流血。冷俊江、钟东、钟伟、刘峰国等在场的人都对王军拳打脚踢，我朝他肩上捣了两拳。姜元另供述案发后安排其父作伪证，以证实其案发时不在现场及对被害人亲属安抚赔偿的情况。

（4）被告人冷俊江供述，1999 年 7 月的一天晚上 6 时左右，接钟伟电话赶到红星游乐城，钟伟说抓了几个发传单的，我看到办公室门口走廊上蹲着两个男青年，两个保安看着他们，我朝其中一个较瘦的腿上踢了两脚。进办公室后看见一个男青年在里面蹲着。不久聂磊带着史殿霖等人进了办公室，钟方、刘峰国、姜元也在办公室里，我听到办公室里那个男青年被打得叫了五六分钟。后安俊宇到红星游乐城,聂磊带着史殿霖等人出了办公室,史殿霖和钟方拿木棍朝门口那两个男青年的头上、身上打了三四棍子。聂磊和安俊宇吵起来,聂磊打了安俊宇两巴掌。后安俊宇领着被打的三个男青年去了医院。

(5)被告人刘伟供述,1999年7月的一天晚上,我和王述勤在红星游乐城值班,刘峰国抓了一个小青年(赵剑峰)进办公室,办公室里有钟方、姜元,当时小青年坐在地上,脸上有血。刘峰国说还有一个在厕所里,我和王述勤在厕所找到第二个青年(王军),他手里拿着一些传单,我们把他从厕所里揪出带到办公室,我朝他踢了两脚,打了他两巴掌,王述勤踢他一脚。这时办公室内有钟方、刘峰国、姜元、"冷双喜"(冷俊江),"姓禚的"及第一个被抓进去的赵剑峰。刘峰国让我和王述勤把赵剑峰弄到走廊看着,办公室里面有打人的声音及惨叫声。过了一会儿,钟伟和钟东先后来到现场,钟伟在走廊上踹了赵剑峰几脚后进了办公室。冷俊江从办公室出来说还有一个发传单的,我们到游戏厅又找到一个(刘中信),跟在他后面到了办公室,看见先被抓进去的那两个青年手抱头坐在地上,钟方、刘峰国、姜元、冷俊江等人还在打他们,钟方用铁管朝他们身上、胳膊、腿上打,其他人有人用脚踹,有人用木棍打。我们将刘中信带进门后,钟方、刘峰国等人就上来打他,有人拳打脚踢,有人用木棍朝他胳膊、腿上打。钟伟说发小报的就他们三个,后就用脚踢前面抓进去的两个青年的头部。过了一会儿震泰老板带着几个人进了办公室,接着听到里面又开始打人。后钟方和冷俊江让我和王述勤进去打扫血迹,看到办公室里间和外间各躺着一个青年,拖地时里面的两个青年被他们弄出来集中到走廊上。过了大约半个多小时,安俊宇过来说领人。后我们把三个被打的人架出游乐城搭出租车让他们走了。辨认笔录及照片证实,被告人刘伟于2002年7月8日、2010年8月21日、2010年8月30日通过辨认同案犯照片指出,史殿霖即是供述中提到的震泰老板;禚春民即是供述中提到的"姓禚的",他持木棍对后进去的两名青年进行殴打;冷俊江即"冷双喜",他对后抓进来的两青年拳打脚踢又持橡胶棍殴打;钟方持铁管先后对三名青年进行过殴打;钟东对后进去的两名青年拳打脚踢。

(6)被告人王述勤供述,1999年7月16日晚6时许,我和刘勤杰(刘伟)

在红星游乐城看门，听说一个发广告的青年被带到办公室。我到办公室看到钟方、刘峰国、姜元朝一个不认识的青年（赵剑峰）身上踢。刘峰国让我和刘伟再去找发传单的，我和刘伟在厕所看到一个青年（王军）手里拿着传单，就一起把他架到办公室，我和刘伟踹了他两脚。刘峰国踹了王军两脚，王军才承认认识赵剑峰，刘峰国让我和刘伟把赵剑峰弄到走廊处看着，我踢了赵剑峰小腿一脚。办公室里面开始打王军。又过了几分钟，有个青年（刘中信）到了值班室门口，刘伟把他推进屋内，我听见里面有打人的声音。期间冷俊江、钟伟等人陆续到了办公室。钟伟来后先踢了在走廊上男青年两脚，然后他们一起进办公室，办公室里面有木棍敲打和脚踢的声音及被打人的叫声。其间看到钟方、姜元、冷俊江持自来水铁管对王军身上、头上打。后从游乐城外面又来了几个男子，他们进办公室后，又听到有打人的声音。后我和刘伟把一个男青年架到走廊和赵剑峰一起看着，该男子头、面、胳膊、腿部有明显外伤。案发后不久有个女的找我说打人的时候姜元没参与。1999年因此案我被羁押在看守所时，一个叫“辉哥”的人告诉我以后不要说姜元在红星游乐城动手打过人，是打人结束后才到的。辨认笔录及照片证实，王述勤对参与此起伤害案的钟方、刘峰国、姜元、冷俊江、刘伟的照片进行了辨认、确认。

（7）被告人史殿霖供述，1999 年 7 月的一天晚上 7 点左右，我在红星游乐城玩时，两个玩游戏的青年说刚才把一个发传单的打了一顿。我到一间办公室里看见有个青年靠墙蹲着，就上前说敢在这里发传单，同时踢了他腿上几脚。有人说他是安俊宇游戏厅的，我就离开了。屋里还有三四个男青年，其中一个人手里拿着棍子。

（8）在逃人员钟方 2002 年供述，1999 年 7 月的一天晚上 7 时左右，刘峰国把一个发传单的（赵剑峰）带进红星游乐城办公室，我和刘峰国朝他脸上打了几巴掌，踢了他腿几脚，此人说和他表哥一起来的，他表哥在厕所里。过了一会儿，刘峰国、禚春民、保安刘伟、王述勤带进一个男青年（王军），我就让赵剑峰到办公室外面等着。我打了王军两巴掌，朝他腿上踢了几脚，两个保安对他拳打脚踢，禚春民拿木棍打那个青年的头、后背和腿。我见冷俊江也在办公室里。后我和刘峰国到外间问赵剑峰还有谁，并朝他脸上打了两巴掌，刘峰国打了他几拳，朝他腿上踢了几脚。这时钟伟掐着一个青年的脖子进来说又抓了一个，我让冷俊江看着他和赵剑峰，然后和钟伟、刘峰国到里间，看到禚春民还在用木棍打王军。过了几分钟，吕传波打电话让我去给他送车，我出来在游乐城门口碰到史殿霖，我说抓了几个发传单的在里面。我送车后回到办公室，刘峰国说安俊宇已把三个发传单的人带走了，我问有没有再打他们，刘峰国说禚春民、史殿霖还有他的两个朋友都动手打了，禚春民、史殿霖用棍子打王军下手挺狠。

(9)被害人赵剑峰陈述，1999年7月16日下午，我和王军、刘中信到了龙山游戏厅，王军拿了一些龙山游戏厅的传单，后我们进了红星游乐城，王军要上厕所让我帮他拿着传单。一个瘦高个(刘峰国)看见我拿传单，问我从哪弄的，我说是我哥(指王军)给的，他在卫生间。刘峰国抢过传单后捣我左眼一拳并抓着我的头发把我拉到一个办公室，办公室里还有两个人，他们三个一起打我。过了一会儿，刘峰国把王军带进办公室，并叫来两名服务员(刘伟、王述勤)把我带到走廊上，让我面朝墙蹲着，我听到王军在办公室内被打的惨叫声。过了五六分钟，从办公室又出来人把刘中信抓进办公室。因我看押我的一个服务员(刘伟)，他就朝我脸上踹了两脚。之后又过了半个小时左右，有人陆续进来，用脚朝我的身上乱踹，还用棍棒打我的胳膊。最后进来的两三个人，把我架起来朝我脸上捣。其间我晕过几次，醒来后发现身上、头上都是湿的，我洗脸后水都是红的，之后就再没打我，只是让我蹲在走廊上。大约18时30分，对方大哥来了，他来后刘中信和王军又挨打了。过了一会儿，刘中信被从房间拖出来坐在我边上，王军被拖出来坐在刘中信身边，对方的人也都集中站在走廊里。对方大哥说把安俊宇叫来，之后有人说把我们三个人的腿打断，有人让王军、刘中信把腿伸直，接着就听刘中信、王军都唉哟了一声，他们要打我的时候，因为安俊宇进来所以没打。安俊宇来之后跟对方大哥说了几句，对方大哥扇了安俊宇几巴掌。我们被安俊宇送到医院，后听说王军死了。辨认笔录证实，赵剑峰经辨认照片，确认刘峰国即是将其抓进办公室并打过他的人；刘伟即是在外屋看管时用脚踹了他肩部、腿部两脚的人；钟方在其被抓进屋时，踹其几脚，在外间屋时，用铁管打过他的腿。

(10)被害人刘中信陈述,1999年7月16日晚上,我和王军、赵剑峰到了龙山游戏厅,安俊宇拿出一些宣传单给王军,让他在朋友中宣传一下,后我们三人到了红星游乐城。我玩了一会儿不见了王军、赵剑峰,找他们时,一个服务员把我领到办公室前,用手卡住我的脖子用力往门里推,并喊这里还有一个。办公室里像是经理的人朝我脸上捣了一拳,旁边一个人用铁管朝我后脑打了一棍子将我打晕。我被冷水泼醒后,他们让我解释发传单的事,又有两三人上来对我拳打脚踢,我感觉还是拿铁管将我打昏的那个人又拿铁管打我,专门打胳膊肘、脚踝等关节,用铁管打我头的时候打在嘴上,将前面一颗牙打掉一半。我当时头破了,鼻子也出血。我当时听到王军在里面叫,赵剑峰在外面叫。我被抓进去时看见赵剑锋蹲在房间地上,已被打得面目全非,王军蹲在第二个房间地上,也是面目全非,脸紫肿得变形了。打赵剑峰的时候,我听见赵剑峰叫"哥,别打了,我才十六岁。"打王军的时候,我听见王军被打的惨叫,说是龙山游戏厅的安俊宇让来发传单的。打我的过程中,陆续进来很多人。安俊宇来后,被聂磊扇了耳光并责骂,当着安俊宇的面问王军是不是来发传单的,这时旁边有个人拿起一个铁管子又砸了王军两下,王军被打叫的声音都变了。安俊宇对聂磊说你这样就没意思了,如果再打打我行了。后安俊宇把我们三个人送到医院。除最后有人用铁管打王军时我们三个人在一起,其余是分开被打的。

(11)被告人安俊宇证实,案发当天,我赶到红星游乐城后,看到有聂磊、钟方、史殿霖、冷俊江,还有两个不认识的保安及王军和他的两个朋友在现场。王军面部肿得很厉害,应该刚被打过。我到现场后被聂磊责骂并打耳光,看到王军被打了四棍。一开始王军蜷着身子躺在地上双手抱头,我问王军是不是我让他来发传单的,王军说不是,聂磊就很生气,拿起棍子砸了王军一下,打在王军右侧肋骨上。史殿霖一看聂磊动手了,就抄起一根棍子打向王军,应该是打在了王军的头上或抱头的手上。聂磊准备打第二棍时,我对聂磊说你砸我就是了,边说边用胳膊挡了聂磊一下,聂磊的第二棍子还是打下去了,但是力度比第一棍轻,紧接着史殿霖又打了王军一下。后我将王军三人送到医院。

(12)被害人王军之父王文青证实,王军被伤害后在医院的救治情况。

钟东之妻张玉清在王军死后多次对王文青夫妇安抚并送钱，为王军买墓地，后期张玉清委托沈国栋给王军父母送钱。除了给王军交治疗费和买墓地之外，每月给王文青夫妇5 000元，王文青治病及王军姐姐结婚也给过钱，共计615 000元，并将四方区海伦路小区一处套二房给其夫妇居住。王军被伤害致死后，其不断向相关部门反映情况要求查明真相。

（13）被害人王军之母那玉霞提供的给款记录证实，钟东之妻张玉清及沈国栋从2000年9月19日至2010年6月7日共计给款615 000元。

（14）王文青提交的张玉清2003年证明材料证实，张玉清从曹桂松处购买了青岛四方区海伦路16号601户住房已于2000年12月交王文青、那玉霞两老人居住，别人无权作任何处理，尽快办理过户手续。另有青岛市土地使用权、房屋所有权登记审核表证实，四方区海伦路16号601户，权利人沈国栋，登记日2010年2月10日。该处房屋即是张玉清交给王文青、那玉霞现居住的房屋。

（15）协议书证实，张玉清与王文青签订协议，由张玉清出资为王军购买墓地一块。青岛民俗公益事业有限公司百龄园墓位认购登记表证实，逝者姓名王军，签名张玉清（代办）。

（16）青岛医学院附属医院王军病历、死亡医学证明书及青岛市市立医院刘中信、赵剑峰病历证实，三被害人被送医院救治及王军经抢救无效因肾功能、呼吸、循环功能衰竭于1999年7月19日死亡的事实。

（17）公安机关出具的（1999）公南法尸检字第045号刑事技术鉴定书及照片证实，王军系被他人用钝器打击头、胸背部致颅脑挫裂、肋骨骨折、肺破裂出血死亡。其他体表皮肤损伤可导致或加速死亡。另有公安机关出具的（青）公（刑）鉴（尸）字（2010）128号法医学检验意见书证实，王军的死因符合钝器多次打击造成颅脑损伤及血气胸致死。

（18）公安机关出具的（2002）青公法医伤鉴字第466号、487号法医临床学鉴定书分别证实，刘中信之伤属轻伤，赵剑峰之伤属轻微。另有公安机关出具的（青）公（刑）鉴（伤）字（2010）294、293号法医学人体损伤程度鉴定书分别证实，刘中信被人打伤致右下肢腓骨骨折，其损伤构成轻伤；赵剑锋面部外伤致右眉弓上方一处1cm×0.1cm皮肤疤痕，其损伤构成轻微伤。

(19)现场示意图及照片记载了案发地点红星游乐城布局情况。

(20)青岛市劳动教养管理委员会(2002)青劳教字515号、516号、545号劳动教养决定书证实,被告人刘伟、王述勤、冷俊江均因本案被劳动教养一年九个月。

(21)公安机关出具的重大刑事案件立案报告表、发破案经过证实本案发生的时间、地点及侦破过程。

2. 1998年左右,被告人聂磊在青岛市海泊路开办震泰游戏厅 。1999年8月左右,聂磊从被告人王群力处得知震泰游戏厅员工胡玉海骗取游戏厅钱款逃匿,授意王群力找到胡玉海要回钱。王群力遂委托被告人张传波帮助查找,张传波又指使被告人董杰帮助查找。同年10月20日左右,董杰通过鞠立军(另案处理)等人在烟台找到胡玉海,王群力授意将胡玉海押至青岛。当日下午,胡玉海被张传波、董杰、鞠立军等人带至震泰游戏厅四楼宿舍内。王群力将胡玉海踹倒在地,伙同被告人史殿霖、任昊、张弘强、张传波、钟东等人,对胡玉海长时间实施殴打。其间,王群力、任昊持橡胶管抽打胡玉海后背、臀部、腿部,史殿霖持木棍击打胡玉海四肢等部位,张弘强持橡胶管打胡玉海后背几下并用脚踢胡的腿部,张传波、钟东对胡玉海拳打脚踢。后王群力宴请张传波、董杰、鞠立军等人并到夜总会娱乐,聂磊出面敬酒致谢。当日22时许,王群力酒后回到震泰游戏厅再次对胡玉海实施殴打,并让胡玉海联系其兄还钱,在胡玉海之兄表示无力还钱后,王群力经聂磊同意,于第三日下午将胡玉海交给其亲属带回烟台。同年10月31日,胡玉海经医院抢救无效死亡。经法医鉴定,胡玉海符合广泛软组织挫伤导致挤压综合征致死。

事后,聂磊为使自己及其组织成员逃避法律追究,指使钟东以赔偿人民币50万元为条件,要求被害人亲属将胡玉海尸体火化,不向公安机关报案。

上述事实,有经庭审质证,确认的下列证据证实:

(1)被告人王群力供述,1999年7月下旬,我在震泰游戏厅当经理,跟着我干的胡玉海冒用我的名义骗取震泰游戏厅钱款及其他商店的衣物、手机等逃跑。聂磊得知后让我把胡玉海找到要回钱,我让张传波帮忙在烟台找到了胡玉海,我告诉聂磊,他让我看着处理。张传波、董杰等人把胡玉海带到震泰游戏厅。我平时对胡玉海很好,他冒用我的名义骗钱骗东西害了我,我非常生气。我将胡玉海踹倒在地,拿起一根皮管子朝他背部、臀部、腿部使劲地抽打,边打边骂,越骂越上火,越上火手上的力气越大,不停地打了有10多分钟。后史殿霖用棍使劲抽打胡的膝关节很多下,任昊拿皮管子朝胡打了很多下,钟东和张传波都踢了胡玉海。史殿霖、钟东、任昊走后,我用脚踩胡玉海脚腕骂胡玉海,胡玉海喝了桌子上放的辣椒水,张弘强持橡胶管子打了胡玉海后背几下就离开了。当时董杰在场没动手。后聂磊让我先带着张传波和他的朋友吃饭,任昊安排保安冯清波和王子成在宿舍里看着胡玉海。我们走的时候胡玉海坐在宿舍内纸壳上,脸上有血迹,头不知什么时候被打破了。到晚上9点左右,我和张传波回到震泰游戏厅,宿舍里有两个保安看着胡玉海,他头部用纱布绷带包扎过。我又拿起胶皮管子朝他身上乱打了一阵。后我掀开胡玉海的衣服看见他后背、臀股、四肢全是瘀青,神智还算清楚。我让他还钱,他提出要打电话让他哥哥来把2万元钱还上并打了电话。我离开宿舍后打电话把情况告诉聂磊,聂磊说还上钱就叫胡走。第二天上午我到四楼宿舍,胡玉海还坐在纸壳上,脸上的血已经擦干净,任昊派的两个保安看着他。下午2点左右,胡玉海的哥哥来到游戏厅说家里没有钱。我给聂磊打电话,聂磊大体意思是说人也打了,没有钱就叫他走吧,我们就让胡玉海他哥带他走了。走后三四天,胡玉海的哥哥给我打电话说胡玉海住院了,我以为是他哥敲诈我就把电话扣了。后听张传波说胡玉海的哥哥给游戏厅打电话说胡玉海死了,没钱给医院结账,游戏厅拿2万元钱给了胡玉海的哥哥。后钟东去烟台处理的这件事。辨认笔录证实,王群力对殴打胡玉海的地点及参与殴打胡玉海的史殿霖、任昊、张传波、钟东及被害人胡玉海的照片进行了辨认、确认。

(2)被告人聂磊供述,1999年下半年的一天,在震泰游戏厅打工的人骗了游戏厅钱跑了,我问王群力能否找着这个人想法把钱追回。后知道王群力找到并打了胡玉海,没追回钱,我指示王群力放人。得知胡玉海伤重死亡,其家属来青岛找,我有点害怕,让钟东出面和家属谈不要报案。对方同意私了,让我们赔20万元。我怕摆不平,让钟东给了50万元。对方拿了钱就没报案。案发期间我没到过现场,未授意殴打胡玉海。

（3）被告人任昊供述，1999 年 7、8 月，在震泰游戏厅跟着王群力干活的胡玉海偷拿了游戏厅的钱跑了。10 月中下旬的一天，王群力和三四个男青年将胡玉海带到震泰游戏厅四楼宿舍，王群力持橡胶棍殴打胡玉海，史殿霖持木棍朝胡玉海后背打了三五下，我持橡胶管子打了胡玉海后背 10 多下。后得知胡玉海死亡后向聂磊汇报。案发时在现场的有王群力、史殿霖、钟东、张传波、冯清波、“小明明”等人。辨认笔录证实，任昊对殴打胡玉海的地点、参与殴打的被告人史殿霖、王群力及被害人胡玉海的照片进行了辨认、确认。

（4）被告人张传波在公安机关曾供述，1999 年 8 月底的一天，王群力说胡玉海骗了震泰游戏厅的钱，又以游戏厅的名义到服装店骗了衣服跑了，让我帮忙找胡玉海。大约 10 月的一天，我让董杰通过鞠立军等人在烟台找到胡玉海，王群力让把胡玉海带到青岛。王群力和我到烟青公路惜福镇附近接到他们，和董杰、鞠立军等人一起押着胡玉海大约下午 3 点到了震泰游戏厅。钟东带着“小明明”来了，任昊和两三个保安在大厅门口，我们一起押着胡玉海到了四楼宿舍，史殿霖也进了宿舍。王群力先上前朝胡玉海脸上打了两巴掌，并一脚把他踹倒在地，拿起一根橡胶管子，朝胡玉海背部、臀部、腿部等部位使劲抽打，边打边骂，不停地打了有 10 多分钟。史殿霖拿棍子朝胡玉海腿部膝关节和肘关节打了很多下。任昊拿橡胶管打胡玉海。我朝胡玉海头打了两巴掌，朝身上踹了一脚，钟东也踢了他身上几脚，“小明明”拿一根橡胶管子朝胡玉海身上也使劲打了挺长时间。具体谁先打谁后打记不清楚，有时两三个人一起打。后王群力请我和烟台来的人吃饭。晚上 9 点左右，王群力又叫我和他一起到震泰游戏厅四楼宿舍，两个保安看着胡玉海，胡玉海脸上、衣服上有血，头不知什么时候用毛巾包上了，王群力再打没打胡玉海记不清了。王群力掀开胡玉海的衣服，看见他后背和臀部全是瘀青。王群力让胡玉海还钱，胡玉海给他哥哥打电话拿钱来赎人。第二天下午，钟东说胡玉海被打得不轻，已经通知他家里来人，不管他家拿没拿钱，赶快把人接走，避免出事。大约 17 时，胡玉海的哥哥胡树君来后说家里没有钱。钟东或王群力就给聂磊打电话，聂磊叫先放人再说。胡树君扶着胡玉海离开震泰。过了两三天，胡树君给我打电话说胡玉海病得很厉害已经住院。又过了三四天,胡树君给我打电话说胡玉海死了,我赶紧告诉钟东,钟东让我当晚赶到烟台去看看。我赶到烟台海港医院,医生说胡玉海的尸体已经被拉走。后我约胡树君见面,他说胡玉海尸体已经拉到火化场。我告诉了钟东,钟东让我告诉胡树君不要报案、私了,并问需要赔偿多少钱,胡树君说要20万元。我回青岛后,聂磊叫钟东和我一起商议,说给20万元不一定能平息,给50万元。钟东去烟台处理的这件事,后分3次共给了胡树君50万元。辨认笔录证实,张传波对殴打胡玉海的地点进行了指认、确认;对参与殴打胡玉海的王群力、史殿霖、任昊、钟东以及董杰、冯青波、被害人胡玉海的照片进行了辨认、确认。

(5)被告人张弘强供述,1999年8、9月,在震泰游戏厅跟着王群力干活的胡玉海偷了游戏厅的几万元钱跑了。大约10月一天下午,我接通知到游戏厅四楼,看到王群力正在用脚踹胡玉海的脚腕,就顺手拿了一根胶皮管打胡玉海的胳膊几下,踢了胡几脚。打胡玉海是为了在王群力面前表现。当时在四楼大厅内见到了聂斌、冯青波等人。辨认笔录证实,经张弘强辨认,确认王群力、任昊、张传波即当时在震泰游戏厅四楼宿舍现场的人。

(6)被告人董杰供述,1999年10月一天,张传波说胡玉海偷了王群力游戏厅的钱跑了,让我帮忙找胡玉海。我联系毕少飞、鞠立军等人在烟台找到胡玉海,王群力让把胡玉海带到青岛,我和王群力、张传波一起开车在惜福镇接毕少飞、鞠立军等人,押着胡玉海一起到了震泰游戏厅。胡玉海被王群力及游戏厅的几个男青年带到4楼,后我与毕少飞先回宾馆休息。当天晚上,王群力请我和张传波、毕少飞等人一起吃饭、唱歌,聂磊曾过来敬酒感谢。

(7)被告人史殿霖供述称未参与该起伤害事实。

(8)证人鞠立军证实,1999年夏天的一天,毕少飞让鞠立军找几个人帮忙到烟台长途汽车站抓一个偷钱的人。鞠立军、毕少飞等人在一辆客车上将一个男青年(胡玉海)叫下了车,胡玉海承认偷钱并表示同意还钱,毕少飞联系青岛那边的张传波或是董杰,他们让把人送到青岛。毕少飞、鞠立军等人押胡玉海到青岛,张传波、董杰等人在路口接,后到了聂磊开的游戏厅,鞠立军及从烟台来的人都在大厅等候,张传波、董杰和青岛方面的人带着胡玉海上楼。晚上青岛这边的人请毕少飞、鞠立军等人吃饭、到夜总会玩，聂磊过来敬酒感谢。

(9)证人聂斌证实，1999年10月一天下午2点左右，在震泰游戏厅四楼宿舍，看到胡玉海坐在写字台旁边地上，王群力正用脚边踹边骂胡玉海，胡玉海拿起写字台上的玻璃杯将里面的辣椒油和辣椒面一起喝了下去，张弘强持橡胶棍击打胡玉海的背部。

(10)证人胡玉海之兄胡树君证实，1999年10月中旬一天下午，我接到传呼后回电话，对方说胡玉海拿了震泰游戏厅老板的2万元钱跑了被抓回，让我带着2万元钱去领人。我赶到青岛震泰，现场有王经理(王群力)、“小磊”(钟东)等人，我说没钱，钟东让我将胡玉海领回治伤。我问胡玉海都有谁打他，他说除了“小磊”，宿舍里其他人都打过他，是拿橡皮棍打的，还说有人领着他到医院或是诊所将头上的伤包扎过。我将胡玉海接回烟台家中，看到胡玉海后背、前胸、四肢、关节、手脚都肿了，后背前胸发青发紫。回家两天后送往医院救治，3天后医院下病危通知书要求转院，需要5万元费用，我回去凑了3天钱，晚上接到电话说胡玉海去世了。胡玉海从震泰回来到死亡期间没受过伤，之前身体很健康。胡玉海死后，钟东提出赔偿50万元私了不报案，并带人到烟台监视火化尸体，还出面找医院方面出具了死亡证明。我们一直没报案，开始是因为我弟弟拿了游戏厅的钱，我们没钱还，再就是我弟弟说过对方势力很大，怕对方报复。我弟弟治病欠了医院及亲友共1万元，家里也还不上。后来对方说给赔50万元，我觉得可以给父母养老，所以就不想去报案了。辨认笔录证实，经胡树君辨认，确认“小磊”即钟东、王经理即王群力，并对张传波进行辨认、确认。

(11)证人烟台海港医院医生曲珍贵证实，胡玉海于1999年10月25日到医院就诊，之前头部在别处诊疗过。检查时发现胡玉海全身软组织肿胀，有血肿，特别是臀部伤的比较重，经确诊为外力打击引起的挤压综合征、急性肾功能衰竭，另有全身多处软组织挫伤、头皮裂伤，头皮血肿。当时曾建议家属做透析治疗，但家属没有接受。治疗过程中不存在医疗事故。

(12)证人烟台海港医院主管护士宋艳丽证实，1999年10月25日接诊胡玉海，胡玉海入院时头部右顶位置有一裂口已缝合，全身皮肤大面积挫伤、肿胀,尤其四肢肿胀明显,后背打得比较厉害,全是一道道的瘀青。死因是挤压综合征致急性肾衰竭死亡。胡玉海哥哥说胡玉海被人打伤两三天后又在家住了两三天才送医院治疗的。

(13)证人原烟台海港医院医生王云慧、吴国长证实,胡玉海当时伤势很重,如果早点入院,有钱能进行透析治疗效果可能会好些,但不敢保证能救活。

(14)公诉机关对烟台海港医院病案室病历管理人员蔡建霞的询问笔录证实胡玉海原始病历保管情况。

(15)烟台海港医院病历、死亡证明、福山县火化场火化登记簿复印件证实,胡玉海于1999年10月25日至31日在烟台海港医院住院治疗。受伤原因为打伤,诊断为挤压综合征、多器官功能衰竭,于1999年10月31日6时死亡。11月1日在福山区殡仪馆火化。治疗期间医院曾建议对胡玉海进行人工肾治疗措施,因经济原因未能实施。

(16)青岛市公安局青公刑鉴尸字[2010]127号法医学检验意见书证实,胡玉海入院时全身多处软组织挫伤,损伤特点符合钝性外力多次打击造成;综合胡玉海病史过程,认为其死亡原因符合广泛软组织挫伤导致挤压综合征致死。

(17)人口信息查询记录证实胡玉海的身份情况。

(18)公安机关出具的情况说明证实,胡玉海被伤害致死案系公安机关根据任昊到案后主动供述而侦破。

……

关于被告人聂磊及其辩护人所提红星游乐城伤害王军致死案中聂磊未持棍殴打过被害人,不是组织者和主要实施者的辩解、辩护意见,经查,证实被告人聂磊到现场后参与持棍殴打过王军和刘中信的证据有被告人聂磊、刘峰国、姜元等在公安机关的供述,被告人安俊宇的证言,结合被告人刘伟、王述勤的供述及被害人刘中信、赵剑峰的陈述,足以认定。关于辩护人所提聂磊与安俊宇争吵发生在走廊上,而此时被害人王军是在办公室内,故安俊宇的证言不真实的辩护意见,经查,根据被害人刘中信、赵剑峰的陈述,安俊宇到现场后三被害人都已被集中到走廊上而非办公室内,聂磊、史殿霖在走廊处持棍殴打王军的事实，不仅有安俊宇证实，被害人刘中信的相关陈述亦予以佐证，且被告人冷俊江亦证实安俊宇到现场后，史殿霖持棍殴打了王军。被告人聂磊赶到现场后不仅未阻止其同伙殴打被害人，而是积极参与了持械殴打，且因其示范效应引致组织成员对被害人的殴打行为升级，该起伤害致死案是为以聂磊为首的黑社会性质组织利益所实施，聂磊应对该案承担全部责任。关于被告人聂磊及其辩护人所提胡玉海被伤害致死案中聂磊没有授意抓回胡玉海，不是本案的组织者，未指使他人殴打胡玉海的辩解、辩护意见，经查，聂磊指使王群力将胡玉海找回要钱，以及聂磊向有关人员敬酒、事后安排组织成员拿钱摆平私了不报案，证明聂磊对胡玉海被找到押回青岛并被同伙殴打是明知和追认的。该起犯罪系聂磊黑社会性质组织成员为了组织利益所实施，聂磊作为组织、领导者依法应对该案承担全部责任。被告人聂磊在案发后对被害人亲属给予经济赔偿的主要目的是为逃避法律追究，不能因此而减轻其应承担的刑事责任。关于辩护人所提房金海、丛磊、杨聚财被致轻伤案已经公安机关调解赔偿处理，不应再予追究的辩护意见，经查，该三起轻伤案虽经公安机关调解处理，但系聂磊黑社会性质组织成员为其组织利益而实施的犯罪，亦应依法追诉。关于辩护人所提聂磊不应对王剑被重伤案承担责任的辩护意见，经查，该案发生时，聂磊在场，吕传波系聂磊组织成员，事后聂磊为使组织成员逃避法律追究，指使组织成员出面摆平，致使被害人没有报案，亦是为了维护组织利益，应认定为组织犯罪，聂磊应对该案负责。关于被告人聂磊所提其未威胁李力作假证的辩解理由，经查，根据被害人李力陈述，2006 年被告人陈瑞军因本案被采取强制措施后，钟东对其进行了威胁，结合证人张立宪证实李力让其在公安机关改变证词的证言，足以认定聂磊组织成员对被害人李力进行威胁迫使证人作假证。关于辩护人所提聂磊指使他人伤害胡崇军并非为了打击竞争对手，目的是防止胡崇军扰乱自己的赌场经营秩序的辩护意见，经查，被告人聂磊曾供述，胡崇君所开的赌场对聂磊所开的赌场有影响，授意任昊教训胡崇君。被害人胡崇军陈述中称其在即墨开赌场，卢建强曾给其打电话不让其开了，其没答应，卢建强说会有人来找他，胡崇军知道卢建强和聂磊关系好，认为是卢建强找人打的自己，所以没敢报案。据此认为，聂磊指使人打胡崇军的直接目的是为了打击竞争对手。故该项辩护意见不能成立。

……

（二）组织卖淫的事实

2006年12月，被告人聂磊、李岩共同出资，在青岛市市南区泉州路1号非法经营新艺城餐饮娱乐有限公司（通称新艺城夜总会），李岩任总经理，负责经营夜总会并制定相关管理规定。聂磊、李岩先后任命被告人杨天施、蔡淼淼（另案处理）为总经理助理，协助李岩负责夜总会日常管理并协调各部门工作。其中，杨天施自2008年11月至2009年3月左右担任总经理助理。经营期间，为招揽顾客到夜总会消费，长期招募女青年从事异性有偿陪侍、卖淫活动。聂磊、李岩先后安排卢晶、高续男、卢亚红、尹延霞、王丽辉、李艳玲（均另案处理）等担任夜总会营业部副总，负责具体组织卖淫活动，招聘并安排卖淫女进包房供客人挑选及外出卖淫。石英、尹丽丽、徐文文（均另案处理）等人担任营业部副总助理，协助营业部副总安排卖淫女外出卖淫。夜总会还下设吧台部、工程部、保安部、楼面部、收银部等部门。保安部负责维护夜总会秩序，管理卖淫女进出等。平均每日在夜总会从事有偿陪侍、卖淫的女青年为150名左右，每日安排少则10余人次、多则60余人次外出卖淫。至2010年6月，夜总会共获利人民币5 000余万元。

上述事实，有经庭审质证，确认的下列证据证实：

1. 公安机关出具的立案决定书，发、破案经过及说明证实，青岛市公安局市南分局在侦查聂磊涉黑案中发现聂磊、李岩等人开设新艺城夜总会组织卖淫，遂将李岩等人抓获。

2. 被告人聂磊供述，新艺城夜总会由我与李岩共同出资经营，我占55%的股份，李占45%，李岩负责具体管理。客人可以从夜总会找卖淫女外出嫖娼，李岩招聘了总经理助理、财务、服务员、妈咪（夜总会营业部副总经理）等员工，制定了详细的管理规定，管理很规范。每天约有100名小姐（陪侍卖淫女青年）到夜总会上班。到夜总会应聘的小姐由妈咪面试，还有部分小姐是妈咪带到夜总会的，妈咪负责给客人安排小姐陪侍和卖淫。我安排尹延霞到夜总会当妈咪，其他妈咪都是李岩招聘的。我规定如果妈咪多扣卖淫女的钱，夜总会可以罚妈咪的款，我曾经处罚过妈咪。2010年春节后，小姐陪侍、卖淫涨价的事李岩对我说过。我和王滨、刘元洲等人多次从新艺城找卖淫女嫖娼。我在新艺城夜总会的分成都转到了全濠公司或按揭买房的山东省房地产开发集团青岛公司。

3. 被告人李岩供述，2006年，聂磊找我帮他经营夜总会，我没有同意。后我受到聂磊手下安俊宇、吕传波的威胁，还被张新强绑架。得知聂磊是青岛市黑社会老大后，我同意和他共同出资经营新艺城夜总会，聂占55%的股份，我占45%，全称新艺城餐饮娱乐有限公司。因不符合相关规定，一直没有办理工商登记。我担任夜总会总经理，负责经营管理。下设总经理助理，还设有收银部、保安部、楼面部、存包处等部门。夜总会向客人提供女青年陪侍、外出卖淫服务，妈咪负责管理小姐，给客人安排小姐陪侍、卖淫。陪侍、卖淫的价格是由聂磊和我决定的。妈咪由我招聘，夜总会有李艳玲、卢晶、高续男、王丽辉、尹延霞等6个妈咪，有小姐120名左右。小姐都是自己到夜总会应聘的，由妈咪轮流对小姐面试。夜总会对妈咪和小姐都有管理规定，妈咪每天上交订房费。小姐到新艺城上班必须购买管理卡、存包卡。根据是否卖淫挂红蓝绳胸牌，外出卖淫必须到存包处购买避孕套。妈咪从小姐陪侍、卖淫费中提成10%。为保证公司的酒水收入，夜总会规定了小姐的下班时间。夜总会的酒水价格很高，客人之所以到夜总会消费，就是看中了有小姐作陪，还可以带出去过夜。夜总会不收小姐的钱是为了留住更多的小姐在夜总会上班，招揽更多的顾客到夜总会消费。总经理助理主要在前台，我不在夜总会时负责全部工作，所有部门有问题先向总经理助理汇报，总经理助理再向我汇报，还负责接听订房电话，给客人订房间，客人到达后通知妈咪给客人安排小姐。每天营业结束时用夜总会号码为87777778的小灵通将开房数、现金及银联消费数额、会员卡消费数额等营业情况发到我的13310666666的手机上。杨天施于2009年3月之前的五个月担任总经理助理，主要工作是我不在夜总会时负责管理几个部门，为客人定房间，客人到达后通知妈咪为客人安排小姐。2009年3月至2010年6月由蔡淼淼担任总经理助理，2010年4月，我要求蔡淼淼将每天的小姐人数、外出卖淫数、售出避孕套的数量等用短信报给我。聂磊知道新艺城夜总会有妇女卖淫，大事都由聂说了算，奖惩的规定是我拟定后经聂同意的，夜总会几个关键岗位的人是由聂派去的。聂曾经罚过妈咪的款。

4. 被告人杨天施供述,我于2007年到新艺城夜总会应聘干服务员,夜总会有妇女卖淫。2008年11月,李岩和聂磊叫我担任总经理助理,主要工作是在前台接听电话,给客人安排房间,客人来了通知妈咪,每晚将夜总会的营业收入用短信发到李岩的手机上。卖淫女外出卖淫由妈咪安排。我还负责应聘人员填表,另外还参加李岩召开的包括妈咪在内各部门经理参加的会。夜总会各部门有时有事也通过我转报李岩。2009年3月,因我工作中总是出现错误,妈咪总是到李岩处"打小报告",我就辞职了。

5. 同案人新艺城夜总会总经理助理蔡淼淼供述,新艺城夜总会于2006年12月18日开业,设吧台部、工程部、保安部、楼面部、营业部、收银部6个部门。聂磊是老板,李岩是总经理,负责夜总会的经营管理。夜总会提供小姐随客人外出卖淫等服务,妈咪及其助理负责管理小姐,给客人安排小姐陪侍、卖淫。夜总会有卢晶、王丽辉、高续男、尹延霞等六名妈咪,尹丽丽、石英、徐文文分别是卢晶、王丽辉、高续男的助理。妈咪是李岩招聘的。小姐上班时要在颈部挂红绳或蓝绳,以表示是否可以卖淫。夜总会规定小姐陪侍期间不准随意更换红蓝绳。保安部经理王帅带领保安负责向小姐卖管理卡、红蓝绳等。总经理助理平时负责前台订房间、干李岩安排的事情、协调各部门的工作、处理客人投诉之类,每晚营业结束后,用夜总会的订房小灵通电话87777778向李岩的13310666666手机发送短信,报告当天营业情况。2010年4月,李岩让我把每天出台卖淫的人数也报给他。杨天施曾担任总经理助理半年左右。夜总会共有约150名小姐,每天有四五十至六七十名小姐出台卖淫。蔡淼淼另证实,没订房的客人到了夜总会要找小姐,就告诉房间服务员,房间服务员通知前台,前台通知妈咪再给客人安排。

6. 同案人卢晶、高续男、尹延霞、王丽辉、卢亚红、李艳玲供述,新艺城夜总会是聂磊和李岩合伙开设的,李岩担任总经理,负责经营管理,李岩的助理平常负责店里的全面工作。夜总会向客人提供小姐有偿陪侍服务,客人可以带小姐外出发生性关系。夜总会下设楼面部、保安部、工程部、吧台部、收银部、营业部等部门,我们担任营业部副总经理,即妈咪,负责小姐的面试录用,管理小姐,给客人安排小姐陪侍、卖淫,从陪侍、卖淫费中抽取10%作为提成。李岩对妈咪和小姐制定了严格的管理规定，如小姐根据是否卖淫戴红蓝绳等。夜总会从事陪侍、卖淫的小姐每天有100多名。卢晶及助理尹丽丽曾经给聂磊、金某某、袁某等多人安排过卖淫小姐。尹延霞、王丽辉另证实2010年3月小姐陪侍、卖淫费涨价是夜总会决定，由蔡淼淼通知妈咪的。高续男另证实，2010年3月26日晚，我安排4名卖淫女跟韩国客人到颐中皇冠假日大酒店卖淫，保安不让卖淫女上楼，后任昊带人将酒店内的雾之花夜总会砸了。卢晶、高续男、李艳玲、王丽辉均是李岩招聘到夜总会干妈咪的，尹延霞是聂磊安排到夜总会干妈咪的。

7. 同案人石英、尹丽丽、张学君供述，新艺城夜总会的妈咪负责面试、录用小姐，给客人安排小姐陪侍、卖淫，我们担任新艺城夜总会妈咪助理，负责协助各自的妈咪实施上述行为，记录小姐卖淫情况，帮妈咪领取卖淫费的提成。所证实的新艺城夜总会部门设置、职能、人员分工、管理规定和组织妇女卖淫的情况与其他被告人及同案人供述基本一致。

8. 同案人新艺城夜总会保安部经理王帅供述，新艺城夜总会的老板是聂磊和李岩，给客人提供妇女卖淫服务。夜总会对各个部门都有规章制度，都是李岩规定的。其证实的新艺城夜总会部门设置、职能、人员分工、管理规定和组织妇女卖淫的情况与其他被告人及同案人供述基本一致。另证实保安部负责维持夜总会秩序，向小姐卖管理卡，管理小姐上下班等。在新艺城夜总会买卡的小姐有300多名，每天上班的大约有140名。

9. 同案人王华霞供述，新艺城夜总会向客人提供妇女卖淫服务。2007年4月，聂磊让王华霞到夜总会任收银主管，对夜总会的情况进行监督，有问题向聂磊汇报。李岩、蔡淼淼及妈咪经常召集小姐开会，夜总会对妈咪和小姐有严格的处罚措施。

10. 同案人新艺城夜总会出纳刘丽丽供述，新艺城夜总会有妇女卖淫，有的客人也在夜总会刷卡结算卖淫费。夜总会收入中有卖安全套的收入，每天卖出约60个。夜总会的利润除去聂磊的房租等费用后李岩和聂磊按股份分成，分给聂磊的钱交给全濠公司一个姓杨的会计。

11. 同案人新艺城夜总会会计张美玉供述，新艺城夜总会是聂磊和李岩合伙开的，平常都是由李岩负责。夜总会有妇女卖淫。出纳刘丽丽每天从新艺城拿回的单据里有卖安全套的收入。聂磊从新艺城分得的纯利润打到了全濠公司的账户上。

12. 同案人新艺城夜总会收银主管傅健供述，新艺城夜总会是聂磊和李岩共同投资经营的，平时由李岩管理，实际上还是聂磊说的算。夜总会下设楼面部、保安部、音控部、收银部、存包处、公关部，公关部有6名女性经理负责管理100多名女青年的陪侍、卖淫活动，女青年根据是否卖淫选择挂蓝绳或者红绳。

13. 证人新艺城夜总会楼面部经理金美玉证实，新艺城夜总会的老板是李岩和聂磊，提供小姐坐台陪侍、出台卖淫服务。其证实的夜总会组织妇女卖淫的情况与本案被告人及同案人供述一致。另证实李岩每月找新艺城夜总会总经理助理和德宝夜总会总经理助理、各部门经理、妈咪、妈咪助理在德宝花园大酒店开会，每次开会都是把小姐管理这一块作为重点，特别强调妈咪要严格管理小姐。每个小姐上班时根据是否卖淫选择挂蓝绳或红绳的胸牌，每天只能挂一种颜色。

14. 同案人新艺城夜总会楼面部副经理皮艳证实，新艺城是聂磊和李岩合伙经营的、提供妇女有偿陪侍、卖淫等色情服务的娱乐场所。其证实的新艺城夜总会组织妇女卖淫的情况，以及夜总会部门设置、职能、人员等情况与本案被告人及同案人供述基本一致。辨认笔录证实，经皮艳辨认，确认蔡森森是新艺城夜总会总经理助理；卢亚红、卢晶、高续男是妈咪；尹丽丽、徐文文是妈咪助理。

15. 证人新艺城夜总会服务员李玉、董敏证实，新艺城夜总会提供妇女陪侍、卖淫服务。辨认笔录证实，经李玉辨认，确认尹延霞、卢亚红、卢晶、高续男、王丽辉是新艺城夜总会妈咪，徐文文、尹丽丽是妈咪助理；蔡森森是夜总会总经理助理；王帅是夜总会保安部经理。

16. 被告人宋振旗、王滨证实，其与聂磊等人多次从新艺城夜总会找卖淫女嫖娼。

17. 被告人安俊宇证实，聂磊公司的经济来源包括新艺城夜总会的收入，新艺城夜总会由李岩负责管理，里面有妇女陪侍、出台卖淫。

18. 同案人任帆证实，新艺城夜总会是聂磊和李岩合伙开的，夜总会有

100多名女青年从事陪侍、出台卖淫活动，其女朋友卢晶在新艺城干妈咪，对外称营销经理，安排卖淫女卖淫一次卢晶提成100元。2010年3、4月的一天，任帆通过卢晶，为其朋友张某某和姓王的安排卖淫女在新地大酒店嫖宿。聂磊也从新艺城带卖淫女出去嫖娼。

19. 证人潘某某证实，新艺城夜总会是聂磊和李岩开的，新艺城有100多名小姐，对小姐卖淫有专门的管理规定，每次去玩时，看好哪个小姐，都能带着出台。潘某某四五次在新艺城夜总会找卖淫女嫖娼。

20. 证人周某某、徐某某证实，周某某跟徐某某多次去新艺城夜总会玩，周某某多次从夜总会找卖淫女嫖娼。

21. 证人金某某、袁某证实，其二人多次从新艺城夜总会找卖淫女嫖娼，都是通过妈咪"思思"安排房间和小姐。夜总会小姐以挂工作牌绳子的颜色区分是否卖淫。辨认笔录证实，经金某某、袁某辨认，均确认卢晶即是新艺城夜总会妈咪"思思"。

22. 证人孙某、邓某证实，其二人均在新艺城夜总会从事有偿陪侍、卖淫活动。所证实夜总会对妇女卖淫活动的组织管理情况与本案被告人及同案人供述基本一致。其二人在新艺城夜总会期间曾经多次经妈咪或妈咪助理安排随客人外出卖淫。辨认笔录证实，经孙某、邓某辨认，确认尹延霞、卢晶、高续男、王丽辉是新艺城夜总会妈咪，徐文文、尹丽丽是妈咪助理。

23. 同案人全濠公司会计杨淑荣的证言及杨淑荣所记录新艺城夜总会收入明细表及收款凭证证实，2007年10月至2010年5月12日，全濠公司共收取新艺城夜总会款2 900多万元。

24. 公安机关出具的搜查证、现场勘验检查笔录、示意图及照片、搜查笔录、扣押物品清单证实，新艺城夜总会位于青岛市市南区泉州路1号。公安人员在夜总会小姐休息室内查获红、蓝色吊挂带各1根，公关部通知和有关公关（即小姐）的规章制度若干。在夜总会吧台的抽屉内发现避孕套若干。上述物品予以扣押。

当庭出示的物证红、蓝吊挂带各1根，避孕套若干，经被告人辨认均无异议。

当庭出示的规章制度、通知等书证证实，新艺城夜总会对妈咪、小姐坐台、出台等制定了相应的管理规定。

25.物证检查笔录、说明及短信内容证实,公安人员从扣押的蔡淼淼的两部手机中调取的短信内容显示,两部手机曾用于新艺城的经营活动。公安人员通过侦查手段获取的新艺城夜总会号码为053287777778的小灵通电话短信内容证实,2010年4月16日至2010年6月7日,新艺城夜总会共有2 700多人次妇女外出卖淫,在夜总会从事陪侍、卖淫活动的女青年平均每日约150名。与李岩、蔡淼淼等人的供述相印证。

26.工商查询证明证实新艺城夜总会及德宝夜总会均未进行工商注册登记。

27.商品房买卖合同、还款协议及购房说明证实,新艺城夜总会所用房屋系聂磊之妻周新萍从山东省房地产开发集团青岛公司购买。

28.公安机关出具的搜查笔录,扣押物品、文件清单,刘丽丽的记事本证实,公安机关从青岛市市北区顺兴路72号8-2-501户刘丽丽住处查获记事本3本等物品,并予以扣押。刘丽丽记事本中记载的新艺城夜总会经营收入中包含出售安全套的收入。

关于被告人聂磊及其辩护人所提不构成组织卖淫罪的辩解、辩护意见,经查,聂磊、李岩为吸引客人到夜总会消费,获取巨额经济利益,指使营业部副总经理招募女青年从事异性陪侍和卖淫。以悬挂红、蓝绳区别异性陪侍与卖淫,制定卖淫收费标准,为卖淫女提供暴力保护,规定营业部副总经理从卖淫女收费中抽取提成等,符合刑法规定的组织卖淫罪特征。虽然组织卖淫不完全是夜总会获取利润的直接来源,但作为招揽客人的手段,夜总会的收入与组织卖淫活动有着密切的关联性,聂磊、李岩的行为均构成组织卖淫罪。二被告人系组织妇女卖淫的首要分子,长期组织人数众多的妇女卖淫,具有极大的社会危害性,属于情节特别严重。

……

三、其他犯罪(略)

四、综合事实和证据(略)

综上,被告人聂磊组织、领导黑社会性质组织犯罪;实施故意伤害9起,致二人死亡、一人重伤、七人轻伤、二人轻微伤；寻衅滋事20起，致六人轻伤、六人轻微伤，毁损财物52 000余元，破坏公共场所秩序等；组织卖淫、开设赌场、强迫交易、妨害公务、窝藏；非法买卖枪支1支；非法持有枪支13支。被告人姜元领导黑社会性质组织犯罪；实施故意伤害1起，致一人死亡、一人轻伤、一人轻微伤；开设赌场。被告人任昊领导黑社会性质组织犯罪；实施故意伤害5起，致一人死亡、一人重伤、四人轻伤；寻衅滋事18起，致六人轻伤、七人轻微伤，损毁财物63 000余元，破坏公共场所秩序；参与开设赌场；非法持有枪支7支。被告人李岩领导黑社会性质组织犯罪；组织卖淫；实施寻衅滋事1起，致一人轻伤、二人轻微伤、损毁财物37 000余元，破坏公共场所秩序。被告人卢建强领导黑社会性质组织犯罪；开设赌场。被告人史殿霖积极参加黑社会性质组织犯罪；实施故意伤害3起，致二人死亡、二人轻伤、二人轻微伤；寻衅滋事2起，致二人轻伤、一人轻微伤，损毁公私财物，破坏公共场所秩序；妨害公务1起。被告人王群力积极参加黑社会性质组织犯罪；实施故意伤害1起，致一人死亡。被告人刘峰国积极参加黑社会性质组织犯罪；实施故意伤害1起，致一人死亡、一人轻伤、一人轻微伤。被告人安俊宇积极参加黑社会性质组织犯罪；参与开设赌场；实施寻衅滋事5起，致四人轻伤、二人轻微伤，破坏公共场所秩序；非法买卖枪支1支。被告人王滨积极参加黑社会性质组织犯罪；实施故意伤害1起，致一人重伤；寻衅滋事2起，致一人轻微伤，损毁财物4 700元，破坏公共场所秩序；非法持有枪支2支；敲诈勒索1起。被告人马成文积极参加黑社会性质组织犯罪；实施寻衅滋事3起，致一人轻伤、一人轻微伤，破坏公共场所秩序；非法持有枪支5支。被告人石刚积极参加黑社会性质组织犯罪；实施寻衅滋事6起，致一人轻伤、一人轻微伤，损毁财物2 000余元，破坏公共场所秩序；非法持有枪支7支。被告人王健积极参加黑社会性质组织犯罪；实施寻衅滋事5起，致三人轻伤、二人轻微伤，损毁财物，破坏公共场所秩序；非法持有枪支2支。被告人李方强积极参加黑社会性质组织犯罪；实施故意伤害3起，致三人轻伤，一人轻微伤；参与开设赌场；寻衅滋事3起，破坏公共场所秩序。被告人陈瑞军、杜欣均积极参加黑社会性质组织犯罪。被告人杨天施参加黑社会性质组织犯罪；组织卖淫。被告人张传波参与故意伤害1起，致一人死亡。被告人刘伟、王述勤均参与故意伤害1起,致一人死亡、一人轻伤、一人轻微伤。被告人王晓冬贩卖毒品甲基苯丙胺137.08克。被告人宋振旗实施敲诈勒索1起;非法持有枪支1支。被告人陈旭忠非法买卖枪支1支。被告人王冬非法持有枪支6支。被告人刘联民实施寻衅滋事1起,致一人轻微伤;非法持有枪支1支。被告人王守芝、徐鑫均实施窝藏1起。被告人张弘强参与故意伤害1起,致一人死亡。被告人冷俊江积极参加黑社会性质组织犯罪,实施故意伤害1起,致一人死亡、一人轻伤、一人轻微伤;包庇。被告人刘亚俊积极参加黑社会性质组织犯罪,实施寻衅滋事2起,致二人轻伤、一人轻微伤,损毁财物,破坏公共场所秩序。被告人欧杰积极参加黑社会性质组织犯罪。被告人董杰参与故意伤害1起,致一人死亡。

本院认为,被告人聂磊伙同被告人姜元、任昊、李岩、卢建强等纠集史殿霖、王群力、安俊宇等多人,长期以来通过经营房地产、色情业、赌博业,攫取巨额经济利益;采取暴力、胁迫等手段,有组织地实施数十起违法犯罪活动,为非作恶,称霸一方,在青岛市部分地区形成非法控制和重大影响,严重破坏经济秩序和社会生活秩序,且拉拢、腐蚀国家机关工作人员寻求保护。聂磊犯罪组织符合刑法第二百九十四条规定的黑社会性质组织的四个特征,依法应当认定为黑社会性质组织。

被告人聂磊组织、领导黑社会性质组织,构成组织、领导黑社会性质组织罪。故意伤害他人身体,致人死亡、重伤、轻伤,构成故意伤害罪,犯罪后果特别严重。组织妇女卖淫,情节特别严重,构成组织卖淫罪。以营利为目的,开设赌场,情节严重,构成开设赌场罪。多次随意殴打他人,情节恶劣;任意损毁公私财物,情节严重;在公共场所闹事,造成公共场所秩序严重混乱,破坏社会秩序,构成寻衅滋事罪。以胁迫手段强卖商品、强迫他人提供服务,情节严重,构成强迫交易罪。以暴力、威胁方法,阻碍国家机关工作人员依法执行职务,构成妨害公务罪。违反国家枪支管理规定,购买枪支,非法持有枪支,情节严重,分别构成非法买卖枪支罪、非法持有枪支罪。明知是犯罪的人而为其提供隐藏处所、财物,帮助其逃匿,情节严重,构成窝藏罪。对被告人聂磊所犯上述罪行,数罪并罚。被告人聂磊系黑社会性质组织的首要分子,依法应对其组织领导的黑社会性质组织所犯的全部罪行负责;又系累犯,依法应从重处罚;其虽认罪态度较好,但综合全案犯罪事实,罪行极其严重,不对其酌情从轻处罚。

……

综上,公诉机关指控被告人聂磊犯组织、领导黑社会性质组织罪、故意伤害罪、组织卖淫罪、开设赌场罪、寻衅滋事罪、强迫交易罪、妨害公务罪、非法买卖枪支罪、非法持有枪支罪、窝藏罪;被告人姜元犯领导黑社会性质组织罪、故意伤害罪、开设赌场罪;被告人任昊犯领导黑社会性质组织罪、故意伤害罪、寻衅滋事罪、非法持有枪支罪;被告人李岩犯领导黑社会性质组织罪、组织卖淫罪、寻衅滋事罪;被告人卢建强犯领导黑社会性质组织罪、开设赌场罪;被告人史殿霖犯参加黑社会性质组织罪、故意伤害罪、寻衅滋事罪、妨害公务罪;被告人王群力犯参加黑社会性质组织罪、故意伤害罪;被告人刘峰国犯参加黑社会性质组织罪、故意伤害罪;被告人安俊宇犯参加黑社会性质组织罪、赌博罪、寻衅滋事罪、非法买卖枪支罪;被告人王滨犯参加黑社会性质组织罪、故意伤害罪、寻衅滋事罪、非法持有枪支罪、敲诈勒索罪;被告人马成文犯参加黑社会性质组织罪、寻衅滋事罪、非法持有枪支罪;被告人石刚犯参加黑社会性质组织罪、寻衅滋事罪、非法持有枪支罪;被告人王健犯参加黑社会性质组织罪、寻衅滋事罪、非法持有枪支罪;被告人李方强犯参加黑社会性质组织罪、故意伤害罪、赌博罪、寻衅滋事罪;被告人陈瑞军、杜欣犯参加黑社会性质组织罪;被告人杨天施犯参加黑社会性质组织罪、组织卖淫罪;被告人张传波犯故意伤害罪;被告人刘伟、王述勤犯故意伤害罪;被告人王晓冬犯贩卖毒品罪;被告人宋振旗犯敲诈勒索罪、非法持有枪支罪;被告人陈旭忠犯非法买卖枪支罪;被告人王冬犯非法持有枪支罪;被告人刘联民犯寻衅滋事罪、非法持有枪支罪;被告人王守芝、徐鑫犯窝藏罪;被告人张弘强犯故意伤害罪;被告人冷俊江犯参加黑社会性质组织罪、故意伤害罪、包庇罪;被告人刘亚俊犯参加黑社会性质组织罪、寻衅滋事罪;被告人欧杰犯参加黑社会性质组织罪;被告人董杰犯故意伤害罪的指控成立,本院予以支持。但指控被告人任昊犯协助组织卖淫罪、被告人安俊宇犯妨害公务罪不当;指控被告人任昊犯开设赌场罪适用法律不当,应认定构成赌博罪;指控被告人李方强、欧杰参与在丽晶大酒店开设赌场的事实不当;

将八号码头打砸寻衅滋事案的案发时间2008年6月15日表述为2007年6月15日不当,本院予以纠正。关于被告人刘伟、王述勤、冷俊江因故意伤害王军致死案曾被劳动教养一年九个月,被告人史殿霖、任昊因中湾洗浴中心滋事案被劳动教养一年,被告人刘亚俊因中湾洗浴中心滋事案被劳动教养一年九个月,被告人安俊宇因中湾洗浴中心滋事案、台湾花园打王衍生滋事案被判处拘役五个月,被告人陈瑞军曾因李力轻伤害案于2006年被刑事拘留10天,在本院决定刑罚时均予以折抵刑期。依照《中华人民共和国刑法》第二百九十四条、第二百三十四条、第一百二十五条第一款、第一百二十八条第一款、第二百二十六条、第二百七十四条、第二百七十七条、第二百九十三条、第三百零三条、第三百一十条、第三百四十七条、第三百五十八条第一、二款、第十二条、第二十五条第一款、第二十六条、第二十七条、第三十七条、第五十六条第一款、第五十七条第一款、第六十四条、第六十五条、第六十七条、第六十八条、第六十九条、第七十二条、第八十七条、第八十八条、第八十九条、第三十六条,最高人民法院《关于处理自首和立功具体应用法律若干问题的解释》第四条、第五条、第七条,《关于刑事附带民事诉讼范围问题的规定》第一、四条之规定,判决如下:

一、被告人聂磊犯组织、领导黑社会性质组织罪,判处有期徒刑十年;犯故意伤害罪,判处死刑,剥夺政治权利终身;犯组织卖淫罪,判处无期徒刑,并处没收个人全部财产;犯开设赌场罪,判处有期徒刑九年,并处罚金人民币一亿元;犯寻衅滋事罪,判处有期徒刑五年;犯强迫交易罪,判处有期徒刑二年,并处罚金人民币五十万元;犯妨害公务罪,判处有期徒刑一年六个月;犯非法买卖枪支罪,判处有期徒刑四年;犯非法持有枪支罪,判处有期徒刑七年;犯窝藏罪,判处有期徒刑五年。决定执行死刑,剥夺政治权利终身,并处没收个人全部财产。

(对其他被告人的判决略)。

二、(附带民事诉讼赔偿判决略)。

三、对聂磊为首的黑社会性质组织和组织、领导、参加黑社会性质组织的犯罪分子聚敛的财物及其收益,以及用于犯罪的工具等,依法追缴、没收。

如不服本判决,可在接到判决书的第二日起十日内,通过本院或者直接向山东省高级人民法院提出上诉。书面上诉的，应当提交上诉状正本一份，副本二份。

审 判 长 刘世明
审 判 员 丛日新
审 判 员 任道亮

二〇一二年三月二十日

书 记 员 赵 妮
李珊珊
姜丽丽
赵振华

【点评】

山东省青岛市中级人民法院审理的被告人聂磊等涉黑社会性质组织案的被告人多达32人，一审判决书长达366页、20余万字。本案被告人多、罪名多、事实多、争议焦点多，媒体广泛报道，是典型的社会影响大的案件。本判决书不拘泥于传统规范样式，根据案件具体情况，对判决书表述大胆创新，形成了一份特色鲜明的优秀判决书。

一、结构布局合理

结构是判决书的骨架。本案32名被告人、15个罪名、50余起犯罪事实，所涉犯罪持续时间长，既有有组织犯罪又有个人犯罪。本案证据庞杂、头绪繁多，几乎每起犯罪事实都有辩解、辩护意见，将如此之多的内容条理清晰地展现在判决书上体现了法官深厚的判决书制作功底和丰富的审判经验。本裁判文书整体布局合理，结构层次清晰。一是在判决书首部，先统写各被告人的基本情况、案件由来、审理经过、起诉书主要内容、辩护方总体辩解、辩护理由以及附带民事诉讼请求,这样就把案件的基本情况呈现出来。二是在查明犯罪事实部分,先叙述黑社会性质组织部分的犯罪事实,再叙述黑社会性质组织成员个人所犯个罪事实;按先重罪后轻罪的顺序分别予以叙述;对于同一罪名多起犯罪事实,则按照犯罪时间先后顺序叙述。三是在论证认定部分,先一罪一叙一评,对所有犯罪叙评后,再综合评定。判决书脉络清晰、结构严谨,所涉各被告人犯罪事实、情节让读者一目了然。

二、归纳分叙得当

按照规范刑事判决书的基本样式,刑事判决书一般包括判决书首部、事实和证据、理由、判决结果、尾部五个部分。如果是一般刑事案件,按照上述逻辑结构,应当是比较清楚的。但本案不仅罪名多、被告人多,而且涉及黑社会性质组织犯罪以及其他犯罪,同时还涉及各被告人参与的组织犯罪及个人犯罪,几乎每起犯罪事实都有辩解、辩护意见,错综复杂,头绪繁多。如果机械适用一般裁判文书样式,则必然在叙述过程中交叉、重复,导致篇幅冗长。本判决书根据案件具体情况,以规范样式为蓝本,在案件事实和证据部分,采用了一事一查、一罪一评、数罪归纳、综合认定的方法。这种分叙—归纳—综合的表述方法,条理清晰,层次分明,繁简得当。这是本判决书的一大亮点。

三、判决理由充分

判决书的灵魂在于说理。本判决书紧紧抓住黑社会性质组织犯罪的四个基本特征,即组织特征、行为特征、经济特征、非法控制特征,从四个基本特征的逻辑关系入手,对每个特征具备的基本要素和认定标准进行了充分论述,并准确区分了各被告人在黑社会性质组织犯罪中的地位、作用。对起诉书指控不当的事实、罪名、情节等,判决书在理由部分也一一作出回应。在涉死刑犯罪,即故意伤害致二人死亡犯罪问题上,本判决书根据庭审查明的事实和证据,重点分析被告人聂磊在一起故意伤害犯罪中授意、指使且亲自持械殴打被害人,驱动其他组织成员对被害人的暴力行为升级,导致被害人死亡;在另一起故意伤害犯罪中其虽然没有授意和直接殴打被害人,但其指使组织成员找回被害人，并在明知组织成员殴打被害人的情况下还指使组织成员拿钱摆平私了，并向司法工作人员行贿等情节，论证了上述二起故意伤害致二人死亡犯罪均系被告人聂磊为黑社会性质组织的利益而实施，从而认定其作为黑社会性质组织的组织者、领导者，应当对上述故意伤害犯罪承担全部责任。在充分论证事实、证据及评判辩解、辩护意见的基础上，本判决书点明被告人聂磊在犯罪中的地位、作用、后果及所犯各罪情节且系累犯，依法应当从重处罚。综合各种量刑情节，以故意伤害罪判处其死刑，定罪正确，量刑适当。全篇说理清晰，论证有力，通过个案全面、准确地阐释了对我国刑罚和死刑政策的把握。

四、符合技术规范

这是一篇涉香港身份被告人的刑事附带民事判决书，因此，在判决书首部冠以"中华人民共和国"的表述。同时，对外界关注并在互联网上热议的延期审理、分案审理、涉及隐私不公开审理等问题，作者也一并在判决书中作了回应。对附带民事诉讼，在判决书首部公诉机关项后，对附带民事诉讼原告人的基本情况单独表述；在审理经过部分，写明附带民事诉讼原告人的出庭情况；在事实部分，准确概括附带民事诉讼原告人的诉讼请求；在说理部分，阐明被告人应予赔偿被害方的理由。总之，本判决书符合标准判决书的各项技术规范。由于篇幅所限，我们对判决书的部分内容作了适当删减处理。

当然，本判决书也有一些不足之处，比如文字尚不够精练，个别事实说理还不够透彻等，这是今后需要注意之处。但瑕不掩瑜，这份判决书不失为一份优秀的判决书。需要指出的是，裁判文书是案件审判最终载体，制作裁判文书是法官最重要的工作之一。随着裁判文书上网对社会公布，对制作裁判文书提出了更高的要求，有待法官不断创新、完善，并不断提高制作裁判文书的能力和水平。

（点评：最高人民法院刑三庭　张向东

审核：最高人民法院刑三庭　李卫星）

郑运坚等犯组织、领导、参加黑社会性质组织等罪案

——最高人民法院刑事判决书点评

张　明

中华人民共和国最高人民法院
刑事判决书

（2012）刑五复13063362号

被告人郑运坚，绰号"碇坚"，男，汉族，1967年4月11日出生于广东省阳西县，初中文化，原阳西县政协委员，户籍地阳西县织篢镇奋兴居委会奋兴路219号之1，住所地阳西县城二区长庆二街45-2号。2007年2月9日被逮捕。现在押。

被告人余中朗，男，汉族，1977年8月1日出生于广东省阳西县，小学文化，农民，住阳西县溪头镇马村村委会马村西巷36号。1997年3月25日因犯抢劫罪、盗窃罪被判处有期徒刑十二年，剥夺政治权利三年，2003年6月1日刑满释放。2007年1月13日因本案被逮捕。现在押。

广东省阳江市中级人民法院审理阳江市人民检察院指控被告人郑运坚犯组织、领导黑社会性质组织罪、故意杀人罪、故意伤害罪、抢劫罪、开设赌场罪，被告人余中朗犯参加黑社会性质组织罪、故意杀人罪、故意伤害罪、抢劫罪、开设赌场罪一案，于2008年12月16日以（2008）阳中法刑一初字第23号刑事附带民事判决，认定被告人郑运坚犯组织、领导黑社会性质组织罪，判处有期徒刑十年，犯故意杀人罪，判处死刑，剥夺政治权利终身，犯故

意伤害罪，判处死刑，剥夺政治权利终身，犯抢劫罪，判处有期徒刑十二年，剥夺政治权利二年，并处罚金人民币一万元，犯开设赌场罪，判处有期徒刑十年，并处罚金人民币八百万元，决定执行死刑，剥夺政治权利终身，并处罚金人民币八百零一万元；认定被告人余中朗犯参加黑社会性质组织罪，判处有期徒刑八年，犯故意杀人罪，判处死刑，剥夺政治权利终身，犯抢劫罪，判处有期徒刑十二年，剥夺政治权利二年，并处罚金人民币一万元，犯开设赌场罪，判处有期徒刑七年，并处罚金人民币十万元，犯故意伤害罪，判处有期徒刑三年，决定执行死刑，剥夺政治权利终身，并处罚金人民币十一万元。宣判后，郑运坚、余中朗提出上诉。广东省高级人民法院经依法开庭审理，于2011年12月16日以(2009)粤高法刑三终字第103号刑事附带民事判决，维持原审对被告人郑运坚、余中朗的判决，并依法报请本院核准。本院依法组成合议庭，对本案进行了复核。现已复核终结。

经复核确认：

一、组织、领导、参加黑社会性质组织事实

2000年，被告人郑运坚与林国钦(已另案判刑)合伙在广东省阳西县开设赌场，后林国钦退出。为经营赌场、维护赌场秩序、打压竞争对手，郑运坚先后纠集叶大昌、邱文海、余培、梁荣谋(均在逃)、邱钢强(另案处理)及张美、梁有福、王洪等、叶其强(均系同案被告人，已判刑)等人。2002年9月25日，叶大昌纠集多人在阳西县将被害人吴辉志伤害致死。叶大昌潜逃，邱钢强、张美等人被判刑。此后，邱文海、余培、梁荣谋等人成为郑运坚的骨干手下，并网罗叶大伟(在逃)、吴俭军(已死亡)、陈杏泽(已另案判刑)等众多手下人员，逐渐在阳西县形成了以郑运坚为首的黑社会性质组织。2004年11月27日，郑运坚为报复曾将梁荣谋打伤的谢汝敖(被害人，男，殁年37岁)，也为壮大组织势力，指使梁荣谋派邱文海纠集叶大伟、余培、陈杏泽等人到阳西县程村镇侨什酒店将谢汝敖等人伤害致死。邱文海、余培、叶大伟等人潜逃，陈杏泽等人被判刑。不久，吴俭军被人伤害致死，组织成员因此发生调整。至案发前，该黑社会性质组织的组织结构较为稳定，有比较明确的层级和职责分工：郑运坚为组织者、领导者；梁荣谋、梁有福、王洪等、叶其强等骨干成员及梁有福的手下人员黎艺、赖册(均系同案被告人,已判刑)和被告人余中朗等人为积极参加者。梁荣谋的手下人员有胡孟(同案被告人,已判刑)等人;黎艺的手下人员有林土庆、罗成佳、陈成耀、苏子龙、苏志坚、周计通、黎家校(均系同案被告人,已判刑)等人;赖册的手下人员有刘运发、陈要明、任宏力、袁计朋(均系同案被告人,已判刑)及任宏超(在逃)等人;余中朗的手下人员有林水、余广红、余先福(均在逃)等人。其中,叶其强、王洪等、梁荣谋等人主要负责经营、管理赌场;梁有福带领黎艺、赖册、余中朗等人主要负责维护赌场秩序、争夺赌场地盘、阻止他人开设赌场及与其他黑恶势力间的争斗。梁有福还授意余中朗在阳西县溪头镇马村开设赌场并非法垄断马村沿海的海螺(即勒螺)收购生意。郑运坚等人通过诸多不成文的纪律、规约笼络和控制组织成员,如对成员包吃包住、供免费娱乐、发放过节费,对在赌场工作的成员按月发工资,对骨干成员配备车辆,向因犯罪而潜逃或被判刑的成员及家属提供生活费;规定组织成员不得在组织开设的赌场赌博,违者开除;要求组织成员对与组织有利益冲突或矛盾的人要斗争到底、绝不手软,等等。

被告人郑运坚通过开设赌场,聚敛了巨额非法财产,并通过投资经营水电站等经济实体,不断壮大经济实力,为黑社会性质组织实施违法犯罪活动提供了经济支撑。被告人余中朗还通过非法垄断马村沿海的海螺收购为组织谋取经济利益。

被告人郑运坚为达到垄断阳西县地下赌博行业的目的,并为树立其在阳西县的黑道霸主地位,组织、领导、教唆组织成员持管制刀具、枪支等报复、打击竞争对手,有组织地实施故意杀人、故意伤害、抢劫等犯罪活动。郑运坚等人还以暴力、威胁或者其他手段多次进行违法活动,如在建设水电站过程中通过暴力手段强行使用农田灌溉水,组织成员在阳西县太子宫娱乐城强占包厢免费娱乐,使用暴力手段垄断海螺收购等。该黑社会性质组织通过有组织地实施大量违法犯罪活动,为非作恶,欺压、残害群众,称霸一方,严重破坏了阳西县的经济、社会生活秩序,造成了极其恶劣的社会影响。

上述事实,有第一审、第二审开庭审理中经质证确认的被告人郑运坚等人经营水电站的工商登记资料、阳西县农村信用社的贷款材料、证实被告人余中朗曾因抢劫罪、盗窃罪被判刑的刑事判决书和释放证明等书证，证人林振河、许丽芬、吴小玲、罗斯琪、冯木养等的证言，另案被告人陈杏泽等及同案被告人梁有福、黎艺、赖册、王洪等、张美、林土庆、罗成佳、苏子龙、苏志坚、陈要明、陈成耀、刘运发、任宏力、黎家校、周计通、袁计朋、胡孟的供述等证据证实。被告人余中朗亦供认，被告人郑运坚亦曾供认。足以认定。

二、故意杀人事实

1. 被告人郑运坚为首的黑社会性质组织与陈日红(已另案判刑)的犯罪团伙因开设赌场产生利益冲突，经常发生打斗，矛盾较深。郑运坚曾授意梁有福等人打击报复陈日红。梁有福将此意图转告黎艺，黎艺又传达给手下人员。2006 年 4 月 11 日 22 时许，林土庆与罗成佳、刘运发、任宏超、伟记(在逃)发现陈日红等人在阳西县宇天宝宾馆，遂商议报复。林土庆经请示黎艺后，伙同罗成佳取来 3 支猎枪。林土庆、罗成佳、任宏超乘坐由刘运发、伟记驾驶的 2 辆摩托车来到宇天宝宾馆。陈日红的手下人员陈乃汉(被害人，男，殁年 24 岁)见状往宇天宝宾馆停车场逃跑。林土庆、罗成佳、任宏超分别持猎枪追赶陈乃汉并向陈射击。罗成佳、任宏超在停车场内追上陈乃汉，开枪将其击倒。陈乃汉被枪弹从左腰部射入，致左肾破裂、腔肠及多处肠系膜破裂失血性休克死亡。林土庆等人驾驶摩托车逃离现场，将枪支交给王洪等藏匿。

上述事实，有第一审、第二审开庭审理中经质证确认的公安机关从案发现场提取的猎枪弹壳等物证的照片，证人黄天全、欧可卫等的证言，尸体鉴定结论，现场勘验、检查笔录，同案被告人梁有福、黎艺、王洪等、林土庆、罗成佳、刘运发、陈要明等的供述等证据证实。被告人郑运坚亦曾供认。足以认定。

2. 被害人余和蛟(男，殁年 30 岁)刑满释放后回到阳西县溪头镇马村，扬言要与被告人余中朗争夺马村的赌场和海螺收购生意。余中朗遂起意教训余和蛟，并将此情况报告梁有福，梁有福同意。2006 年 11 月 24 日晚，余中朗纠集罗成佳、陈成耀、苏子龙、苏志坚，驾驶从王洪等处借来的三菱牌吉普车到马村附近。余中朗吩咐林水等人准备作案工具并摸清余和蛟的行踪。林水等人将2辆摩托车、2支猎枪、2把砍刀及头罩等作案工具交给余中朗等人,并告知余和蛟在马村清青菜馆吃宵夜及其衣着特征。当日23时许,余中朗指使罗成佳、陈成耀持猎枪与苏子龙、苏志坚持砍刀去教训余和蛟。罗成佳等人驾驶2辆摩托车到清青菜馆附近,下车蒙面冲入清青菜馆。罗成佳、陈成耀向余和蛟连开数枪,苏子龙、苏志坚向余和蛟连砍数刀,将余和蛟击倒在地,后罗、陈又向余和蛟腿部开枪。余和蛟被枪弹击伤心脏、下腔静脉、肺脏、腿部大血管致失血性休克死亡。罗成佳等人驾驶摩托车逃离现场,与余中朗会合,将作案工具交给林水等人藏匿。余中朗驾驶三菱牌吉普车搭载罗成佳等人返回阳西县,途中打电话让林土庆望风。事后,林土庆按照梁有福的吩咐,将梁交给的1万余元分发给余中朗等人。

上述事实,有第一审、第二审开庭审理中经质证确认的公安机关从现场提取的弹壳等物证的照片,证人余旭青、许道、冯金龙等的证言,尸体鉴定结论,现场勘验、检查笔录,同案被告人梁有福、罗成佳、陈成耀、苏子龙、苏志坚、林土庆等的供述等证据证实。被告人余中朗亦供认,被告人郑运坚亦曾供认。足以认定。

三、故意伤害事实

1. 被告人郑运坚为首的黑社会性质组织在阳西县逞强争霸过程中与被害人谢汝敖产生矛盾。2003年7月9日1时许,谢汝敖伙同多人持刀将梁荣谋砍成轻伤。为此,郑运坚多次与梁荣谋、梁有福预谋,伺机报复谢汝敖。2004年11月27日21时许,郑运坚得知谢汝敖在阳西县程村镇侨仕酒店,遂授意梁荣谋找人报复谢汝敖。梁荣谋指使邱文海纠集人员。22时许,邱文海纠集余培、叶大伟、陈杏泽及黄行色、许则记(均已另案判刑)等10余人携带枪支、砍刀等作案工具,乘坐由梁谋展(已另案判刑)驾驶的金杯牌面包车来到侨仕酒店。陈杏泽持手枪,余培、叶大伟持猎枪,黄行色、许则记等人持砍刀,冲入侨仕酒店一楼歌舞厅,朝谢汝敖开枪射击、砍杀,并伤及在场的被害人谢创华(男,殁年38岁)、胡先正(男,时年36岁)、袁秀亮(男,时年37岁)。谢汝敖因全身多处枪伤、刀伤致大失血休克死亡;谢创华因被砍击致左锁骨下动静脉离断失血性休克死亡;胡先正的损伤构成轻伤;袁秀亮的损伤构成轻微伤。邱文海等人作案后逃离现场。

上述事实,有第一审、第二审开庭审理中经质证确认的公安机关从现场提取的弹壳等物证的照片,证实另案被告人陈杏泽、黄行色、许则记、梁谋展等因实施本起犯罪被判刑的刑事判决书,证人谢海洋、廖正芹、简洪梅、谢志强等的证言,被害人胡先正、袁秀亮的陈述,尸体鉴定结论、活体鉴定结论,现场勘验、检查笔录,另案被告人陈杏泽、黄行色、许则记、梁谋展等及同案被告人梁有福的供述等证据证实。被告人郑运坚亦曾供认。足以认定。

2. 被告人余中朗、黎艺等人因刘兆飞在阳西县开设赌场而与刘产生矛盾。2006 年 7 月 19 日 1 时许,余中朗因其手下人员被刘兆飞的手下人员打伤,遂伙同黎艺纠集赖册、苏子龙、苏志坚、刘运发和陈要明等人持猎枪、砍刀,驾车到阳西县上洋镇河北村刘兆飞家实施报复。当行至河北石门村的摩托车维修店时,苏子龙认为被害人黄华建(男,时年 31 岁)帮刘兆飞望风,遂用刀砍黄的左大腿致其轻伤。黎艺等人向刘兆飞家大门开枪并砸其汽车。刘兆飞见状逃离。余中朗等人作案后逃离现场。

上述事实,有第一审、第二审开庭审理中经质证确认的证人刘兆飞、刘国良、姚忠威等的证言,被害人黄华建的陈述,活体鉴定结论,现场照片,同案被告人黎艺、赖册、苏子龙、苏志坚、刘运发、陈要明等的供述等证据证实。被告人余中朗亦供认。足以认定。

3. 2006 年 11 月 7 日 21 时许,被告人余中朗得知刘兆飞等人在阳西县上洋镇河北大道的大排档吃宵夜,遂纠集林土庆、苏志坚及罗成佳持猎枪驾驶摩托车前往报复。途中,林土庆、苏志坚去追赶刘兆飞的手下人员。余中朗驾驶摩托车载罗成佳到达大排档,余在外接应,罗蒙面持枪冲入大排档,向被害人林风景(男,时年 18 岁)等人开枪射击,致林风景轻伤,并伤及附近的林进益、李贵升。余中朗、罗成佳作案后逃离现场。

上述事实,有第一审、第二审开庭审理中经质证确认的证人林胜喜、林北财、张英元等的证言,被害人林风景等的陈述,活体鉴定结论,现场照片,同案被告人林土庆、苏志坚、罗成佳的供述等证据证实。被告人余中朗亦供认。足以认定。

四、抢劫事实

1. 2005年,以被告人郑运坚为首的黑社会性质组织为谋取经济利益,经梁有福指使,被告人余中朗、林水等人非法垄断阳西县马村的海螺收购市场。同年7月7日中午,余中朗得知别处的渔船在马村石汉口海域捕捞海螺,遂让吴俭军带人赶到石汉口码头。余中朗、吴俭军等人持猎枪、刀具,乘坐林水驾驶的飞艇强行登上被害人蓝冬宁(男,时年25岁)的渔船,抢走200斤海螺及3台手机等财物,后又强行登上被害人余旭飞(男,时年35岁)的渔船并抢走50斤海螺。吴俭军等人将蓝冬宁等人挟持至岸上进行恐吓、殴打,致蓝轻微伤,并禁止蓝再到此海域捕捞海螺,强迫蓝予以赔偿。蓝冬宁打电话让人往其银行卡内汇入5 000元。吴俭军指使他人从蓝冬宁的银行卡内取出4 900元。

上述事实,有第一审、第二审开庭审理中经质证确认的银行账户明细,证人林进荫、叶永安、罗田等的证言,被害人蓝冬宁、余旭飞等的陈述,活体鉴定结论,现场照片,同案被告人梁有福的供述等证据证实。被告人余中朗亦供认。足以认定。

2. 2006年9月底的一天下午,以被告人郑运坚为首的黑社会性质组织为阻止他人在阳西县开设赌场,由刘运发、周计通、黎家校、刘志运(同案被告人,已判刑)等人持刀对阳西县溪头镇新兴渔委会小卖店内的赌场实施抢劫,抢得被害人张方强(男,时年23岁)、陈晚(男,时年34岁)的索尼爱立信牌手机(价值760元)、小灵通和现金1 200余元。

上述事实,有第一审、第二审开庭审理中经质证确认的发还赃物索尼爱立信牌手机的清单,证人林六妹的证言及指认刘运发是作案人之一的辨认笔录,被害人张方强、陈晚的陈述,价格鉴定结论,现场照片,同案被告人梁有福、刘运发、周计通、黎家校、刘志运等的供述等证据证实。足以认定。

五、开设赌场事实

2000年至2006年底,被告人郑运坚为谋取非法利益,伙同林国钦等人在阳西县上洋镇、织篢镇、溪头镇等地开设多处地下赌场,以“牌九”等方式招引人员聚众赌博。郑运坚指派叶其强、王洪等、张美等黑社会性质组织成员负责管理赌场、赌资，定期向其上交盈利，还指使梁有福等人纠集被告人余中朗及黎艺、赖册等众多组织成员负责维护赌场秩序，阻止他人开设赌场，并由梁有福安排余中朗等人在溪头镇马村开设赌场。郑运坚通过有组织地开设地下赌场，获取了巨额非法利益，为其黑社会性质组织提供经济支持。

上述事实，有第一审、第二审开庭审理中经质证确认的公安机关从赌场扣押的赌具等物证的照片，行政处罚决定书，证人陈昌孔、任中华、郭挑等的证言，现场照片，另案被告人林国钦及同案被告人梁有福、王洪等、黎艺、赖册、林土庆、罗成佳、苏子龙、苏志坚、陈成耀、刘运发、陈要明、胡孟、任宏力、黎家校、周计通、袁计朋等的供述等证据证实。被告人余中朗亦供认，被告人郑运坚亦曾供认。足以认定。

本院认为，被告人郑运坚组织、领导人数众多、骨干成员基本固定的较稳定的犯罪组织，有组织地通过违法犯罪活动等手段获取经济利益，具有支持该组织活动的经济实力，以暴力、威胁或者其他手段，有组织地多次进行违法犯罪活动，为非作恶，欺压、残害群众，称霸一方，严重破坏当地经济、社会生活秩序，其行为已构成组织、领导黑社会性质组织罪。郑运坚授意骨干成员打击报复竞争对手，其手下多名组织成员为争夺势力范围、排除竞争对手而故意非法剥夺他人生命，其行为已构成故意杀人罪。郑运坚为其黑社会性质组织确立强势地位、维护非法权威，直接组织、策划或纵容手下人员故意伤害他人身体，其行为已构成故意伤害罪。以郑运坚为首的黑社会性质组织的成员为了组织利益，以非法占有为目的，使用暴力、威胁等手段劫取他人财物，郑运坚作为该组织的首要分子，其行为已构成抢劫罪。郑运坚以营利为目的，伙同他人长期在多处开设赌场，组织赌博，非法获取巨额收益，其行为已构成开设赌场罪。郑运坚作为黑社会性质组织的首要分子，应当按照该组织所犯的全部罪行处罚。郑运坚所犯故意杀人罪致 2 人死亡，所犯故意伤害罪致 2 人死亡、3 人轻伤，所犯抢劫罪系持枪抢劫，所犯开设赌场罪属情节严重。郑运坚犯罪性质恶劣，后果和罪行极其严重，主观恶性极深，社会危害极大，应依法惩处并数罪并罚。

被告人余中朗积极参加以被告人郑运坚为首的黑社会性质组织,其行为已构成参加黑社会性质组织罪。余中朗为给该黑社会性质组织争夺势力范围、排除竞争对手,纠集、指使多人故意非法剥夺他人生命,其行为已构成故意杀人罪。余中朗为维护该黑社会性质组织利益,以非法占有为目的,伙同他人采用暴力、威胁手段劫取财物,其行为已构成抢劫罪。余中朗为该黑社会性质组织谋取经济利益,参与开设赌场,负责维护赌场秩序,其行为已构成开设赌场罪。余中朗为该黑社会性质组织确立强势地位,维护非法权威,纠集、指使多人故意伤害他人身体,其行为已构成故意伤害罪。余中朗在该黑社会性质组织中直接领导多名手下人员,指挥实施了多项违法犯罪活动,在故意杀人、抢劫、故意伤害的共同犯罪中均起组织、指挥作用,系主犯,应按照其组织、指挥的全部犯罪处罚。余中朗所犯故意杀人罪致1人死亡,所犯抢劫罪系持枪抢劫,所犯开设赌场罪属情节严重,所犯故意伤害罪致2人轻伤。余中朗犯罪性质恶劣,社会危害极大,后果和罪行极其严重,其曾因犯抢劫罪、盗窃罪被判处刑罚,在刑罚执行完毕后五年内又犯数罪,系累犯,主观恶性极深,人身危险性极大,应依法从重处罚。对余中朗所犯数罪,应依法并罚。

第一、二审判决认定被告人郑运坚、余中朗犯罪的事实清楚,证据确实、充分,定罪准确,审判程序合法。对郑运坚的量刑及对余中朗所犯故意杀人罪、抢劫罪、开设赌场罪、故意伤害罪的量刑适当。第一审判决依照修正前《中华人民共和国刑法》第二百九十四条第一款的规定,以参加黑社会性质组织罪判处余中朗有期徒刑八年正确。2011年修正的《中华人民共和国刑法》第二百九十四条第一款对积极参加黑社会性质组织的犯罪规定了比修正前较轻的法定刑,故对余中朗应适用修正后《中华人民共和国刑法》的相关规定量刑。依照《中华人民共和国刑法》第二百九十四条第一、四、五款、第二百三十二条、第二百六十三条第七项、第三百零三条第二款、第二百三十四条第一款、第五十六条第一款、第五十七条第一款、第二十六条第一、四款、第六十五条第一款、第六十九条、《中华人民共和国刑事诉讼法》第一百九十九条和《最高人民法院关于复核死刑案件若干问题的规定》第二条第二款的规定,判决如下:

一、核准广东省高级人民法院(2009)粤高法刑三终字第103号刑事附带民事判决中维持第一审对被告人郑运坚以组织、领导黑社会性质组织罪判处有期徒刑十年;以故意杀人罪判处死刑,剥夺政治权利终身;以故意伤害罪判处死刑,剥夺政治权利终身;以抢劫罪判处有期徒刑十二年,剥夺政治权利二年,并处罚金人民币一万元;以开设赌场罪判处有期徒刑十年,并处罚金人民币八百万元,决定执行死刑,剥夺政治权利终身,并处罚金人民币八百零一万元的部分。

二、撤销广东省高级人民法院(2009)粤高法刑三终字第103号刑事附带民事判决和阳江市中级人民法院(2008)阳中法刑一初字第23号刑事附带民事判决中对被告人余中朗以参加黑社会性质组织罪判处有期徒刑八年的部分和决定执行刑罚的部分。

三、被告人余中朗犯参加黑社会性质组织罪,判处有期徒刑七年;与其犯故意杀人罪被判处死刑,剥夺政治权利终身,犯抢劫罪被判处有期徒刑十二年,剥夺政治权利二年,并处罚金人民币一万元,犯开设赌场罪被判处有期徒刑七年,并处罚金人民币十万元,犯故意伤害罪被判处有期徒刑三年的刑罚并罚,决定执行死刑,剥夺政治权利终身,并处罚金人民币十一万元。

本判决自宣告之日起发生法律效力。

审　判　长　李　彤
审　判　员　陈建萍
代理审判员　闫宏波

二〇一二年十一月十三日

书　记　员　张　妍

【点评】

本判决书是一起黑社会性质组织犯罪案件的死刑复核裁判文书,在适用法律和文书写作方面均具有一些值得推介的突出特点。

首先,从适用法律看,本判决书正确处理了原判对非死刑犯罪量刑不当的问题。最高人民法院2007年制定的《关于复核死刑案件若干问题的规定》(以下简称《规定》)第二条第二款规定:“原判判处被告人死刑并无不当,但具体认定的某一事实或者引用的法律条款等不完全准确、规范的,可以在纠正后作出核准死刑的判决或者裁定。”根据该款规定,对于原判存在的认定事实、适用法律等方面的小问题,最高人民法院复核时可以直接纠正,但纠正后仍应核准死刑。但有的情况下,原判存在某些“硬伤”,按照当前的文书样式,纠正后难以在裁判文书主文部分体现“核准”字样。对此,实践中的做法是从最终处理结果出发,把“判处”死刑理解为广义的“核准”,故仍可引用该款规定作为“判处”死刑的依据。本案就是这种情况。被告人余中朗所犯数罪中有一项是参加黑社会性质组织罪,该罪的法定最高刑原为10年有期徒刑,2011年施行的《刑法修正案(八)》将该罪的法定最高主刑改为7年有期徒刑(但配置了附加财产刑)。本案一审宣判在《刑法修正案(八)》施行以前,故对余中朗判处8年徒刑并无不当。但二审期间《刑法修正案(八)》已经生效,根据“从旧兼从轻”的法律适用原则,二审应当对该项犯罪适用新的法定刑,但却没有适用,导致对余中朗所犯参加黑社会性质组织罪的量刑不当。鉴于该问题属于“硬伤”,不依法纠正有损司法公正,故最高人民法院复核后根据《规定》第二条第二款对余中朗所犯参加黑社会性质组织罪进行了改判,并与其他犯罪所判处的刑罚并罚,仍决定执行死刑。这样处理后,对余中朗的判决主文部分虽没有出现“核准”二字,但最终结果与核准死刑是一致的。

特别值得说明的是,《规定》的内容已被2013年1月1日起施行的《最高人民法院关于适用〈中华人民共和国刑事诉讼法〉的解释》(以下简称《解释》)所吸收。被吸收后的《规定》第二条第二款对应的是《解释》第三百五十条第二项。吸收时在文字上作了个别修改,但含义没有变化。今后,对于类似本案这种极少数原判存在“硬伤”问题的案件,仍可以作为例外情形以“判处”死刑的方式体现核准死刑。不过,如果原判存在的问题不属于“硬伤”,而是可以通过其他途径解决的问题,甚至是办案人员的主观认识问题,则不应当采取这种以“判处”方式体现核准死刑的做法。

其次，从文书撰写看，本判决书较好地体现了黑社会性质组织犯罪案件的特点。特别是由于本案有两名死刑被告人，判决书在行文上很注重概括与分述结合，详略得当，层次分明，重点突出。在叙述事实部分，先叙述组织、领导、参加黑社会性质组织犯罪的事实，严格按照法律规定的黑社会性质组织的4个特征作了高度概括的叙述。然后对两名死刑被告人所犯故意杀人、故意伤害、抢劫、开设赌场等其他犯罪事实依次作了相应叙述，客观呈现了两名死刑被告人对具体犯罪事实应负的责任以及在共同犯罪中的地位作用，为判决书说理部分阐明被告人的责任奠定了基础。在判决说理部分，由于本案两名死刑被告人均犯有多项罪行，涉及多个量刑情节，故需要合理归纳。判决书对两名被告人先分别表述各罪的罪状，然后说明被告人各自在共同犯罪中的地位、作用，再分别叙明各罪的量刑情节和判处死刑的理由。其中，在表述罪状时参照最高人民法院、最高人民检察院、公安部《办理黑社会性质组织犯罪案件座谈会纪要》的相关规定，较好地体现了黑社会性质组织成员所犯故意杀人、故意伤害等犯罪罪状表述上的特点。例如，对于故意杀人罪，普通刑事判决书的罪状表述为：“被告人某某某故意非法剥夺他人生命，其行为已构成故意杀人罪”，而本判决书对两名被告人故意杀人罪的罪状表述明显不同。在说理部分的最后，判决书阐明了对被告人余中朗所犯参加黑社会性质组织罪的刑罚予以改判的具体理由。为了体现对余中朗作出的核准性质的改判，判决书主文部分先对原判正确的被告人郑运坚核准死刑；然后撤销原判对余中朗量刑不当的部分，再依法进行改判并与其他罪名的刑罚实行并罚。

总的来看，本判决书对于办理死刑复核案件如何纠正非死刑罪名的量刑问题，以及如何撰写涉黑类复杂案件的裁判文书具有一定参考价值。当然，本判决书也有不足之处，如有的地方文字表述可以更加精练，但这不影响本判决书作为一篇较好死刑复核裁判文书的特色与价值。

（点评：最高人民法院刑五庭　张　明

审核：最高人民法院刑五庭　高贵君）

REFERENCE TO CRIMINAL TRIAL CONTENTS

CONTENTS

LEGISLATIVE AND JUDICIAL DOCUMENTS

PRACTICE DISCUSSION

EXPERIENCE COMMUNICATION

DOUBTED CASE'S ANALYZING

EXCELLENT ADJUDICATION DOCUMENTS AND THE REVIEW

图书在版编目(CIP)数据

刑事审判参考.总第95集/最高人民法院刑事审判一至五庭主办.—北京:法律出版社,2014.6(2015.5重印)
ISBN 978-7-5118-6505-2

Ⅰ.①刑… Ⅱ.①最… Ⅲ.①刑事诉讼—审判—中国—参考资料 Ⅳ.①D925.218.2

中国版本图书馆CIP数据核字(2014)第121957号

刑事审判参考(总第95集)
最高人民法院刑事审判一、二、三、四、五庭主办

编辑统筹 法律应用出版分社
责任编辑 聂 颖
装帧设计 李 瞻

出版 法律出版社
总发行 中国法律图书有限公司
经销 新华书店
印刷 北京北苑印刷有限责任公司
责任印制 翟国磊

开本 720毫米×960毫米 1/16
印张 18.5
字数 258千
版本 2014年7月第1版
印次 2015年5月第2次印刷

法律出版社/北京市丰台区莲花池西里7号(100073)
电子邮件/info@lawpress.com.cn
网址/www.lawpress.com.cn
销售热线/010-63939792/9779
咨询电话/010-63939796

中国法律图书有限公司/北京市丰台区莲花池西里7号(100073)
全国各地中法图分、子公司电话:
第一法律书店/010-63939781/9782
重庆公司/023-65382816/2908
北京分公司/010-62534456
西安分公司/029-85388843
上海公司/021-62071010/1636
深圳公司/0755-83072995

书号:ISBN 978-7-5118-6505-2
定价:38.00元
(如有缺页或倒装,中国法律图书有限公司负责退换)